V&R

Philipp Aerni/Klaus-Jürgen Grün (Hg.)

Moral und Angst

Erkenntnisse aus Moralpsychologie
und politischer Theologie

Vandenhoeck & Ruprecht

Bibliografische Information der Deutschen Nationalbibliothek

Die Deutsche Nationalbibliothek verzeichnet diese Publikation in der Deutschen National-bibliografie; detaillierte bibliografische Daten sind im Internet über http://dnd.d-nb.de abrufbar.

ISBN 978-3-525-40434-8
ISBN 978-3-647-40434-9 (E-Book)

Inhalt

Moral und Ökonomie

Angst in Philosophie und Ethik

Moralpsychologie

Politische Theologie

Vorwort

Zwei Emotionen prägen unser moralisches Empfinden und Werten: Glück und Angst. Freilich gilt bereits die Erwartung von Glück oder Angst als Motor des Moralischen. Während uns aber die Erwartung von Glück und zuletzt ihr Erlebnis selbst lernbereit machen, kann die Erwartung von Angst unser Denken und Handeln hemmen oder sogar lähmen. Das Übermaß an Angst schließlich macht Menschen sowie eine Gesellschaft neurotisch.

Gleichwohl ist ein bestimmtes Maß an Angst, das unsere Aufmerksamkeit steigert und unsere Achtung vor Gefahren schärft, notwendig. Im Einklang mit den herrschenden Auffassungen in der Psychologie wird diese Angst als Furcht bezeichnet, die unseren Körper automatisch in Alarmbereitschaft versetzt, wenn er mit einer real existierenden Gefahr konfrontiert wird. Furcht unterscheidet sich von diffuser Angst in dem Sinne, dass sie keine moralische Bedeutung hat.

Eine vollkommen angstfreie Gesellschaft ist weder wünschenswert noch möglich. Ebenso wenig ist die Ausbeutung der Angst wünschenswert, durch welche Menschen konditioniert und manipuliert werden können. Die Ausbeutung der Angst geschieht nicht zuletzt durch den instrumentellen Gebrauch tradierter Moralsysteme in der öffentlichen Kommunikation und in der Erziehung. Der moralisierende Akteur nutzt dabei die natürlichen Ängste vor der Lust, dem Tod, dem Liebesentzug oder dem und den Fremden – um seine Macht über andere vergrößern zu können.

Die Gefahren der moralischen Ängste resultieren daraus, dass wir uns Angst vor Gefahren einreden lassen, die uns anschließend zu einem Handeln nötigen, dessen Ziel es ist, das Gewissen rein zu halten. Gefahren werden dabei selten abgewiesen; ja, es entstehen oftmals neue Gefahren – diesmal aus der unbegründeten Angst vor mutmaßlichen Gefahren.

Die Herkunft der moralischen Ängste ist gut untersucht (vgl. Sunstein, 2007; Schmidbauer, 2007; Grün, 2009; Morschitzky, 2002; Becker, 1991; u. a.). Oftmals stammen sie aus archaischen Erlebnissen, in denen das Befürchtete einer realen Gefahr entsprach, wie die Angst vor dem

Fremden (dem Feind), vor den Toten (Verwesung und Krankheit), Angst vor den strafenden Göttern und Naturmächten.

Mit unseren moralischen Ängsten tragen wir unbrauchbar gewordene Reste einer Vergangenheit mit uns, die uns daran hindern können, den Anforderungen einer gewandelten Lebenswelt und Gesellschaft gerecht zu werden. Aber mit dem Eigentum an Grund und Boden, an Werkzeugen und Vorräten ist zumindest auch eine neue Angst in die Welt gekommen: die Angst, zu verlieren, was man erworben hat. Daher schreibt Wolfgang Schmidbauer zu Recht: »Der Jäger, der morgens mit knurrendem Magen erwacht, orientiert sich am Hunger; der Städter, der sich satt gegessen hat, orientiert sich an seiner Angst: Hat er genügend vorgesorgt? Kann er die Steuern bezahlen? Wenn er ehrlich ist, fürchtet er sich vor Betrügern; ist er selbst Betrüger, fürchtet er sich vor der Aufdeckung seines Betrugs und vor Strafe.

Der moderne Mensch fürchtet sich vor allem, seine Selbstachtung, seine Geltung zu verlieren. Materielle und erotische Befriedigung spielen hier eine wichtige, oft aber eher symbolische Rolle: Die materielle Ausrüstung des Konsumenten ist so reich, dass er sie niemals in allen ihren Angeboten nutzen und genießen kann. Dennoch braucht er sie, weil Einschränkung Verlust symbolisiert« (Schmidbauer, 2007, S. 14).

Wie viel Angst benötigt unser moralisches Bewusstsein heute? Bewältigen wir die Probleme der stets instabiler werdenden Konsumgesellschaft durch mehr oder durch weniger Angst? Welche Antworten gewinnen wir aus den neueren Erkenntnissen der Moralpsychologie, der politischen Theologie, der Ökonomie, der Philosophie?

Die Frage nach dem Zusammenhang zwischen Moral mit Angst ist bis vor wenigen Jahrzehnten in den Sozial- und Geisteswissenschaften kaum gestellt worden, da empirische Erkenntnisse aus der interdisziplinären Forschung größtenteils noch fehlten. Die Erforschung von Angstzuständen war primär Gegenstand der Psychiatrie und der klinischen Psychologie, während gesellschaftliche Moraltheorien hauptsächlich in den Disziplinen Philosophie, Theologie, Pädagogik und Ethik behandelt wurden. Diese klare Zuweisung von Begriffen zu bestimmten Disziplinen ist heute kaum noch sinnvoll.

Experimentelle Forschung im Grenzbereich zwischen Moralpsychologie, Neurowissenschaften und Verhaltensökonomie wie auch neuere Erkenntnisse aus den interdisziplinären Geistes- und insbesondere Religionswissenschaften lassen ein neues Bild des Menschen entstehen, das wenig mit den abstrakten Vorstellungen eines rationalen und an Idealvorstellungen orientierten Entscheidungsfinders zu tun hat, wie sie bisher in Ökonomie und Ethik dominiert haben. Demnach gibt es weder den Menschen, der ausschließlich an kurzfristiger und rein materieller Nutzenmaximierung interessiert ist, noch gibt es den komplett uneigennützigen Typus, der immer nur an das Wohl der Allgemeinheit denkt und den Menschen niemals als Mittel zum Zweck eigenen Strebens nach Glück betrachtet. Mit anderen Worten, die strikte Trennung der Kategorien »Eigeninteresse« (Ökonomie) und »Altruismus« (Moral) ist nur schwer mit der wissenschaftlichen Erkenntnis in Einklang zu bringen, dass unsere Entscheidungen häufig weder bewusst noch rational gefällt werden. In der Tat verbirgt sich hinter der moralischen Entrüstung über gesellschaftliche Zustände oftmals die Angst, dass man selbst zu den Opfern gehören und somit zu kurz kommen könnte.

Diese Erkenntnisse stellen nicht zuletzt auch René Descartes' Ideale der Aufklärung in Frage. Allein der Gedanke, nicht Herr im eigenen Hause zu sein und daher keine moralische Souveränität beanspruchen zu dürfen, ruft Widerstände bei denen hervor, die an den freien Willen und deswegen an die Unabhängigkeit des menschlichen Geistes von naturalistischen Voraussetzungen glauben.

Die Trennung von Geist (res cogitans) und Körper (res extensa) wurde bereits von Descartes' jüngerem Zeitgenossen Baruch de Spinoza in Frage gestellt. Er verwies dabei auf die Tatsache, dass sowohl der unbewusste Lebenstrieb des Menschen wie auch sein bewusstes Denken ihren Ursprung im Leib haben. Spinoza war diesbezüglich ein Materialist, der jedoch die wertvollen anthropologischen Erkenntnisse des Humanismus nicht verwarf. Dies erlaubte ihm, den Menschen nicht bloß als passiv-wahrnehmendes Objekt, sondern als tätiges und sich entwickelndes Subjekt zu betrachten, welches aktiv danach strebt, das Leben erfolgreich zu bewältigen.

Es liegt in der Natur des Menschen, Natur in Kulturraum umzuwandeln; nur dadurch kann er sein Überleben als unspezialisiertes Mängelwesen ohne vorbestimmte ökologische Nische sicherstellen (Gehlen, 1950). In der Erkenntnis der eigenen Unvollkommenheit und der Ohnmacht des Individuums gegenüber seiner Um- und Mitwelt liegt zugleich auch die Ursache des religiösen Empfindens. Im Bestreben, Schranken und subjektiv gefühlte Ohnmacht zu überwinden, bildet sich der Mensch eine Welt, in der subjektive Wünsche zu allgemeingültigen Gesetzen werden. Dieser Aufgabe hat sich heute insbesondere die politische Theologie angenommen, welche sich mit der Entstehung und der Entwicklung des Gottesbildes im kulturellen und politischen Kontext beschäftigt. In allen drei monotheistischen Weltreligionen zeigt sich dabei, dass Religionsgemeinschaften, die sich in ihrer Identität von außen bedroht fühlen, dazu tendieren, ihren Gott als exklusiv, kontrollierend und strafend vorzustellen. Auch in der politischen Theologie werden daher die Begriffe Moral und Angst miteinander in Verbindung gebracht.

Spinoza verfolgte bereits in seinem »Theologisch-politischen Traktat« (1670/1994) diesen Ansatz der politischen Theologie, und zwar ausgehend von der realen Menschennatur, die er in seiner »Ethik« (1677/2006) untersuchte. Die neueren Erkenntnisse der Neurowissenschaften wie auch der experimentellen Psychologie haben diese reale Menschennatur, wie sie von Spinoza dargelegt wird, weitgehend bestätigt, indem sie aufzeigten, dass der Mensch in seinen moralischen Entscheidungen immer auch durch die vom Leib bestimmten Neigungen geleitet wird. Es erstaunt daher nicht, dass wissenschaftliche Anknüpfungspunkte zwischen experimenteller Moralpsychologie, philosophischer Anthropologie und politischer Theologie geschaffen wurden, welche die normativ-orientierten Ethiktheorien wie auch die Wirtschaftstheorien, die auf einem imaginären Nutzen maximierenden *homo oeconomicus* basieren, in Frage stellen.

Trotz dieser neueren Entwicklungen scheint die binäre Unterscheidung zwischen Körper und Geist als Grundannahme der Aufklärung und Legitimationsgrundlage für die Abtrennung der Erforschung des menschlichen Denkens und Handelns (Sozial- und Geisteswissenschaften) von der Erforschung der Natur und des menschlichen Körpers (Naturwissenschaften/Medizin) an Universitäten noch lange nicht überwunden zu sein. Diese Aufspaltung scheint allerdings dem Erfolg der Naturwissenschaften nicht geschadet zu haben. Diese nämlich haben auf molekularbiologischer Ebene eine gemeinsame Sprache gefunden, die es ermöglicht, die verschiedenen Teildisziplinen besser zu integrieren und Fortschritte durch interdisziplinäre Zusammenarbeit zu erzielen, die schließlich auch zu einem besseren Menschenverständnis führen.

Leider ist eine ähnliche Entwicklung in den Sozial- und Geisteswissenschaften bisher ausgeblieben. Obwohl auf vielen Teilgebieten wertvolle Erkenntnisse erzielt wurden, fehlt eine Synthese, die all diese Teilerkenntnisse zu einem Gesamtbild integriert. Dies erstaunt nicht, wenn man bedenkt, dass akademischer Erfolg in den Sozial- und Geisteswissenschaften nach wie vor von Leistungen und Verdiensten innerhalb der eigenen Disziplin abhängt. Das gezielte Ausklammern von Erkenntnissen anderer Disziplinen, welche die Theorie in der eigenen Disziplin in Frage stellen könnten, erklärt auch, warum Poppers Falsifizierungsmethode in den Sozial- und Geisteswissenschaften schlecht bis gar nicht funktioniert und warum Interdisziplinarität nach wie vor als »fruchtbarer Austausch«, nicht aber als konkrete Zusammenarbeit verstanden wird. Es ist uns auch aus diesem Grund ein großes Anliegen, mit diesem Buch im Spannungsfeld von Moral und Angst den Stoffwechsel zwischen natur- und kulturwissenschaftlichen Disziplinen zu befördern.

Die Beiträge dieses Buches gehen zurück auf das von Philipp Aerni am 21. Mai 2010 organisierte und am Collegium Helveticum der ETH Zürich durchgeführte Symposium »Moral und Angst: Neue Erkenntnisse aus der Moralheuristik und der politischen Theologie«.

Philipp Aerni und Klaus-Jürgen Grün

Literatur

Becker, E. (1991). Dynamik des Todes. Die Überwindung der Todesfurcht. Leipzig: Goldmann Wilhelm.

Gehlen, A. (1950/2004). Der Mensch: Seine Natur und seine Stellung in der Welt. Wiebelsheim: AULA-Verlag.

Grün, K.-J. (2009). Angst – Vom Nutzen eines gefürchteten Gefühls. Berlin: Aufbau.

Morschitzky, H. (2002). Angststörungen. Diagnostik, Konzepte, Therapie, Selbsthilfe. Wien: Springer.

Schmidbauer, W. (2007). Das Buch der Ängste. München: Blumenbar.

Spinoza, B. (1670/1994). Tractatus theologico-politicus (»Theologisch-politischer Traktat«). Hamburg: Felix Meiner.

Spinoza, B. (1677/2010). Ethica, ordine geometrico demonstrata (»Ethik, nach geometrischer Methode dargestellt«). Hamburg: Felix Meiner.

Sunstein, C. R. (2007). Gesetze der Angst – Jenseits des Vorsorgeprinzips. Frankfurt a. M.: Suhrkamp.

Moral und Ökonomie

Philipp Aerni

Die Moralisierung der Politik als Kehrseite der Angst vor dem globalen Wandel

Globale Veränderungen schaffen Angst und Verunsicherung – gerade bei denen, die bisher vom Status Quo profitiert haben. Man spricht von Krise und will wissen, wer für diese verantwortlich ist. Professionell organisierte politische Unternehmer am linken und rechten Rand des politischen Spektrums kennen diese diffusen Ängste vor dem Unkontrollierbaren und verstehen es, diese in konkrete moralische Empörung umzuwandeln. Die subjektive Angst, man könne im Laufe der Globalisierung zu kurz kommen, wird dadurch in ein moralisch begründetes Ungerechtigkeitsempfinden verpackt. Als plausible Sündenböcke für die empfundene Ungerechtigkeit wählt der politische Unternehmer Objekte des Misstrauens aus, die mit unerwünschtem Wandel identifiziert werden und geringe politische Unterstützung genießen (z. B. Immigranten, neue Technologien). Mit symbolischen Protestaktionen, die auf der ständigen Wiederholung derselben Botschaften beruhen, werden gefühlte gesellschaftliche Missstände und Zukunftsängste gezielt mit diesen Objekten in Verbindung gebracht. Diese Vereinfachung der Darstellung komplexer Verhältnisse macht für die sich betroffen fühlende Öffentlichkeit Sinn und zwingt politische Entscheidungsträger, auf die populistischen Forderungen einzugehen. Der politische Unternehmer wird dabei in den Medien als Anwalt des öffentlichen Interesses darstellt, der die Eigeninteressen der Mächtigen herausfordert. Das so erworbene öffentliche Vertrauen verschafft ihm Zugang zu finanziellen Ressourcen und politische Legitimation.

In diesem Beitrag wird die Politische Ökonomie, die sich hauptsächlich mit Tauschgeschäften in Wirtschaft und Politik beschäftigt, um die Dimension des Vertrauens als politische Ressource und ihrer Instrumentalisierung in der politischen Arena erweitert. Dabei soll im geschichtlichen Kontext gezeigt werden, wie die Privatisierung des öffentlichen Vertrauens immer im Zusammenhang mit gesellschaftlichen Umbrüchen steht.

Angst und Vertrauen

Der Zusammenhang von Angst und Vertrauen in einer von den Massenmedien geprägten Politik wurde bereits in den 1930er Jahren vom einflussreichen amerikanischen Demokratietheoretiker Walter Lippmann (1922) erkannt. Er war überzeugter Antikommunist und zugleich ein Kritiker der zeitgenössischen Wirtschafts- und Demokratietheoretiker, welche, geprägt durch den Utilitarismus der Aufklärung, den Menschen primär als rationalen Nutzenmaximierer betrachteten. Als ehemaliger Schüler des Psychologen William James wusste Lippmann, dass der Mensch weitaus komplexer und seine Entscheidungsautonomie weitaus eingeschränkter ist als, die Ökonomen und Politikwissenschaftler es wahrhaben wollten. Das idealistisch geprägte Menschenbild der Theorie hatte kaum etwas mit der realen Menschennatur gemeinsam. Rein biologisch betrachtet entspringt das Denken immer dem Fühlen und somit das Bewusste immer dem Unbewussten (Grün, 2009). Insofern wir uns dies bewusst machen, können wir auch unser Denken besser verstehen. Das bedingt jedoch, dass man sich eingesteht, dass menschliche Autonomie im Denken und Handeln nur beschränkt möglich ist.

Der Mensch sehnt sich jedoch nach Gewissheiten über sich selbst sowie über seine Um- und Mitwelt, auf die er sich unbewusst verlassen kann. Auf diesen Gewissheiten errichtet er seine Identität und ein Weltbild, das Sinn und Orientierung in seinem Leben schafft (Parker, 2007). Luhmann würde diesen Prozess auch als Reduktion von Weltkomplexität bezeichnen (Luhmann, 1968). Sie ist notwendig, um als Mensch überhaupt handlungsfähig zu werden.

Bei der Verfolgung unserer Ziele im Leben müssen wir uns zwangsläufig darauf verlassen, dass die Voraussetzungen und Annahmen, auf die wir vertrauen, auch tatsächlich gegeben sind. Die technischen Systeme sowie der gesetzliche Rahmen, die diese Voraussetzungen heute ermöglichen, basieren jedoch ihrerseits wieder auf Menschen, welche als Experten beauftragt sind, diese Systeme und Gesetze zu unterhalten, zu überwachen und auszuüben. Als Expertensysteme entlasten sie zum einen zwar unseren individuellen Handlungsspielraum, da wir uns um vieles nicht mehr kümmern müssen. Zugleich bewirkt aber diese Komplexitätsreduktion eine zunehmende Abhängigkeit von der Funktionalität dieser geschaffenen Institutionen und Technologien, die zu komplex geworden sind, um sie noch verstehen und strikt kontrollieren zu können. Hierdurch entsteht ein Unbehagen, und der kleinste Zweifel an der Zuverlässigkeit der technisierten Welt kann zu diffuser Angst und einem Vertrauensverlust führen, der sich nicht nur auf die betreffende technische Panne und die unmittelbar verantwortlichen Institutionen bezieht, sondern die Reputation einer ganzen Industrie in den Ruin treiben kann (Kasperson et al., 1988). Eine solche Panne muss nicht einmal direkten Schaden anrichten, um bei der Bevölkerung Angst und Verunsicherung zu erzeugen, denn in einer vernetzten Welt der gegenseitigen Abhängigkeiten können sich alle als mögliche Betroffene fühlen.

Angst und Verunsicherung sowie der damit einhergehende Vertrauensverlust in die politischen Entscheidungsträger sind auch das Resultat des wirtschaftlichen und kulturellen Wandels, welcher durch den wachsenden Welthandel und die globalen Migrationsströme vorangetrieben wird. Dieser Wandel mag zwar langfristig Wohlstand und Lebensqualität erhöhen, doch kurzfristig schafft er Verunsicherung und Angst vor Arbeitsplatz- und Identitätsverlust (Beck, 2007). Traditionelle Werte und Institutionen, welche den Zusammenhalt in der Gemeinschaft über Generationen hinweg sicherstellten, verlieren zunehmend an Bedeutung, und Politiker scheinen über keine effektiven Mittel zu verfügen, dies zu verhindern.

Doch wem sollen wir vertrauen, wenn das Vertrauen in die anonymen Institutionen von Wissenschaft, Marktwirtschaft und die repräsentative Demokratie schwindet? Wohin verlagert sich dieses Out-Group-Vertrauen, wenn es den Institutionen entzogen wird? Mit großer Wahrscheinlichkeit wird es durch ein medial kommuniziertes In-Group-Vertrauen ersetzt (Szompka, 1999, Lei u. Vesely, 2010). Mit anderen Worten, das öffentliche Vertrauen bewegt sich weg von den etablierten Institutionen des Rechtsstaates hin zu charismatischen Persönlichkeiten in Politik und Öffentlichkeit, die beanspruchen, die

Werte und Interessen des Volkes gegen die Interessen einer angeblich undemokratischen Elite zu repräsentieren (Sennett, 1977; Beck, 2000). Diese angeblichen Werte der Betroffenen entspringen jedoch oft einer diffusen Angst vor dem beschleunigten Wandel und sind verbunden mit einer defensiven Haltung gegenüber Reformen und einer Idealisierung der früheren Zustände. So gelten zum Beispiel am rechten Rand des politischen Spektrums Immigranten als Inbegriff für wachsende Unsicherheit auf der Straße, den Missbrauch der Sozialsysteme, die Ursache für Lohndumping und den Untergang tradierter Normen und Werte. Am linken Rand des politischen Spektrums sind es hingegen die Risiken des technischen und wirtschaftlichen Wandels, welche als Gefahr für die Umwelt und soziale Gerechtigkeit gesehen werden.

Die Angst vor Identitätsverlust durch Wandel haben jedoch beide Seiten gemeinsam und sie sorgt in der Politik immer öfter für unheilige Allianzen. Die grüne Gentechnik ist diesbezüglich ein gutes Beispiel. Sie wird von Rechtspopulisten als etwas Fremdes bekämpft, das den Bauernstand und die nationale Identität bedrohen könnte. Linke Aktivisten hingegen sehen in der Gentechnologie ein Produkt des Kapitalismus, das Gesellschaft, Umwelt und die menschliche Gesundheit bedroht (Nanda, 2003).

Der politische Unternehmer als Vertreter der öffentlichen Interessen

Die Verpackung des jeweilig wahrgenommenen Missstandes in eine umfassende und sinnstiftende Geschichte ist Aufgabe des politischen Unternehmers, der nach öffentlichem Vertrauen als politische Ressource strebt, um dadurch politische Legitimation und indirekt wirtschaftlichen Erfolg zu erlangen. Seine Geschichte muss für wenig Informierte überzeugend wirken und als Drama Emotionen hervorrufen, welche die politische Mobilisierung der sich betroffen Fühlenden ermöglicht. Es muss eine dramatische Geschichte sein mit skrupellosen Tätern, die ohne Gewissen ihre Profitziele verfolgen, von unschuldigen Opfern, denen das Wenige, das sie haben, auch noch genommen wird, von mutigen Helden, die sich ohne große Mittel, aber mit viel Leidenschaft und Mut für die Betroffenen einsetzen, und von versagenden Verantwortlichen, welche mehr um das eigene Wohl als um das Wohl der Allgemeinheit besorgt sind (Luhmann, 1991; Nelkin, 1996). Die Darstellung der Gegebenheiten kann nahe oder weit entfernt von der Realität sein, doch das ist nicht das Kriterium. Vielmehr ist für die Massenmedien relevant, wie überzeugend die Geschichte wirkt, mit welchen anderen Geschichten sie kombinierbar ist und mit welchen Gegenpositionen sie im Wettbewerb um öffentliche Aufmerksamkeit steht. Zudem spielt es eine zentrale Rolle, inwieweit der politische Unternehmer bereits eine Reputation als Verteidiger des öffentlichen Interesses besitzt und wie stark die vermeintlichen Täter bereits unter Verdacht stehen, kurzfristiges Eigeninteresse über öffentliches Interesse zu stellen (Aerni u. Bernauer 2006).

Der Vertrauensentzug, mit dem diese »Usual Suspects« rechnen müssen, geht einher mit einem Verlust an politischer Legitimität und öffentlicher Akzeptanz, was wiederum einen verminderten Zugang zu wirtschaftlichen und politischen Ressourcen zur Folge haben kann. Um sich wieder Glaubwürdigkeit und Respekt zu verschaffen und somit Handlungsfähigkeit zurückzugewinnen, sind sie gezwungen, in der Öffentlichkeit Verständnis für das Misstrauen der politischen Unternehmer zu zeigen und eine Bereitschaft für eine künftige Zusammenarbeit zu signalisieren. Dies verschafft dem politischen Unternehmer zusätzliche Legitimation in der Öffentlichkeit als Anwalt des öffentlichen Interesses.

Es wäre sicherlich eine Unterstellung zu behaupten, dass immer das Eigeninteresse des politischen Unternehmers im Vordergrund steht, denn zumindest am Anfang des Protests stehen immer ein gewisser Idealismus und eine Bereitschaft, sich für eine Sache aufzuopfern (Aerni u. Bernauer, 2006). Auf dieser Vorleistung basiert schließlich die Glaubwürdigkeit des politischen Unternehmers, sobald er einmal der Öffentlichkeit bekannt ist.

Der aufwändige investigative Journalismus, den der politische Unternehmer anfänglich betreibt, um damit an die Öffentlichkeit zu gelangen, zeigt jedoch keine Wirkung, solange die Verbindungen fehlen, welche ermöglichen, dass sein Anliegen zum öffentlichen Thema wird. Sobald aber der politische Unternehmer den Durchbruch schafft, zum Beispiel aufgrund eines Skandals, der seine Anliegen und Warnungen ins Rampenlicht rückt, ist die Wahrscheinlichkeit groß, dass er in der Öffentlichkeit zu Recht als Watchdog und Repräsentant des öffentlichen Interesses wahrgenommen wird.

Auf diese Weise beginnt er auch, Vertrauen als politisches Kapital zu akkumulieren. Dies muss er jedoch sorgfältig managen. Das Thema hat aktuell zu bleiben, und es darf nicht ohne Weiteres verschwinden, sobald es von Politik und Wirtschaft in Angriff genommen wird. Glücklicherweise herrscht immer eine allgemeine Angst vor einem Restrisiko, das auch fortan ein gewisses Misstrauen sowie ein Gefühl der Betroffenheit rechtfertigt (Furedi, 1997). Der politische Unternehmer muss dennoch versuchen, sich vom intensiv untersuchten Einzelfall wegzubewegen und das Thema auf eine allgemeinere symbolische Ebene zu heben, bei der es um grundlegende Ansichten über die möglichen Konsequenzen der Globalisierung geht. Das erlaubt ihm allenfalls, eine Verknüpfung zu anderen aktuellen Themen herzustellen und gemeinsam mit anderen Protestgruppierungen zusammenzuarbeiten. Dabei beschränken sich die Protestkampagnen meist nicht auf öffentliche Kundgebungen, sondern werden kombiniert mit anderen Formen der Öffentlichkeitsarbeit und koordiniert mit konkurrierenden geplanten Aktionen in der Politik (Gerhards, 1993).

Die klare Strategie bei der Auswahl der Themen und Aktionsformen in der Öffentlichkeitsarbeit kann als Beginn der Professionalisierung des Protests bezeichnet werden. Intensive Nachforschungen zu ganz bestimmten Vorfällen werden dabei meist zugunsten von allgemeinen und wenig greifbaren Anschuldigungen aufgegeben.

Die ständige Wiederholung derselben Botschaften in öffentlichen Foren sowie einschlägigen Publikationen und Protestkundgebungen genügt, um ihnen in der Öffentlichkeit Geltung zu verschaffen. Der politische Unternehmer bleibt im Gespräch und seine Botschaften werden mit der Zeit für viele zu einer allgemeinen unhinterfragten Wahrheit. Die Übereinstimmung von Anspruch und Wahrheit oder Schein und Sein ist dabei einmal mehr weniger relevant als die Glaubwürdigkeit der Motive des politischen Unternehmers, und diese wird bestimmt durch sein öffentliches Auftreten sowie deren Kommentierung durch die Massenmedien.

Die sehr allgemein gehaltenen Anschuldigungen gegen etablierte Interessen in Politik und Wirtschaft führen auch zu einem entsprechenden Vertrauensverlust in der Öffentlichkeit. Die vom Vertrauensverlust Betroffenen sehen sich dadurch gezwungen, den politischen Unternehmer versöhnlich zu stimmen, indem man seinen Anliegen entgegenkommt. Zugleich erhofft man sich dadurch die Rückgewinnung des öffentlichen Wohlwollens. Kooperation mit den Anklägern wäre zwar der effektivste Weg zur Behebung eines konkreten Problems, doch erstens beziehen sich die Anschuldigungen meistens nicht auf etwas konkret Nachweisbares, sondern lediglich auf einen Verdacht auf unlautere Motive des Akteurs; und zweitens können es sich die Ankläger kaum leisten, mit denen zusammenarbeiten, welchen sie unlautere Motive vorwerfen. Das Vertrauen des anklagenden politischen Unternehmers basiert nämlich erstens allzu oft auf dem Misstrauen gegenüber den etablierten Akteuren, und zweitens bezieht sich seine Glaubwürdigkeit nicht auf eine konkret erbrachte Leistung, sondern primär auf seine guten Motive. Er muss daher unbedingt auf Distanz zu den Repräsentanten von Geld und Macht bleiben.

Die Öffentlichkeit würde eine Zusammenarbeit nämlich mit großer Wahrscheinlichkeit als Tauschhandel interpretieren: Der Ankläger strebe nach Geld und Macht und sei bereit, diese gegen öffentliches Vertrauen einzutauschen. So etwas wäre politischer Selbstmord, denn die Massenmedien würden schließlich auch die Motive des politischen Unternehmers in Frage stellen. Die Konkurrenz in den eigenen Reihen interpretierte dies indessen als Verrat des öffentlichen Interesses zugunsten des Strebens nach persönlichem Profit. Mit zunehmender Professionalisierung des öffentlichen Protests nimmt daher die Bereitschaft zum Tauschhandel nicht etwa zu, sondern ab.

Vertrauen als öffentliches Gut und ihre Gefährdung durch politischen Opportunismus

Die Unterstellung von unlauteren Motiven in der Öffentlichkeit führt jedoch nicht dazu, dass sich die angeschuldigten Akteure in Wirtschaft und Politik durch Verweis auf ihre zuverlässigen Leistungen und Erfolge erfolgreich zur Wehr setzen können; denn es geht um vermeintliche Motive – nicht um Leistung und Zuverlässigkeit. Stattdessen versuchen die Vertreter der Wirtschaft mit Hilfe von »Corporate Social Responsibility«(CSR)-Strategien und der Schaffung von Codes of Conduct die Öffentlichkeit davon zu überzeugen, dass auch bei ihnen nicht etwa das Profitmotiv, sondern das Nachhaltigkeitsmotiv im Vordergrund stehe (Freidberg, 2007). Eine ähnliche Reaktion lässt sich bei Regierungsvertretern erkennen, welche mit Protesten von rechtspopulistischen Parteien konfrontiert werden. Statt auf die strikten gesetzlichen Vorschriften zu verweisen, an welche sich auch Einwanderer halten müssen, übernehmen sie den Stil und das Programm der Rechtspopulisten und verurteilen die vermeintlichen Motive der Ausländer, welche den Sozialstaat ausnützen und nationale Werte aushöhlen würden.

Was dabei geopfert wird, ist lediglich die Verteidigung der bewährten Regeln und Institutionen des Marktes und der Demokratie, welche versuchen, die Verfolgung des Eigeninteresses so zu koordinieren, dass sie auch einen Nutzen für die Allgemeinheit erzeugt (Buchanan u. Tullock, 1962). Das öffentliche Vertrauen in die Spielregeln von Marktwirtschaft und Demokratie hatte bisher den Charakter eines öffentlichen Gutes, von dem alle profitieren, weil niemand ausgeschlossen werden kann. Es ermöglichte dadurch die Zusammenarbeit über unterschiedliche Interessen hinweg (Hirsch, 1980). Die Verwendung von öffentlichem Vertrauen als private politische Ressource gefährdet jedoch die Möglichkeiten der Zusammenarbeit.

Die Privatisierung des öffentlichen Vertrauens im geschichtlichen Kontext

Die Privatisierung des öffentlichen Vertrauens durch die Professionalisierung des Protests führt zu politischer Polarisierung, welche den politischen Kompromiss im Rahmen der bestehenden Spielregeln unmöglich macht. Diese Privatisierung hat zwar keine unmittelbaren Konsequenzen für die politischen Akteure, welche sich alle auf ihre eigene Art den neuen Gegebenheiten anpassen; aber der Tauschhandel, welcher in Wirtschaft und Politik zentral ist, um »ins Geschäft zu kommen« und somit effektives Handeln in Markt und Demokratie ermöglicht, verliert stetig an Legitimation. Vertrauen als private Ressource ist nämlich nicht handelbar in der Politik, im Gegensatz zu den Ressourcen »Geld« und »Macht«, die uneingeschränkt respektive beschränkt handelbar sind (Aerni u. Bernauer, 2006). Öffentliches Vertrauen lässt sich nicht kaufen!

Doch was sind die Ursachen dieser kontinuierlichen Erosion des Vertrauens als öffentliches Gut? Geschichtlich gesehen zeigt sich, dass dieser Prozess immer dann in Gang kommt, wenn der beschleunigte gesellschaftliche Wandel die Vorrechte und Interessen der bestehenden Elite tangiert, welche vom Status Quo profitiert (Olson, 1982; Diamond, 1999; Sommer, 2005; Wright, 2009). Es geht dabei primär um die Angst vor dem Verlust des eigenen Status in der Gesellschaft durch die Bedrohung einer neuen Elite. Die bestehende Elite empfindet gegenüber diesen Aufsteigern meist nur Geringschätzung und versucht sich durch Exklusivität von ihr zu distanzieren, solange dies noch möglich ist. Die wichtigste Waffe, die ihnen im diesem Kampf um Status zur Verfügung steht, ist die Mobilisierung der unterprivilegierten Massen gegen die Emporkömmlinge (Schumpeter, 1942). Die unterprivilegierten Schichten empfinden nämlich infolge der vormals feudalistischen Strukturen nach wie vor eine gewisse Loyalität gegenüber den vormaligen Gutsherren und ihren Sprösslingen, und generell ziehen sie das Bedürfnis nach Gleichheit (zumindest in den eigenen Schichten) dem Bedürfnis nach Freiheit vor (Tocqueville, 1840).

Zudem haben die politischen Reformen, welche von der aufstrebenden Mittelschicht durchgesetzt wurden, dazu geführt, dass die vormals von der besitzenden Klasse uneingeschränkt ausgeübten Möglichkeiten der militärischen und gerichtlichen Willkür stark eingeschränkt wurden. Hierdurch erscheinen die vormaligen Herren gütiger und fürsorglicher, als sie es tatsächlich waren. Zudem werden sie als Opfer des Wandels und nicht etwa als ihre Profiteure angesehen. All dies verschafft ihnen eine gewisse Beliebtheit im gemeinen Volk, das zwar langfristig von den Reformen und dem Wirtschaftswachstum durch neue Möglichkeiten der sozialen Mobilität profitiert, doch kurzfristig voll allem durch Angst vor negativer Veränderung gelähmt ist. Ihr rechtlicher Schutz, ihre Voraussetzungen für eine gute Bildung und ihr Zugang zu den Früchten des durch die Wirtschaft induzierten technischen Fortschritts sind gerade in der Anfangsphase wenig bis gar nicht vorhanden.

Gerade in dieser Affinität zwischen der ehemaligen Oberschicht und der aufstrebenden, aber gefährdeten Unterschicht liegt der Erfolg des rhetorisch begabten politischen Unternehmers, der subjektiv empfundene Angst, Unzufriedenheit und Verunsicherung in eine moralisch-objektive Sprache ummünzt (Sennett, 1977; Luhmann, 1991). Sie weist auf den Werteverlust hin, der sich im moralischen Zerfall durch die neuen Freiheiten manifestiere. Zugleich werden Fälle extremer Ausbeutung und Herzlosigkeit durch einzelne Profiteure im wirtschaftlichen System auf die gesamte neue Führungsklasse übertragen und Unfälle bei der Nutzung von neuen Technologien so verallgemeinert, dass die Öffentlichkeit das Gefühl hat, dass der technische Fortschritt nur den Mächtigen dient, während die Kosten von den Armen getragen werden müssen.

Aus all dem resultiert eine moralische Empörung in der breiten Bevölkerung, die sich mit Hilfe der Unterstützung der bedrohten besitzenden Klasse gut finanzieren lässt. Es spielt dabei keine Rolle, ob der politische Unternehmer aus der absteigenden Oberschicht oder der aufsteigenden Unterschicht stammt. Was zählt, sind seine rhetorischen Fähigkeiten, subjektiv empfundene Angst vor Verlust durch Wandel in eine moralisch objektive Sprache zu verwandeln, die Veränderung an sich als moralisches Problem darstellt. Der psychologische Nutzen für die Bevölkerung liegt dabei in der Ablenkung von der eigenen beschränkten moralischen Autonomie, der Schaffung kultureller Identität sowie politischer Orientierung durch Reduktion von Komplexität. Schließlich ist da noch das Heilsversprechen einer künftigen idealen Gesellschaft, welches dem politischen Unternehmer zusätzliches Kapital verschafft. Die Ideale richten sich dabei auf utopische Zustände der absoluten Gleichheit und sozialen Gerechtigkeit, welche erreicht werden könnten, sofern nur alle am gleichen Strick zögen (Schumpeter, 1942; Luhmann, 1991).

Je nach Zeitepoche stehen dabei andere Argumente im Vordergrund. Fest steht jedoch, dass politische Unternehmer gerade dann am meisten Erfolg haben, wenn die Menschheitsgeschichte die größten Sprünge in der Entwicklung macht. Die moralische Entrüstung der jüdischen Propheten und der griechischen Philosophen gegen die phönizischen Händler der Antike stieß auf mehr Resonanz im Volk als die Klagen über die Grausamkeiten der kriegerischen Assyrer (Sommer, 2005). Savonarola gelangt inmitten der kulturellen, technologischen und wirtschaftlichen Blütezeit in Florenz an die Macht (Piper, 1999); und Luther, gestützt vom lokalen Adel, bringt gerade dann die deutsche Reformation in Gang, als sich das dynamische Unternehmertum auch im Norden Europas entwickelt und die aufblühende Presse sich erstmals über deren materiellen Exzesse und Scheinheiligkeit empören kann (Venzke u. Puth, 2007).

Im Industriezeitalter erstaunt es nicht, dass der größte Mäzen von Karl Marx Friedrich Engels war, ein Dandy aus der besitzenden Klasse, der sein geerbtes wirtschaftliches Kapital in politisch-moralisches Kapital umwandelte (Hunt, 2009). Während jedoch die Aufstände des

Jahres 1848 tatsächlich zur realen Verbesserung der Rechte und des Schutzes der Arbeiter geführt haben, kann man das von den späteren Arbeiteraufständen um die Jahrhundertwende nicht mehr behaupten. Gustave Le Bons »Psychologie der Massen«, Dostojewskis »Dämonen« wie auch Robert Musils »Mann ohne Eigenschaften« zeigen bereits den professionell agierenden politischen Unternehmer, bei dem es nicht mehr primär um die realen Verbesserungen der Zustände geht, sondern lediglich um die Identifizierung von Sündenböcken, welche für die Probleme der ersten großen Globalisierungswelle verantwortlich gemacht werden können. Als Sündenböcke mussten diejenigen herhalten, welche als Agenten des unerwünschten Wandels verdächtigt und somit auch für moralischen Zerfall in der Gesellschaft verantwortlich gemacht werden konnten.

Die Juden waren diesbezüglich eine ideale Zielscheibe, da es genügend Anekdoten gab, welche die Ausnahme zur Regel machen konnten. Zudem waren Juden damals politisch noch kaum organisiert und ihre Gegenwehr dementsprechend schwach. Es ist auch nicht erstaunlich, dass zu dieser Zeit die Strömungen in Philosophie und Kunst diese Ressentiments mehrheitlich bestärkten, denn ihre Repräsentanten waren zumeist die Sprösslinge der besitzenden Klasse. Ferdinand Tönnies stellt in seiner Abhandlung »Gemeinschaft und Gesellschaft« (Tönnies, 1887) die wertorientierte Gemeinschaft der kalten profitorientierten Gesellschaft gegenüber und in Werner Sombarts »Händler und Helden« (Sombart, 1915) finden wir den moralisch überlegenen deutschen Helden als Gegenpart zum angelsächsischen Händler ohne Werte und Ideale.

Diese Dokumente des damaligen Zeitgeistes helfen, den Erfolg der politischen Unternehmer um die Jahrhundertwende sehr gut zu erklären. Mit ihrer Schwarz-Weiß-Rhetorik erfüllten diese bereits die Kriterien der modernen Massenmedien, welche eine Vereinfachung der komplexen politischen Ereignisse durch Personalisierung und Dramatisierung der Politik anstreben. Sie konnten dadurch erstmals öffentliches Vertrauen zu einem privaten Gut machen, das ihnen Zugang zu materiellen Ressourcen wie auch einflussreichen Akteuren verschaffte, ohne dass sie sich deswegen kompromittieren mussten. Anpassen mussten sich diejenigen, welche vom öffentlichen Misstrauen betroffen waren, nämlich Regierung und Wirtschaft. Dabei entwickelten sich im Gegenzug nationalistischere und rassistischere

Strukturen. In der Hoffnung, durch die Bestätigung der bereits existierenden (und durch ständige Wiederholung zu unhinterfragten Wahrheiten mutierten) Ressentiments Wohlwollen zu erlangen, versuchten die Institutionen in Politik und Wirtschaft die politische Legitimation in der Öffentlichkeit zurückzugewinnen. Der Ausbruch des Ersten Weltkriegs wird diesbezüglich von Musil und anderen als Resultat dieser von Ressentiments getriebenen Politik gedeutet.

Wie kommt die Privatisierung des Protests heute zustande?

Mit dem Ende des Kalten Krieges erfolgte auch der Wegfall eines sinnstiftenden geistigen Überbaus auf beiden Seiten des Eisernen Vorhangs. Im Westen bestand er aus dem Bewusstsein, dass die erkämpften Werte und Freiheiten in der Gesellschaft um jeden Preis verteidigt werden müssten. Dieser gemeinsame Nenner in der Politik diente als wichtige öffentliche Legitimationsgrundlage für Wirtschaft und Politik und erlaubte die Geheimhaltung von Informationen im Namen der nationalen Sicherheit. Tauschgeschäfte in Wirtschaft und Politik, welche für den politischen Kompromiss und das gemeinsame politische Handeln notwendig waren, konnten daher unter Ausschluss der Öffentlichkeit durchgeführt werden, ohne deswegen einen politischen Skandal auszulösen; denn schließlich hatte man ja einen gemeinsamen Feind (Luhmann, 1991).

Inzwischen hat sich dies grundlegend geändert. Mehr Transparenz in Politik und Wirtschaft sind die Haupterrungenschaften der Bürger-, Umwelt- und Konsumentengruppierungen, welche als neue soziale Bewegungen zwar schon in den 1970er Jahren entstanden sind, aber ihr volles politisches Gewicht als etablierte und einflussreiche Nichtregierungsorganisationen (NGOs) erst nach dem Wegfall der Mauer entfalten konnten. Das Aufkommen neuer Informations- und Kommunikationstechnologien hat den Einfluss dieser Organisationen im Meinungsbildungsprozess wie auch im politischen Entscheidungsprozess zusätzlich verstärkt und zugleich eine verstärkte Konkurrenz um öffentliche Aufmerksamkeit und damit verbunden eine Professionalisierung der Zivilgesellschaft bewirkt. Dies hat nicht zuletzt dazu geführt, dass bei öffentlichen Protestkundgebungen in Wohlstandsgesellschaften nicht mehr der soziale Nutzen der Aktion (z. B. Aufdecken von Missständen), sondern der öffentlichkeitswirksamere psychologische Nutzen im Vordergrund stand – nämlich mit symbolischer Rhetorik diffuse Angst in der Öffentlichkeit in moralische Empörung umzuwandeln. Die Professionalisierung des Protests hat die Privatisierung des öffentlichen Vertrauens zur Folge. Bezeichnend für diese Entwicklung ist, dass sich die in der Öffentlichkeit organisierten Proteste nicht mehr auf spezifische reale Missstände richten, sondern vielmehr primär »das System« im Allgemeinen anprangern, welches soziale Ungerechtigkeit verursache und unsere Umwelt gefährde.

Die neue binäre Sichtweise, die dadurch entsteht, lässt sich im Slogan »People versus Profits« sehr gut zusammenfassen. Diese bipolare Darstellung scheint in der Öffentlichkeit auf Resonanz zu stoßen, denn gerade in Westeuropa ist die Angst vor dem Kommunismus mittlerweile durch multiple Ängste vor dem eigenen wirtschaftlichen und kulturellen Niedergang ersetzt worden. Diese Ängste sind auch verbunden mit einem unüberschaubar gewordenen Globalisierungsprozess, welcher den Wunsch nach einer Reduktion von Komplexität und neuen Gewissheiten in der Bevölkerung verstärkt. Solche Ängste erklären auch, warum die Politik in Europa in fast allen Bereichen des wirtschaftlichen, sozialen und technologischen Wandels (Immigration, technologischer Wandel, Umweltprobleme, zunehmende Verarmung und Arbeitslosigkeit) defensiv und nicht progressiv reagiert.

In einer verunsicherten Konsumgesellschaft ist es zudem naheliegend, dass Supermarktketten sich mit NGOs zusammenschließen, um komplexe Umwelt- und Entwicklungsthemen in sinnstiftende Life-style-Konzepte zu verpacken. Sie machen es den Konsumenten einfach, sich für »das Richtige« und »das Gute« (also das Vertraute) zu entscheiden, indem sie ihnen das Gefühl vermitteln, einen Beitrag für eine bessere Welt zu stiften (Freidberg, 2007). Meist zeigt sich allerdings, dass der Konsum dieser Life-style-Produkte sich auf Umwelt und globale Entwicklung entweder nur minimal positiv oder gar kontraproduktiv auswirkt. Aber schließlich geht es beim Life-style-Marketing ja auch nicht primär um die Umwelt oder die Armen, sondern um das persönliche Wohlbefinden der Konsumenten. Der Werbespruch von L'Oréal »Weil ich es mir wert bin« kann diesbezüglich ohne Probleme auch für ein Bio-Label verwendet werden, obwohl dahinter eigentlich ein Moralappell für die Bewahrung einer naturnahen Landwirtschaft stehen sollte und weniger das persönliche Selbstwertgefühl.

Ein anderes interessantes Beispiel, das zeigt, worauf Umweltkampagnen eigentlich abzielen, beinhaltet die Werbekampagne des WWF, die die Bevölkerung aufforderte, etwas gegen den Klimawandel zu tun. Der Slogan lautete: »Das Klima braucht dich!« Es ist wohl allen klar, dass wir das Klima mehr brauchen als das Klima uns. Außerdem ist zu bezweifeln, dass das Klima einen Hilferuf an uns richtet, als ob es ein Nachbar wäre, der ein Problem mit seinem Gartenschlauch hat. Doch gerade der Moralappell und seine implizite Botschaft, dass wir zu Krankenpflegern des Klimas werden können und mit unserem Beitrag die Zukunft für die Menschen und das Klima gesichert ist, lassen unsere Zukunftsängste in den Hintergrund treten und erhöhen unser Selbstwertgefühl. Die ständigen Wiederholungen dieser Botschaften im Konsumalltag werden schließlich zu geliebten Gewohnheiten. Politische Unternehmer, die es verstehen, mit ihrer Rhetorik diese Gewohnheiten entgegen innerer Widersprüche als Ausdruck einer geteilten gesellschaftlichen Moral zu rechtfertigen, genießen daher die besondere Gunst des Publikums.

Der Mensch und seine Mühe mit dem globalen Wandel

Indem sich der Mensch Gewohnheiten aneignet, die nicht mehr hinterfragt werden müssen, wandelt er einmal Gedachtes in Gefühltes um und verlässt sich in seinem Handeln mehrheitlich auf seine unbewussten Regungen. Er wird zum Gewohnheitstier. Er vergisst dabei leicht, dass die Entwicklung von Gewohnheiten im Wesentlichen von äußeren Einflüssen bestimmt wird. Er muss sich eine Welt konstruieren, die Sinn hat und auf bestimmten Annahmen beruht, die nicht ständig hinterfragt werden müssen. Diese soziale Konstruktion von Sinn, Identität und Orientierung ist anstrengend, gerade in einer modernen Gesellschaft, wo man frühzeitig herausfinden muss, wozu man sich im Leben am Besten eignet, um sich anschließend auf die entsprechenden Tätigkeiten zu konzentrieren. Es bleibt dabei kaum noch Zeit, sich mit Sinn- und Existenzfragen zu beschäftigen. Arbeitsteilung und Spezialisierung führen zwar zur erfolgreichen Integration in den Arbeitsmarkt, doch sie können bei Fragen, woran der Mensch glauben und wofür er im Leben kämpfen soll, keine Antworten geben. Die durchrationalisierte Gesellschaft verdrängt die Sinnfrage.

Diese Lücke schafft unweigerlich einen Markt für immaterielle Werte in der Politik. Dabei gewinnen diejenigen politischen Akteure den größten Einfluss, denen es gelingt, durch die ständige Wiederholung immer gleicher Botschaften ein Repertoire an Stereotypisierungen zu erzeugen, das es den Bürgern ermöglicht, mit minimalem persönlichen Aufwand ein kollektiv gültiges Weltbild zu konstruieren. Dieser Vorgang erfüllt die Forderung nach Reduktion der Komplexität und transformiert sich mit der Zeit in eine kulturelle Identität, die ihrerseits durch unsere Bildungseinrichtungen der nächsten Generation erfolgreich weitervermittelt werden.

Walter Lippmann hat diesen Prozess in seinem Buch »Public Opinion« auf den Punkt gebracht, wenn er schreibt: »The subtlest and most pervasive of all influences are those which create and maintain the repertory of stereotypes. We are told about the world before we see it. We imagine most of the things before we experience it. And those preconceptions, unless education has made us acutely aware, govern deeply the whole process of perception« (Lippmann, 1922/1997, S. 59).

Obwohl Schulen stets beteuern, kritisches Denken bei Schülern fördern zu wollen, tendieren Lehrkräfte mehrheitlich dazu, kritisches Denken mit ihren persönlichen Ansichten gleichzusetzen. Basierend auf ihren Vorstellungen selektionieren, interpretieren und testen sie das Wissenswerte (Aerni u. Oser, 2011). In diesem Prozess verwandeln sich viele subjektiv kon-struierte Vorurteile und Stereotypisierungen in objektive soziale Werte. Werte sollten daher in den Sozialwissenschaften nicht als fix gegebene soziale Präferenzen betrachtet werden. Vielmehr ist die Entstehung dieser Werte oder, ökonomisch ausgedrückt, ihre endogene Entwicklung zu untersuchen. Dieses genealogische Verfahren in der polit-ökonomischen Analyse wurde bereits von Nietzsche vorgeschlagen. Seinem psychologischen Einfühlungsvermögen verdanken wir die Erkenntnis, dass sich hinter dem moralisierenden Subjekt zugleich auch die Angst vor der eigenen Scheinmoral verbergen kann (Nietzsche, 1887).

Leider scheinen die etablierten Akteure in Wirtschaft und Politik kaum bereit zu sein, die existierenden Werte auf Konsistenz und unbeabsichtigte Nebenwirkungen zu prüfen, denn ihre Legitimation hängt in unterschiedlichem Maße auch von der Gunst der öffentlichen Meinung ab und somit von der Gunst der politischen Unternehmer, welche diese Werte vertreten und das öffentliche Vertrauen genießen. Es ist daher nicht erstaunlich, dass sie die Ausdrucks- und Argumentationsweise der Protestgruppen annehmen, um wie diese als wertorientiert und uneigennützig wahrgenommen zu werden. Der kurzfristige Vorteil dieser Anpassung liegt auf der Hand. Denn in einer von symbolischen Aktionen dominierten und moralisierenden Politik zählt nicht die real erbrachte Leistung, sondern die Wahrnehmung der Motive in der Öffentlichkeit. Wenn es um »People« versus »Profits« geht, gibt es keinen Zweifel, auf welcher Seite man zu stehen wünscht; wenn es um die Verteidigung der kulturellen Werte geht, ist klar, dass keiner als Befürworter des wirtschaftlichen und technologischen Wandels angesehen werden will. In der Folge bilden sich zahlreiche unheilvolle Allianzen in Wirtschaft und Politik, welche alle den Anspruch verfolgen, die Welt vor drohendem Wertezerfall zu schützen, und zugleich wenig effiziente, aber öffentlichkeitswirksame Forderungen nach Verboten und harten Bestrafungen unterstützen.

Unter diesem Klima leiden insbesondere diejenigen Bereiche in Wissenschaft und Wirtschaft, die gerade durch Dynamik und Leistung in Verdacht geraten, sich nicht um gesellschaftliche Werte zu kümmern. Die Entwicklung und Kommerzialisierung neuer Technologien mögen den Vorteil haben, dass der Mensch sich nicht mehr um alles selbst kümmern muss, sondern viele Aufgaben an Maschinen und gesellschaftliche Institutionen delegieren kann. Doch der technische Fortschritt erhöht dadurch nicht unbedingt das Gefühl der Sicherheit; denn er kann unbeabsichtigte Nebenwirkungen haben. Aus neuen provisorischen Gewissheiten bilden sich dabei neue Ungewissheiten, die gesellschaftlich auf starken Widerstand stoßen. Die daraus erwachsenden Probleme, so die allgemeine Überzeugung, lassen sich nicht mehr mit dem Instrumentarium lösen, das ursprünglich für diese unerwünschten Veränderungen verantwortlich war. Nicht bloße Symptombekämpfung sei gefordert, sondern vielmehr die Bekämpfung der wahren Ursache des Unbehagens, nämlich der Kapitalismus und die wirtschaftliche Globalisierung im Allgemeinen.

Schumpeter (1942) erkannte daher richtig, dass der Kapitalismus an seinem eigenen Erfolg scheitern wird, denn er kann der Gesellschaft keine immateriellen Heilsversprechen offerieren wie der Kommunismus, die Ökobewegung oder die Weltreligionen dies tun. Er überlässt Sinn- und Orientierungsstiftung jedem Einzelnen. In dieser Lücke entsteht der Markt für Heilsversprechungen, der aber gerade den Anspruch erhebt, kein Markt zu sein, sondern dessen Alternative. Eine

Alternative, in der es um die Menschen und nicht um Profite, um das Leben mit der Natur und nicht gegen die Natur, um das Miteinander und nicht das Gegeneinander gehe. Zudem verteidige diese Alternative die Werte der mitfühlenden Gemeinschaft gegen die wertneutrale und gefühlskalte Gesellschaft. Mit anderen Worten, die Alternative basiert auf einer vereinfachenden binären Denkweise, welche jegliche Form der Zweideutigkeit verschwinden lässt und somit vermeintliche Gewissheit schafft. Man schließt sich entweder den »Guten« an und kämpft mit ihnen, oder man lässt sich von den »Bösen« kaufen.

Gerade Jugendliche, die nach Idealen suchen, erfahren aus einer solchen Unterscheidung Sinn. Zugleich ist die Jugendzeit aber auch die Zeit der Erfahrungen und des intensiven Lernens. Viele erkennen in dieser Phase, dass Marktwirtschaft und Demokratie kein Entweder-Oder offerieren können und dass die Alternativen keineswegs die Heilsversprechungen halten konnten, die sie angekündigt hatten. Man lernt stattdessen, mit einer gewissen Ambivalenz zu leben, und führt ein Leben als Kompromiss. Auf der einen Seite engagiert man sich innerhalb der eigenen Gemeinschaft uneigennützig für Soziales und Kulturelles und auf der anderen Seite versucht man im Rahmen der gegebenen formellen und informellen Regeln einer sich stetig verändernden globalen Gesellschaft seine eigenen Fähigkeiten so einzusetzen, dass sie den größtmöglichen Nutzen bringen.

Ein solches Leben in zwei Welten (Hayek, 1988) ist jedoch psychologisch gesehen eine unbefriedigende Realität. Die hochentwickelten Gesellschaften vermitteln ein wachsendes Gefühl der Fremdbestimmung und der Abhängigkeit von nichtkontrollierbaren Kräften, denn das Individuum muss eine steigende Zahl von Aufgaben an anonyme Institutionen delegieren und ist zugleich ein Teil dieser großen Bürokratien geworden. Jeder trägt seinen Teil bei zu einem großen Ganzen, jeder hilft im Kleinen mit, die großen Probleme zu lösen, doch wo bleibt die Anerkennung?

Schlussbemerkungen

Der Trend zur Privatisierung des öffentlichen Vertrauens geht einher mit der Übersetzung individuell empfundener Ängste in angeblich gesellschaftlich verankerte moralische Werte. Die Geschichte zeigt diesbezüglich, dass diese Privatisierung immer in Zeiten von wirtschaftlichen und technologischen Umbrüchen stattfindet, die Verunsicherung und eine Verteidigung der gefährdeten Normen und Werte in der Gesellschaft erzeugen. Davon profitiert in der Gesellschaft in erster Linie die etablierte Elite, die ihren Wohlstand primär durch Erbschaft von Vermögen und Prestige erlangt hat (Bourdieu, 1979). Sie empfindet den Wandel und die damit einhergehenden neuen wirtschaftlichen Aufsteiger als Bedrohung des eigenen Besitzstandes.

Aber auch die breiten Bevölkerungsschichten pflegen Ressentiments gegenüber diesen Aufsteigern, weil der durch sie beschleunigte gesellschaftliche Wandel neue Abhängigkeiten und Risiken nach sich zieht und die Schere sozialer Ungleichheit zumindest kurzfristig noch weiter öffnet. Demokratie ermöglicht es zwar den betroffenen Bevölkerungsschichten, sich politisch zu organisieren und für ihre Rechte und ihren Schutz zu kämpfen, doch die formellen Spielregeln dieses Systems sind gerade für Menschen mit hohen Idealen unbefriedigend, da sie auf dem Tausch im Alltag und nicht auf langfristigen Visionen aufbauen. Die Angst vor dem sozialen Abstieg der traditionellen Elite sowie die Verunsicherung der vom Wandel betroffenen arbeitnehmenden Bevölkerung sind das Fundament für den Aufstieg des politischen Unternehmers, der als Ankläger der gesellschaftlichen Missstände auftritt und zugleich für eine wertorientierte Gesellschaft eintritt, die sich nicht von den Verlockungen des Marktes verführen lässt, sondern am Bewährten festhält und sich für die Opfer des Wandels einsetzt.

Obwohl in jedem geschichtlichen und kulturellen Kontext die defensive Argumentation in Reaktion auf den Wandel unterschiedlich ist, so zeigen sich doch in den meisten öffentlichen Debatten ähnliche Trends, welche auf eine Professionalisierung des Protests hindeuten. Hinter dieser Professionalisierung steckt ein politisches Unternehmertum, das entdeckt hat, dass die einzige Nachfrage, welche die anonymen Institutionen von Marktwirtschaft und Demokratie nicht erfüllen kann, das Bedürfnis nach Sinn, Orientierung und Identität in der Gesellschaft ist, insbesondere in Zeiten des globalen Wandels. Sie nutzen diese Gelegenheit und schaffen ein Angebot auf diese Nachfrage, indem sie die subjektive Angst vor dem Wandel in eine kollektive moralische Empörung verwandeln, welche die Komplexität des Globalisierungsprozesses reduziert und Orientierung stiftet. Allerdings ist dieser Markt nicht ungefährlich für die Funktionsfähigkeit der Demokratie; denn es sind letztendlich politische Tauschgeschäfte, welche den politischen Kompromiss ermöglichen. Wenn Vertrauen politisch nicht handelbar ist, dann kann auch kein Tauschgeschäft entstehen. Das Geschäft mit der Angst hat somit auch reale Konsequenzen für die Handlungsfähigkeit unserer Gesellschaft.

Literatur

Aerni, P. (2007). Exploring the linkages of commerce, higher education and human development: A historical review. ATDF Journal 4 (2): 35–48.

Aerni, P., Bernauer, T. (2006). Stakeholder attitudes towards GMOs in the Philippines, Mexico and South Africa: The issue of public trust. World Development 34 (3): 557–575.

Aerni, P., Oser, F. (2011). Forschung verändert Schule. Zürich: Seismo.

Beck, U. (2000). Living your own life in a runaway world: Individualization, globalization and politics. In W. Hutton, A. Giddens (Eds.), On the edge: Living with global capitalism. London: Jonathan Cape.

Beck, U. (2007). Generation Global. Ein Crashkurs. Frankfurt a. M.: Suhrkamp.

Bourdieu, P. (1979). La dinstinction: Critique sociale du jugement. Paris: Les Editions de Minuit.

Buchanan, J. M.,Tullock, G. (1962). The calculus of consent. Logical foundations of constitutional democracy. Ann Arbor: University of Michigan Press.

Diamond, J. (1999). Guns, germs and steel. New York: Norton u. Company.

Freidberg, S. (2007). Supermarkets and imperial knowledge. Cultural Geographies, 321–342.

Furedi, F. (1997). Culture of fear: Risk-taking and the morality of low expectations. London: Continuum.

Gerhards, J. (1993). Neue Konfliktlinien in der Mobilisierung öffentlicher Meinung. Eine Fallstudie. Opladen: Westdeutscher Verlag.

Grün, K.-J. (2009). Angst – Vom Nutzen eines gefürchteten Gefühls. Berlin: Aufbau.

Hayek, F. A. (1988). The fatal conceit. The errors of socialism. Chicago: The University of Chicago Press.

Hirsch, F. (1980). Die sozialen Grenzen des Wachstums. Eine ökonomische Analyse der Wirtschaftskrise. Reinbek: Rowohlt.

Hunt, T. (2009). Marx's General: The revolutionary life of Friedrich Engels. New York: Metropolitan Books.

Kasperson, R. E., Renn, O., Slovic, P. et al. (1988). The social amplification of risk: A conceptual framework. Risk Analysis 8/2: 177–187.

Lei, V., Vesely, F. (2010). In-group versus out-group trust: The impact of income inequality. Southern Economic Journal, 76 (4): 1049–1063.

Lippmann, W. (1922/1997). Public opinion. New York: Free Press Edition.

Luhmann, N. (1968). Vertrauen. Stuttgart: Enke.

Luhmann, N. (1991). Soziologie des Risikos. Berlin: de Gruyter.

Nanda, M. (2003). Prophets facing backward: Postmodern critiques of science and Hindu nationalism in India. New Brunswick, NJ: Rutgers University Press.

Nelkin, D. (1996). Selling science. Revised Edition. New York: W. H. Freeman and Company.

Nietzsche, F. (1887). Zur Genealogie der Moral. Leipzig: Verlag von C. G. Naumann.

Olson, M. (1982). The rise and decline of nations: Economic growth, stagflation, and social rigitities. New Haven: Yale University Press.

Parker, D. (2007). The self in moral space. Life narrative and the good. Ithaka, NY: Cornell University Press.

Piper, E. (1999). Savonarola. Umtriebe eines Politikers und Puritaners im Florenz der Medici. Berlin: Wagenband.

Schumpeter, J. A. (1942). Capitalism, socialism and democracy. New York: Harper Perennial.

Sennett, R. (1977/1983). Verfall und Ende des öffentlichen Lebens. Die Tyrannei der Intimität. Frankfurt a. M.: S. Fischer.

Sombart, W. (1915). Händler und Helden. Patriotische Besinnungen. München/ Leipzig: Duncker u. Humblot.

Sommer, M. (2005). Die Phönizier. Stuttgart: Kröner.

Szompka, P. (1999). Trust: A sociological theory. Cambridge, U.K.: Cambridge University Press.

Tocqueville, A. de (1840/1990). Democracy in America. Ed. Philips Bradley. New York: Random House Inc.

Tönnies, F. (1887/1925). Gemeinschaft und Gesellschaft. Abhandlung des Kommunismus und des Sozialismus als empirischer Kulturformen. Vorrede der ersten Auflage. In F. Tönnies, Soziologische Studien und Kritiken. Erste Sammlung. Jena: Gustav Fischer.

Venzke, A., Puth, K. (2007). Luther und die Macht des Wortes. Würzburg: Arena Verlag.

Wright, R. (2009). The evolution of God. New York: Little Brown and Company.

Ökonomie, öffentliche Güter und die Grenzen des reinen Altruismus – Interview mit Ernst Fehr

Geführt von Philipp Aerni und Klaus-Jürgen Grün[1]

P. A.: Sie unterscheiden in Ihrer Forschung zwischen Menschen, die ausschließlich egoistisch denken, und Menschen, die von sozialen Präferenzen geleitet werden. Ist es aber nicht so, dass sich auch hinter sozialen Präferenzen gewisse Eigeninteressen verbergen können?

E. F.: Wir beschränken uns bei der Frage des Eigeninteresses immer auf die Untersuchung des strikt materiellen Eigeninteresses. Wenn ich sehe, dass Leute zum Beispiel im Ultimatumspiel[2] Angebote ablehnen, dann sind sie auf alle Fälle bereit, auf materielle Auszahlung zu verzichten, um jemand anderen für ein unfaires Angebot zu bestrafen. Wenn wir aber die Sache aus einer hedonistischen Perspektive betrachten, so ist es durchaus möglich, dass durch die Möglichkeit der Bestrafung auch ein Lustgefühl befriedigt und somit ein hedonistischer Gewinn erzielt wird. Daher muss man zwischen materiellem und hedonischem Nutzen unterscheiden. Soziale Präferenzen können durch eine Nutzenfunktion abgebildet werden, sofern wir Eigeninteresse ausschließlich als materielles Eigeninteresse definieren. Dies ist daher durchaus konsistent mit der Annahme, dass durch Verzicht auf unmittelbares materielles Eigeninteresse ein erweiterter psychologischer Nutzen maximiert wird. Persönlich habe ich die Frage, ob es psychologischen Altruismus gibt, also den Altruismus ohne psychologischen Nutzen, beiseite geschoben, weil sie mit den bisherigen Methoden nicht wirklich beantwortbar ist. Man kann jedoch die Frage, ob es bei der Bestrafung um Rache oder Gerechtigkeit geht, sehr wohl beantworten, denn wir haben ein Drittparteien-

---

1   E. F. = Ernst Fehr; P. A. = Philipp Aerni; K.-J. G. = Klaus-Jürgen Grün.
2   Im Ultimatumspiel muss ein Akteur (A1) einen bestimmten Teil (s) eines ihm zur Verfügung gestellten Gutes (z. B. Geld) einem anderen Akteur (A2) anbieten. Lehnt dieser den ihm angebotenen Teil ab, so muss auch A1 auf seinen Teil verzichten. Beide gehen leer aus. Nimmt A2 an, so erhält er das Angebot (s) und A1 erhält (c–s).

Bestrafungsspiel und ein Zweitparteien-Bestrafungsspiel. Beim Letzteren bin ich selbst betroffen von der Unfairness und beim Ersteren ist jemand anderer von der Unfairness betroffen. Es zeigt sich dabei, dass Menschen auch dann bereit sind zu bestrafen, wenn sie nicht direkt betroffen sind. Dies wäre dann ein Indiz, dass die Handlung nicht aus Rache, sondern aus einem Sinn für Gerechtigkeit erfolgt ist.

P. A.: Zugleich wissen wir jedoch, dass auch die egoistischen Menschen um die sozialen Präferenzen anderer wissen und sich dementsprechend den Spielregeln anpassen. Sie täuschen zum Beispiel soziale Präferenzen vor, um nicht bestraft zu werden. Wie kann man dann aber etwas über die tatsächlichen Motive der Leute herausfinden?

E. F.: Das hängt davon ab, welchen Spieler man betrachtet. Nehmen wir zum Beispiel das anonyme Drittparteien-Bestrafungsspiel. In diesem Experiment muss der Diktator eine Aufteilungsentscheidung zwischen ihm und einem Empfänger treffen. Bei dieser Entscheidung gibt es eine faire Aufteilung und der Diktator muss sich überlegen, ob er den zur Verfügung stehenden Geldbetrag fair zwischen sich und dem Empfänger aufteilen will. Wenn diese Entscheidung getroffen ist, kann die dritte Partei – unter Aufwendung eigener Kosten – den Diktator bestrafen, das heißt dessen Auszahlung verringern. In diesem Fall berücksichtigt natürlich der Diktator die Tatsache, dass er bestraft werden kann. Das heißt, seine Entscheidung in diesem Spiel ist ein komplexes Gemisch von Fairnessüberlegungen und Angst vor Strafe. Wenn ich aber nur die Drittpartei betrachte, die ja als Letztes am Zug ist und daher vor niemandem Angst zu haben braucht, dann ist es möglich, deren Motiv zu isolieren. Die Dritte Partei bestraft ja, obwohl sie selbst von der unfairen Handlung nicht betroffen ist. Sie muss keine Erwartungen über die Konsequenzen der Entscheidung bilden, denn die anderen können und werden in diesem Spiel nicht mehr reagieren. Daher weiß die dritte Partei mit Sicherheit, was die Konsequenzen einer etwaigen Bestrafung sein werden. Wenn sie also Kosten aufwendet, um unfaire Aufteilungsentscheidungen des Diktators zu bestrafen, dann kann das Motiv kaum etwas anderes gewesen sein als eben, unfaires Verhalten des Diktators zu bestrafen.

P. A.: Aber es gibt ja auch noch die vierte Partei, die das Experiment durchführt. Sie könnte allenfalls auch die Entscheidung der dritten Partei be-

einflussen, da diese unbewusst annimmt, dass an sie gewisse Erwartungen gestellt werden.

E. F.: Erstens ist es so, dass die ganze Interaktion bei solchen Experimenten sehr anonym vor sich geht. Damit will man ja gerade die von Ihnen genannten Effekte ausschließen. Dazu hat es auch eine Diskussion in der experimentellen Wirtschaftsforschung um die Frage gegeben, inwiefern die Tatsache, dass der Experimentator beobachten kann, was die einzelnen Teilnehmer im Spiel tun, das Verhalten dieser Individuen beeinflusst. Wir haben einen großen Datensatz dazu und das Ergebnis lautet: Es hat keinen Einfluss.

P. A.: Die Experimente des Psychologen Dan Batson (Batson et al., 2002) haben jedoch gezeigt, dass es sehr wohl eine Rolle spielt, ob man sich beobachtet fühlt oder nicht bei einer moralischen Entscheidung. Die Kluft zwischen der persönlichen Einschätzung der moralischen Verantwortung und der tatsächlichen moralischen Handlung, wenn man sich nicht beobachtet fühlt, nennt er moralische Scheinheiligkeit.

E. F.: Bei diesem Experiment muss jedoch berücksichtigt werden, dass nicht die Frage im Vordergrund stand, ob man sich beobachtet fühlt oder nicht, denn sonst hätte das Experiment anders durchgeführt werden müssen: einmal mit und einmal ohne Beobachtung. Ich glaube, es geht bei diesem Experiment vielmehr um die Kluft zwischen dem, was die Leute sagen, und dem, was sie tatsächlich tun. Die Existenz dieser Kluft ist natürlich unbestritten und das ist ja auch der Grund, warum es in unseren Experimenten immer um reales Geld und reale Ressourcen geht. Es ist relativ billig zu sagen, »ich würde fair sein«, aber wenn die Probanden dann wirklich in dieser Situation sind, dann sind viele weniger fair als bei rein hypothetischen Betrachtungen. Das konnte man beispielsweise feststellen bei hypothetischen und realen Diktatorspielen. Beim hypothetischen wurde gefragt, wie viel man seinem Gegenüber geben würde, wenn man 10 Franken gratis kriegt. Hier sagen fast alle, dass sie dem anderen 5 Franken geben würden. Wenn es aber wirklich um reales Geld geht, geben 50 bis 60 Prozent gar nichts. Das heißt, zwischen der bloßen Behauptung, man würde sich fair verhalten, und der tatsächlichen Bereitschaft, Kosten aufzuwenden, gibt es manchmal einen großen Unterschied. Aber das ist nicht dasselbe, wie beobachtet sein und nicht beobachtet sein. Natürlich, wenn ich den Leuten über die

Schulter schaue, dann würden sie wohl auch fair sein, aber so laufen unsere Experimente nicht ab. Der Experimentator ist irgendwo außerhalb des Raumes, während die Teilnehmer an einem Computer sitzen. Dabei kann niemand direkt beobachten, was am Computer genau gemacht wird. Und selbst in dieser sehr anonymen Situation sind viele Leute fair.

P. A.: In den meisten spieltheoretischen Designs geht es nicht zuletzt um die Frage, inwieweit man anderen Leuten vertrauen kann, dass auch sie die Regeln von Fairness und Reziprozität respektieren, selbst wenn man sie nicht persönlich kennt. Und trotzdem geht es bei diesen Spielen nach wie vor um Vertrauen in Personen und weniger um Vertrauen in Institutionen und ihre Funktionstüchtigkeit. Ist es daher nicht ein Problem, dass die impliziten Werte und Normen, die sich in Laborstudien manifestieren (bei denen ja immer noch Zwischenmenschliches im Spiel ist), auf die Gesellschaft als Ganzes übertragen werden können? Mit anderen Worten, gibt es bei Ihren Experimenten ein Problem der »ecological validity«?

E. F.: Das Vertrauen in Institutionen existiert ja nur, wenn Institutionen verlässliche Ergebnisse liefern und den Erwartungen entsprechen. Diese Ergebnisse beruhen aber selbst wieder auf individuellem Verhalten von Repräsentanten der Institutionen. Vertrauen in Institutionen hängt daher immer auch mit dem Vertrauen in das Verhalten dieser Repräsentanten zusammen. Darum hat auch Elinor Ostrom recht, wenn sie argumentiert, dass gewisse Erkenntnisse, die man in der Kleingruppenforschung gewonnen hat, durchaus anwendbar sind auf größere Zusammenhänge. Wenn ich ein Vertrauensspiel im Labor mache und das Vertrauen der Leute wird systematisch missbraucht, dann vertrauen die Leute einander nicht mehr, aber das ist nicht viel anders als beim korrupten Polizisten, der das Vertrauen verliert und somit auch seine Institution in Mitleidenschaft zieht.

P. A.: Aber gerade im globalen Austausch lassen sich gewisse Missstände doch gar nicht mehr auf individuelle Entscheidungen zurückführen. Trotzdem erwarten die Leute, dass man die Verantwortlichen zur Rechenschaft zieht.

E. F.: Das mag sein, aber ist eigentlich eher die Ausnahme. Die meisten Akteure kennen trotz der geografischen Distanz ihre Geschäftspartner persönlich. Eigentlich ist nur im sogenannten e-commerce der Tausch wirklich vollständig anonymisiert. Ich sehe kein Gesicht, höre keine Stimme und auch der Name, sagen wir mal Socrates303, ist ein Pseudonym, das mir keine Anhaltspunkte gibt, woher die Person kommt und was sie für Absichten hat. Aber sogar e-commerce hat es geschafft, über mögliche Reputationsmechanismen den Tausch in Gang zu bringen, wie das Beispiel E-Bay demonstriert.

P. A.: Nun gibt es aber auch interessantere neue Spiele, die den Tausch zwischen Akteurgruppen simulieren. Eines davon wurde von Vernon Smith und seinen Kollegen durchgeführt und die Resultate sind im Buch »Moral Markets« publiziert (Kimbrough et al., 2008). Dieses Spiel basiert auf einem Computerprogramm, in dem verschiedene »Dörfer« Güter austauschen. Dabei bestehen die Dörfer aus Produzenten und Händler. Und wann immer die Nachfrage nach einem bestimmten Produkt, das die Produzenten kostengünstig produzieren können, steigt, geben die Händler den Produzenten Anweisungen, mehr davon zu produzieren, um so im Gegenzug mehr Güter von anderen Dörfern zu erwerben, die die Bedürfnisse im eigenen Dorf befriedigen. Dabei entwickelt sich ein implizites Vertrauen zwischen Produzenten und Händlern, welches eine bessere und reibungslosere Zusammenarbeit ermöglicht – aber nicht in allen Dörfern. Manche arbeiten besser zusammen, manche schlechter. Dadurch entstehen aber eine wachsende Ungleichheit zwischen den Dörfern und eine Akkumulation von Gütern in den Dörfern, wo sich eine gute Zusammenarbeit entwickelt hat. Wenn nun ein Außenstehender mit der wachsenden Ungleichheit konfrontiert wird, dann wird er diesen sozialen Missstand auf die Profitmotive des Dorfes zurückführen, das die Güter akkumuliert. Tatsache ist jedoch, dass diese Güterakkumulation eher als Nebenprodukt der guten Zusammenarbeit und des Aufbaus von Vertrauen der Händler zu den eigenen Produzenten wie auch zu den Händlern in anderen Dörfern entstanden ist. Es ist in diesem Fall also nicht unbedingt individuelles Fehlverhalten, das zum Missstand der sozialen Ungleichheit führt.

E. F.: Als Ökonom weiß man, dass soziale Probleme eben häufig nicht auf individuelles Fehlverhalten zurückzuführen sind, sondern dass sie aus den Gesetzmäßigkeiten der Funktionsweise von Institutionen erwachsen. Viele Menschen neigen aber dazu, Handlungsweisen immer der Persönlichkeit des Individuums zuzuschreiben und nicht

den Umständen. Das nennt man den fundamentalen Attributions-
fehler, einer der fundamentalsten Fehler, den die Menschen häufig
machen.

*K.-J. G.: Welches Feld bleibt für die Ethik innerhalb der ökonomischen Fra-
gen noch übrig?*
E. F.: Wenn ich von sozialen Präferenzen rede, dann betrachte ich dies als
nichts anderes als empirische Ethikforschung. Ich beobachte, was
die Leute tatsächlich für ethische Leitlinien haben, und formuliere
keine ethischen Prinzipien, also wie man sich verhalten sollte. Ich
mache empirische Ethikforschung.

*K.-J. G.: Das halte ich auch für richtungsweisend. Die akademische Ethik
hingegen sagt, das hat nichts mit Ethik zu tun. Doch die Gründe, die sie
dafür bringt, sind vollkommen unhaltbar. Vieles deutet darauf hin, dass
für eine andere Ethik gar nichts mehr übrig bleibt, wenn wir die Sache
wirklich ökonomisch und vor dem Hintergrund der Artikulation von Interessen, die erfüllt werden können und müssen, betrachten.*
E. F.: Es kommt darauf an, was man unter »Ethik« als Wissenschaft versteht. Meint man damit eine Teildisziplin der Philosophie, die sich der
Frage stellt, welche Regeln und Verhaltensweisen man als ethisch betrachten kann? Oder meint man damit eine empirische Wissenschaft,
die untersucht, welche Regeln und Verhaltensweisen die Menschen
selbst als ethisch betrachten? Ethik als Teildisziplin der Philosophie
wird wahrscheinlich nie abschließende Antworten auf konkrete
Fragen geben können, da man ja häufig geteilter Meinung sein kann,
was nun als ethisch zu betrachten ist. Wir machen jedoch empirische
Ethikforschung, und das funktioniert in dem Sinne, als wir klar nach-
weisen können, dass Menschen nicht bloß eigennützig, sondern
auch ethisch handeln. Um ein Beispiel mit einem Mitarbeiter zu
geben, der mir geholfen hat, ein Raum-Allokationsproblem zu lösen:
Er hat dabei eindeutig Kosten auf sich genommen, indem er bereit
war, sein bisheriges Zimmer aufzugeben und in ein anderes zu wech-
seln, das er als schlechter empfunden hat. Aber er hat sich überzeugen lassen, dass seine Kosten kleiner sind als diejenigen von anderen.
Und das Interessante ist, dass ihn das überzeugt hat. Das heißt, er
hat soziale Präferenzen gezeigt, weil er bereit ist, einen subjektiven
Verlust in Kauf zu nehmen. Er ist also nicht rein egoistisch, er hat

ans Ganze gedacht: »Im Sinne des größeren Ganzen bin ich jetzt bereit zu helfen.« Er war also kein Egoist in dieser Situation, und weil ich weiß, dass ich an solche sozialen Präferenzen appellieren kann, kann ich Leute überzeugen; wenn alle reine Egoisten wären, dann wäre die Lösung des Raum-Allokationsproblems viel schwieriger gewesen.

K.-J. G.: Ja, aber könnte man nicht sogar sagen, dass dieser aufgeklärte Egoismus viel leistungsfähiger auch für das Individuum ist als ein reiner Egoismus? Denn im Grunde funktioniert es ja auch nicht, nur kurzfristig egoistisch zu handeln. Vor dem Hintergrund, dass langfristig gewinnt, wer sich in der Gruppe durch Kooperation auszeichnet, scheint sich unkooperatives Verhalten nicht auszuzahlen.

E. F.: Das langfristige Eigeninteresse an der Kooperation ist sicherlich eine wichtige Komponente, aber nicht die einzige. Es ist ein großer Fortschritt in der empirischen Forschung, dass wir eben die sozialen Präferenzen in nicht wiederholbaren Spielen messen können. In einmal durchgespielten Spielen haben die Leute überhaupt keine Möglichkeit, die Kosten uneigennützigen Verhaltens jemals wieder durch zukünftige Erträge zu kompensieren, weil es in diesen Spielen eben keine Zukunft mehr gibt. Daher kann das uneigennützige Verhalten nicht auf aufgeklärtem Egoismus beruhen.

K.-J. G.: Am Ende ist es aber doch unser Belohnungssystem, das den Ausschlag gibt. Wenn ich nicht alle Strategien durchspiele, um für mich das größtmögliche Glück in einem Spiel, auch beim einmaligen Setzen, beim einmaligen Durchgang, herauszuholen, dann muss mir mein Belohnungssystem in dieser kurzen Nachgiebigkeit immer noch Glück versprechen.

E. F.: Das ist eine offene Frage, die bislang nicht beantwortbar ist. In meinen Arbeiten geht es nicht um die Frage, was psychologischer Altruismus ist und ob es ihn gibt. Ich habe mich aus dieser Debatte immer fern gehalten, weil ich der Meinung bin, dass wir noch nicht über die Instrumente verfügen, diese Frage empirisch zu klären. Persönlich glaube ich, dass es so etwas wie psychologischen Altruismus gibt. Um ein Beispiel zu geben: Ich kann jetzt spenden für die Opfer in Pakistan und mache dies, weil ich mich nachher gut fühle. Ich kann aber auch spenden unabhängig davon, wie ich mich nachher fühle, wenn ich glaube, dass es in diesem Moment das Richtige ist. Die Absicht, ein Gefühl der Befriedigung zu erlangen, ist dann nicht das Motiv hinter der Spende, sondern der genuine Wunsch, den Opfern der Flutkatastrophe in Pakistan zu helfen. Wir können dieses Motiv allerdings derzeit nicht empirisch belegen. Vielleicht gelingt uns dies jedoch einmal in zehn Jahren mit neurowissenschaftlichen Methoden. Aber die Tatsache, dass wir dieses Motiv empirisch nicht von einer möglicherweise hedonistischen Motivation, zu helfen, trennen können, bedeutet doch nicht, dass es genuinen psychologischen Altruismus nicht gibt.

K.-J. G.: Auf dieses »weil ich mich gut fühle«, kommt es offenbar an. Eine Mutter Teresa hilft tatsächlich nicht nur, weil sie sich gut fühlt, sondern auch, weil es in ihrer Wahrnehmung gerecht ist. Wir tun etwas, weil es gut oder gerecht ist, denken die Philosophen. Der Biologe und Neurowissenschaftler Gerhard Roth sagt aber auch, dass auch in diesem Falle das limbische System – also unser Belohnungssystem – schon durch das Wort »Gerechtigkeit« ein Glücksgefühl auslöst, das damit zu tun hat, dass wir uns in dieser Rolle gefallen. Der Mensch »fühlt sich gut« in diesem großen Ganzen, entweder durch eine religiöse oder durch eine ethisch-rationale Ideologie eingebunden zu sein. Ich will das nicht abwertend verstanden wissen, denn der Wert, sich aufgehoben zu fühlen, kann nicht bestritten werden. Also diese beiden von Ihnen im Moment getrennt zu betrachtenden Dinge scheinen nicht zu weit voneinander entfernt zu liegen. Und wenn man Roth folgt, gibt es sogar empirische Belege für das Glückserlebnis im psychologischen Altruismus.

E. F.: Ich gebe ja selbst in dem Aufsatz »Social Preferences and the Brain« (Fehr, 2009) einen Beleg dafür. Er enthält ein schönes Bild, wo man sieht, dass die Areale, die bei privater Belohnung aktiviert werden, dieselben sind wie diejenigen, die bei einer sozial motivierten altruistischen Handlung aktiviert werden. Wenn man so will, kann man hier von neurowissenschaftlichen Hinweisen für hedonistischen Altruismus sprechen. Aber die Existenz dieser Hinweise heißt noch lange nicht, dass es nur den hedonistischen, nicht aber auch den psychologischen Altruismus gibt.

K.-J. G.: Wir erkennen offenbar an diesen Bildern, die uns die neurowissenschaftliche Forschung liefert, dass das limbische System Gedanken aus der Großhirnrinde belohnt. Ob diese Gedanken aufträten, wenn die Belohnung ausbliebe, ist zu bezweifeln, und daher scheint auch die kantianisch geprägte Vernunftethik fraglich, da sie die Gründe des ethischen Handelns ausschließlich im menschlichen Bewusstsein, also außerhalb des limbischen Systems, ortet.

E. F.: Ja, aber da gibt es noch viele offene Fragen. Wo man die Hirnaktivitäten vermuten würde, wenn jemand vernunftethisch denkt, kann derzeit niemand beantworten. Natürlich glaube ich, das müsste irgendwo im präfrontalen Kortex sein. Aber der ist so groß, dass ich keine wirklich präzisen Hypothesen machen kann. Wir können hier daher vieles noch nicht wirklich beantworten. Ich persönlich bin der Meinung, dass es beides gibt, die hedonistisch motivierte altruistische Tat und die nicht hedonistisch motivierte altruistische Tat. In beiden Fällen ist das Individuum bereit, Kosten auf sich zu nehmen, materielle Kosten, um jemand anderem zu helfen oder um Gerechtigkeit zu tun. Die Frage ist lediglich, macht das Individuum es deshalb, weil es hedonistische Belohnung erfährt, oder ist die hedonistische Belohnung ein Nebenprodukt.

Ich habe selbst einen Aufsatz geschrieben (Fehr, Quervain et al., 2004), wo ich eigentlich Wasser auf Ihre Mühlen gieße und sage, dass das Herbeiführen von Gerechtigkeit durch die Bestrafung eines Übeltäters, der mir Schaden zugefügt hat (Zweitparteien-Bestrafung), in dem durchgeführten Experiment vermutlich hedonistisch motiviert war. Gleichermaßen glaube ich, dass, wenn in Deutschland die Leute ein paar Euro spenden könnten und für jeden gespendeten Euro einem reichen Banker 10 Euro weggenommen würden, dann viele Deutsche beachtliche Summen gespendet hätten.

K.-J. G.: Ist diese Bereitschaft, aus einem Neidgefühl heraus zu bestrafen, nicht auch mit der heimlichen Lust verbunden, ein moralisches Verbot zu übertreten? Andernfalls wäre das Gebot ja nicht nötig. In diesem Sinn ist eigentlich jeder latent korrupt.

E. F.: Also das ist eine gewagte Hypothese, die ich jetzt derzeit nicht unterschreiben würde.

K.-J. G.: Aber sie stützt sich auf diesen immer noch logischen Gedanken: Verbot im moralischen Sinn ist nur nötig, wenn ein starker Trieb, das Gegenteil zu tun, vorhanden ist.

E. F.: Ja, das ist richtig. Damit habe ich überhaupt kein Problem, nur heißt das noch lange nicht, dass jeder heimliche Lust beim Gedanken an die Übertretung moralischer Gebote verspürt. Bei manchen Leuten mag das zutreffen. Aber ich glaube, es gibt auch viele Menschen, bei denen das nicht so ist. Nehmen wir das Beispiel italienischer Staatsanwälte, die in ihrem Kampf gegen die Mafia 20 Jahre in einem abnormalen Zustand leben müssen. Ihre Familien müssen abgeschirmt werden und sie können viele schöne Dinge nicht tun, weil sie permanent bedroht werden. Und trotzdem gehen sie diesen Weg. Ich glaube in diesem Zusammenhang nicht, dass diese Staatsanwälte eine heimliche Lust nach Verbotenem spüren. Es gibt Leute, die Gesetz und Ordnung durchsetzen wollen, weil sie überzeugt sind, dass es das Richtige und Beste für das Land ist.

K.-J. G.: Ja, das ist die rationale Zugangsweise. Aber schon beim oben erwähnten »Bankerbeispiel« mit der Bestrafung spendet man. Hier haben wir im Grunde die heimliche Lust, über die Macht und den Reichtum von Bankern zu verfügen. Doch das gesteht sich ein Spender nicht ein.

E. F.: Das glaube ich sofort. Es gibt sicher Leute, die sind neidisch und die hätten kein Problem, an die Stelle von abzockenden Managern oder Investmentbankern zu treten. Aber es gibt auch viele Leute, die finden es einfach ungehörig, dass es große Einkommensungleichheiten gibt, die nicht auf Leistungsunterschieden beruhen, sondern auf der Tatsache, dass die Corporate Governance der Unternehmen nicht richtig funktioniert hat. Es gibt eben beides, den Neidigen, der selbst am liebsten zu den Abzockern gehören möchte, sich aber mächtig aufregt, wenn andere abzocken. Und jene Menschen, denen es um leistungsgerechte Entlohnung geht.

P. A.: Aber beim Mut und der Entschlossenheit des Staatsanwalts, gegen die Mafia vorzugehen, zeigt sich doch ein gewisses Berufsethos. Mir kommt dabei auch das Beispiel des Piloten in den Sinn, der das Flugzeug in New York sicher auf dem Hudson gelandet hat. Trotz des höchsten Lobes sagte er, er habe doch nur seine Pflicht getan. Er wollte seinen Job gut machen. Das Motiv zum Handeln dürfte hier in der Erfüllung der Pflicht liegen.

E. F.: Hier war meines Erachtens auch Eigennutz im Spiel. Der Pilot hat ja auch sein eigenes Leben gerettet. Bei einem Staatsanwalt, der ernsthaft gegen die Mafia kämpft, da überwiegt aber das altruistische Motiv, weil er sich ein viel leichteres Leben machen könnte, wenn er nur scheinbar gegen die Mafia angeht. In Bezug auf altruistisches Verhalten ist die Heterogenität auch in den Experimenten sehr groß. Wir haben zum Beispiel Experimente gemacht, in denen manche Probanden in 150 Entscheidungssituationen in jedem einzelnen Fall, also 150 Mal, die egoistische Entscheidung getroffen haben. Und da habe ich kein Problem, zu sagen, das ist ein Egoist. Andere Probanden hingegen zeigen systematisch soziale Präferenzen. Die empirische Forschung zeigt eben auch, dass es Menschen mit starken sozialen Präferenzen gibt.

P. A.: Zur Heterogenität kommen wahrscheinlich auch noch die Lebenserfahrung und die Möglichkeit des Austausches mit anderen hinzu. Dies zeigt die Feldforschung des Verhaltensökonomen Joe Henrich. In seiner Feldforschung mit traditionellen Gemeinschaften, die mehr oder weniger stark im Handel und Austausch mit anderen integriert sind, hat sich gezeigt, dass ein ausgeprägter Sinn für Fairness und Reziprozität mit dem Grad der Marktintegration positiv korreliert, aber auch mit dem Alter und der dadurch akkumulierten Erfahrung mit anderen Menschen.

E. F.: Ja, die Erkenntnisse dieser Forschung sollten auch in die Ethik- und Philosophiediskussion im deutschsprachigen Raum vermehrt einfließen. Im angelsächsischen Raum gibt es mehr Buntheit, da gibt es schon Leute, die die empirische Literatur zumindest lesen, reflektieren und dadurch beeinflusst werden und dann auch andere Interpretationen vorlegen. Da gibt es einen Dialog zwischen den empirischen Wissenschaften und den Geisteswissenschaften.

P. A.: Benötigen wir dazu nicht erst einmal eine gemeinsame Sprache in den Sozialwissenschaften? Sie wäre doch eine Voraussetzung, um auf diesen fundamentalen Einsichten aufbauen zu können.

E. F.: Ich glaube, wir haben so etwas wie eine Teilintegration, insbesondere zwischen Sozialpsychologie, Verhaltensökonomie und Neuroökonomie. Ich glaube, dass die Spieltheorie hier nach wie vor die fruchtbarste Methode ist. Sie hat eine klare Struktur, man weiß, worüber man spricht, und sie ist ein außerordentlich flexibles Werkzeug. Wenn es ein »unifying principle«, ein »unifying tool« gibt, das die gesamten Verhaltenswissenschaften inklusive der empirischen Ethik vereinheitlichen kann, dann ist es die Spieltheorie. Diese These wird übrigens von Herbert Gintis in einem in »Behavioral and Brain Sciences« erschienenen Aufsatz (Gintis, 2007; s. a. Ginti, 2009) vertreten. Ich selbst profitiere praktisch tagtäglich von der produktiven und disziplinierenden Wirkung der Spieltheorie auf meine wissenschaftliche Forschung – ganz egal, ob es um eine neuroökonomische Studie, eine anthropologische Studie oder um ein soziologisches Problem geht.

K.-J. G.: Die akademische Philosophie scheint Ressentiments gegenüber der spieltheoretischen Einmischung zu haben. Glauben Sie, dass das mit Angst vor dem Verlust der Zuständigkeit in ethischen Fragen zu tun hat?
E. F.: Ja. Bei manchen Geisteswissenschaftlern ist das so. Aber Ethiker und Philosophen sollten keine Angst vor der empirischen Ethikforschung haben. Ein kritischer Dialog zwischen Philosophie und empirischer Forschung könnte sehr produktiv sein.

Literatur

Batson, C. D., Thompson, E. R., Chen, H. (2002). Moral hypocrisy: Addressing some alternatives. Journal of Personality and Social Psychology, 83, 330–339.

Fehr, E. (2009). Social preferences and the brain. In P. W. Glimcher, C. F. Camerer, E. Fehr, R. A. Poldrack (Eds.), Neuroeconomics. Decision making and the brain. Amsterdam, Boston et al.: Elsevier.

Fehr, E.; de Quervain, D. et al. (2004). The neuronal basis of altruistic punishment. Science, 305, 1254–1258.

Gintis, H. (2007). A framework for the unification of the behavioral sciences. Behavioral and Brain Sciences 30, 1–61.

Gintis, H. (2009). Bounds of reason: Game theory and the unification of the behavioral sciences. Princeton: Princeton University Press.

Kimbrough, E. O., Smith, V. L., Wilson, B. J. (2008). Building a market. From personal to impersonal exchange. In P. J. Zak (Ed.), Moral markets. The critical role of values in the economy (pp. 280–299). Princeton: Princeton University Press.

Angst und Moral im Tauschhandel – Interview mit Joe Henrich

Geführt von Philipp Aerni[3]

P. A.: Handel und Religion scheinen auf den ersten Blick nichts Gemeinsames zu haben. Dennoch zeigen die Resultate Ihrer Forschung, dass sich die beiden Bereiche im Laufe der Menschheitsgeschichte sehr wohl beeinflusst haben müssen. Könnten Sie kurz erklären, was genau die Beziehung zwischen Marktintegration und Weltreligion sein soll und wie Sie diese Beziehung durch Ihre kulturvergleichenden Forschungsexperimente aufzeigen konnten?

J. H.: Seit 1995 untersuchen wir den Prozess der kulturellen Evolution und wie dieser das menschliche Verhalten und insbesondere wirtschaftliche Interaktionsformen beeinflusst hat. Kulturelle Evolution, wie wir sie in unserer Forschung verstehen, bezieht sich primär auf die Diffusion von Werten und Institutionen. Ihre Ausbreitung kann durch Eroberung und anschließende kulturelle Assimilation stattfinden oder durch Nachahmung. Obwohl diese Formen der Diffusion unterschiedlich effektiv sein können, so haben sie dennoch alle die Gemeinsamkeit, dass sie Menschen mit Neuem konfrontieren und sie dazu bringen, das Neue in der einen oder anderen Form in die eigene Kultur einzubauen. Dadurch kann eine kulturübergreifende Zusammenarbeit entstehen, bei der man sich auf gemeinsame Werte und Normen einigt, die helfen, die anfängliche Ungewissheit und das mangelnde interkulturelle Vertrauen zu verringern. Die neuen Normen sind meistens markt- und fremdenfreundlicher, denn sie sind im Umgang und Austausch mit Fremdem und Neuem entstanden. Mit der Expansion des Marktes breiten sich daher auch die Weltreligionen aus, die ein bestimmtes Wertesystem repräsentieren, das Fremden gegenüber gastfreundlich ist, sofern sich diese an die informellen Regeln halten. Dies schafft ein Fundament von Ver-

---

3 Aus dem Englischen von Philipp Aerni. – J. H. = Joe Henrich; P. A. = Philipp Aerni.

trauen, das für die Entwicklung von überregionalen Märkten notwendig ist. Dieses Vertrauen ist insbesondere dann von großer Bedeutung, wenn die existierenden formellen Institutionen die Rechte und Pflichten der Marktteilnehmer nicht vollständig abdecken können. Weltreligionen sind kulturelle Produkte, welche durch ihre Glaubenssysteme und Gesetze den Mitgläubigen einen Anreiz geben, sich gegenüber anderen in bestimmter Weise zu verhalten.

Unsere experimentelle Forschung der letzten 15 Jahre stützt die Ansicht, dass die Entstehung von überregionalen Märkten zugleich auch einen ausgeprägteren Sinn für Fairness unter den Beteiligten fördert. Ursprünglich hatten wir jedoch etwas anderes erwartet. Wir glaubten nämlich, Fairness und Reziprozität seien eingebaute menschliche Instinkte, welche sich in allen menschlichen Kulturen auf ähnliche Weise manifestieren.

In den zahlreichen Diktator- und Ultimatumspielen, die wir in traditionellen Gemeinschaften auf verschiedenen Kontinenten durchgeführt haben, zeigte sich, dass beispielsweise die Machiguenga-Indios im peruanischen Amazonas weniger erpicht darauf sind, ihre Fairnessnormen auf Leute auszudehnen, die sie nicht kennen – etwa auf die Einwohner im amerikanischen Los Angeles. Weitere kulturvergleichende Experimente bestätigten dann unsere Vermutung, dass die verminderte Bereitschaft, die Regeln von Fairness und Reziprozität auf Fremde zu übertragen, stark mit der geringen Integration der jeweiligen Gemeinschaft in überregionale Märkte korreliert. Im weiteren zeigte sich bei diesen relativ isolierten Gemeinschaften, dass sie nach wie vor an animistischen und totemistischen Formen der Religion festhalten. Der Zweck dieser Naturgottheiten ist es, den natürlichen Phänomenen, den Naturgefahren sowie dem daraus resultierenden menschlichen Leiden einen Sinn zu geben. Die Naturgötter gelten aber nicht als moralische Autoritäten in dem Sinne, dass sie moralisches Fehlverhalten bestrafen und moralisch vorbildliches Verhalten belohnen. Sie sind gleichgültig gegenüber dem moralischen Verhalten der Individuen in der Gemeinschaft und folgen stattdessen ihren eigenen Launen und Interessen. In unserem Buch »Why Humans Cooperate« (Henrich u. Henrich, 2007) postulieren wir, dass die Evolution der Kooperation und des menschlichen Altruismus mit einem evolutionären Kulturprozess in Verbindung steht, der die Bereitschaft der Individuen, ihre Zusammenarbeit über die Kleingruppe hinaus auch auf Fremde auszudehnen, verstärkt. Unsere Experimente bestätigen die Vermutung, dass dieser Prozess einhergeht mit dem Auftauchen eines moralisierenden Gottes, der meistens mit der Diffusion von Werten und Normen verbunden ist, die den interkulturellen Austausch begünstigen.

P. A.: Es gibt nun aber Psychologen wie Jonathan Haidt, die argumentieren, dass Fairness und Reziprozität nicht als moralische Kategorien verstanden werden sollten, sondern als instinktives Verhalten, das sich in früheren Jäger- und Sammlergemeinschaften entwickelte. Damals waren die Ressourcen zum Überleben knapp, und die Leute lebten in rivalisierenden Kleingruppen. Während sich das Leben innerhalb der Kleingruppe durch einen starken inneren Zusammenhalt auszeichnete, verhielt man sich instinktiv misstrauisch und feinselig gegenüber anderen Kleingruppen. Die damalige Furcht vor Fremden hatte Sinn, denn sie waren immer auch die potenziellen Rivalen im Kampf um die knappen Ressourcen. In heutigen Wohlstandsgesellschaften ist die Furcht vor Fremden kaum noch berechtigt. Im Gegenteil, es sind die Fremden, welche mithelfen, den langfristigen Wohlstand zu sichern. Es ist daher nicht mehr gezielte Furcht, sondern eine diffuse Angst, welche unser Misstrauen Fremden gegenüber erklärt. Zugleich fehlt uns heute aber auch ein Orientierungsrahmen, der uns erlaubt, die Regeln von Fairness und Reziprozität im richtigen Maße auf Fremde auszudehnen. Dies führt oftmals dazu, dass unsere Gutgläubigkeit gezielt missbraucht und somit unsere allgemeine Angst vor dem Fremden bestätigt wird.

J. H.: Wenn es wirklich so wäre, dass die Ausdehnung der Regeln von Fairness und Reziprozität auf Fremde nur eine soziale Fehleinschätzung repräsentiert, welche sich mit eingebauten Instinkten aus früheren Zeiten erklären ließe, dann müsste sich diese jedoch überall auf die gleiche Art manifestieren. Dem ist aber nicht so. Unsere Feldforschung zeigte, dass wirtschaftliches und moralisches Denken stark beeinflusst wird von kulturellen Unterschieden. Es ist das schrittweise Auftauchen von geteilten Normen, welche das Leben und die Zusammenarbeit in größeren Gemeinschaften möglich machen. Sie ersetzen dann teilweise frühere Normen, die noch ausschließlich auf die eigene Kleingruppe beschränkt waren, wo man sich gegenseitig kennt und persönlich vertraut.

In der im Frühjahr 2010 publizierten Studie in der Zeitschrift »Science« (Henrich et al., 2010) haben wir eine zweite Runde von kulturvergleichenden Experimenten durchgeführt und dabei den Umfang des Designs ausgedehnt. Mit Hilfe von Ultimatum-, Diktator- und Drittparteien-Bestrafungsspielen testeten wir die Neigung zu fairem Verhalten und die Bereitschaft, unfaires Verhalten zu bestrafen, in fünfzehn verschiedenen Populationen, welche in unterschiedlichem Maße in überregionale Märkte integriert sind.

Unsere Ergebnisse bestätigten einmal mehr, dass Kultur einen Einfluss hat auf Fairnessverhalten. Während isolierte Gemeinschaften, die sich in ihrer Lebensweise noch kaum von den Jäger- und Sammlergemeinschaften im Paläolithikum unterscheiden, kaum faires Verhalten gegenüber Fremden offenbarten, so zeigte sich bei den besser integrierten Gemeinschaften, dass sie nicht nur faires Verhalten über ihre Gemeinschaft hinaus praktizieren, sondern auch bereit waren, andere für unfaires Verhalten zu bestrafen – auch wenn sie das teuer zu stehen kommt. Diese Erkenntnisse weisen klar auf einen Prozess der kulturellen Evolution hin, beim dem die Menschen nach und nach gezwungen werden, ihr Verhalten und ihre Glaubenssysteme an die neuen sozialen Umstände anzupassen.

P. A.: Heißt das, um es anders auszudrücken, dass In-Group-Vertrauen, welches ja dominant gewesen sein muss in den Kleingruppen des Paläolithikums, im Laufe der kulturellen Evolution nach und nach durch ein Out-Group-Vertrauen in Normen und Institutionen, die das Leben und die Zusammenarbeit zwischen Kleingruppen regeln, ersetzt wurde? Dem würde jedoch der heutige Trend zur Rückbesinnung auf die intimen und exklusiven Werte der eigenen Wertegemeinschaft widersprechen. Er ist eine Reaktion auf eine zunehmend komplexe und ungewisse Welt, die zugleich auch als Produkt der kulturellen Evolution verstanden werden muss. Das Zugehörigkeitsgefühl zu einer Volksgruppe, einer Protestbewegung, einer Religion oder Nation stiftet Sinn und Identität und reduziert nach Niklas Luhmann zugleich Ungewissheit und Komplexität. Daher gilt die Gruppenidentität heutzutage oftmals als nicht verhandelbar – auch wenn sie sich als destruktiv erweisen sollte. Die Angst am Verrat an der eigenen Identität durch die Bereitschaft zum Kompromiss wird aber nicht helfen, die Herausforderungen des globalen Wandels zu bewältigen. Man kann von der heterogenen Gesellschaft als Ganzes nicht erwarten, dass sie die Normen und Werte der Gemeinschaften mit ihren jeweiligen Partikularinteressen übernimmt. Dass diese Forderung trotzdem an die Politik gestellt wird, mag die gegenwärtige politische Blockade bei kontroversen Themen im Bereich Immigration, aber auch neuen Technologien erklären.

J. H.: Das ist sicher teilweise richtig, doch sollten wir den Wert der informellen Regeln der Gemeinschaft für die Gesellschaft als Ganzes nicht außer Acht lassen. Der soziale Austausch in kleinen Gemeinschaften basiert fast überall auf den informellen Regeln von Fairness und Reziprozität. Sobald sich aber ein wirtschaftlicher Austausch zwischen den Gemeinschaften entwickelt, müssen neue formelle Regeln gemeinsam ausgehandelt werden. Da man den Leuten außerhalb der eigenen Gemeinschaft nicht so stark vertrauen kann wie den eigenen Leuten, basieren diese Regeln auf der Annahme, dass der andere primär sein Eigeninteresse und nicht das Allgemeininteresse verfolgt. Da aber langfristig die Verfolgung des Eigeninteresses im Kontext des friedlichen Austausches von Gütern und Dienstleistungen allen zugute kommt und daher ein Nicht-Nullsummenspiel darstellt, kann man sich trotzdem auf diese formellen Regeln einigen. Dies erklärt, warum die Institutionen von Marktwirtschaft und Demokratie den Austausch zwischen unterschiedlichen Wertegemeinschaften und Interessengruppen relativ gut regeln können. Das Vertrauen in das Funktionieren der formellen Regeln ermöglicht langfristiges Planen in Wirtschaft und Politik und reduziert die Unsicherheit. Und trotzdem verschwinden die informellen Regeln von Fairness und Reziprozität nicht einfach, sondern werden zu einem fundamentalen Bestandteil der interkulturellen Werte und Normen. Wer sie nicht kennt und respektiert, gefährdet seine Reputation und verliert politischen und wirtschaftlichen Handlungsspielraum; denn dieser ist nicht automatisch durch die formellen Regeln garantiert, sondern muss durch Eigeninitiative erarbeitet werden. Die Prinzipien der Gastfreundschaft und die Fähigkeit, sich in andere einzufühlen, schaffen eine Vertrauensbeziehung unter Fremden, welche auch die Transaktionskosten im wirtschaftlichen Austausch vermindert und somit den Anreiz zur interkulturellen wirtschaftlichen Zusammenarbeit und die Akzeptanz von überregionalen Märkten vergrößert. Daher kann die Welt des sozialen Austausches nie ganz getrennt werden von der Welt des wirtschaftlichen Austausches. Sicherlich ermöglichen die Fortschritte in Informations- und Kommunikationstechnologie den komplett anonymen wirtschaftlichen

Austausch, doch zugleich schaffen sie auch neue Formen des sozialen Austausches, die bis anhin nicht möglich waren. Die Suche nach neuen Formen des sozialen Austausches jenseits der eigenen Gemeinschaft wird an Bedeutung zunehmen und könnte sich gerade bei der Lösung von drängenden globalen Nachhaltigkeitsproblemen als fruchtbar erweisen.

P. A.: Anders gesagt, die neueren Einsichten der Verhaltensökonomie könnten mit der Zeit zu einer verbesserten Politik der Nachhaltigkeit führen. Diese Ansicht scheint auch die Nobelpreisträgerin Elinor Ostrom zu teilen. Sie glaubt, dass die Regeln, welche die nachhaltige Bewirtschaftung der gemeinsamen Ressourcen in kleinen Gemeinschaften ermöglichten, teilweise auf die globale Gemeinschaft übertragen werden könnten, um somit die globalen Nachhaltigkeitsprobleme auf effektive Weise in Angriff zu nehmen. Sie nennt das »governing the global commons«. Die informellen Regeln der Gemeinschaft, die sie meint, unterscheiden sich jedoch von den formellen Regeln, wie sie in Marktwirtschaft und Demokratie existieren. Der verstorbene Ökonom Friedrich August von Hayek würde Ostrom diesbezüglich vorwerfen, dass sie das unterschiedliche Verhalten des Individuums in Gemeinschaft und Gesellschaft nicht berücksichtigt und daher zu falschen Schlussfolgerungen gelangt; denn die Regeln, die in der intimen Gemeinschaft funktionieren, können nicht einfach auf die anonyme Gesellschaft als Ganzes übertragen werden. Sie funktioniert nach anderen Spielregeln.

J. H.: Es gibt tatsächlich unterschiedliche Spielregeln auf der Mikro- und Makroebene der Gesellschaft, doch wie bereits erwähnt schließen sich diese Welten nicht gegenseitig aus, sondern befinden sich in einem Austausch, der sich konstruktiv oder destruktiv auswirken kann. Meiner Ansicht nach passt sich der Mensch über die Zeit den sich verändernden sozialen Umständen an. Zuerst entstehen die informellen Regeln in der Gemeinschaft, dann werden diese im Umgang mit anderen Gemeinschaften ergänzt und angepasst; und schließlich wird ein gemeinschaftsübergreifendes formelles Regelwerk geschaffen, das auch die praktizierten informellen Regeln der involvierten Gemeinschaften berücksichtigt. Sie sind die Basis für die Akzeptanz der formellen Regeln. Formelle Regeln, welche sich in einer Kultur als erfolgreich erwiesen haben, können daher nicht automatisch auf andere Kulturen übertragen werden; denn die dort bereits existierenden informellen Regeln sind in den importierten formellen Institutionen nicht enthalten und stoßen daher auf ein Akzeptanzproblem. Im Fall der US-Invasion in Irak zeigte sich, welch fatale Folgen dies haben kann. Das Verletzen der aufoktroyierten Regeln galt unter den Irakern sogar als moralisch legitim – als Zeichen des zivilen Ungehorsams und der kulturellen Selbstverteidigung. Eine solche Reaktion hatte besonders fatale Konsequenzen bei der Einführung von Verkehrsregeln in Bagdad. Diese wurden nämlich einfach vom amerikanischen Bundesstaat Maryland kopiert. Es wurde komplett ignoriert, dass es in Bagdad bereits vor der US-Invasion Verkehrsregeln gab und diese nach wie vor das Verhalten der Verkehrsteilnehmer bestimmten.

An diesem konkreten Beispiel zeigt sich auch das Risiko beim Versuch, funktionierende Spielregeln von einer Gesellschaft auf die andere zu übertragen. Es gibt markante kulturelle und wirtschaftliche Unterschiede sowie unterschiedliche politische Prioritäten in Industrie- und Entwicklungsländern. Und innerhalb der Gruppe der Entwicklungsländer gibt es wiederum große Unterschiede zwischen den ärmsten Staaten in Afrika und den aufstrebenden Ländern Asiens. Die westlichen Industrieländer können daher nicht einfach annehmen, dass der Rest der Welt ihre angeblich »universalen« Werte teilt. Allzu oft wurden wirtschaftliche oder machtpolitische Interessen einzelner einflussreicher Industriestaaten in eine moralisierende Sprache der universellen Werte verpackt, um sie auf internationaler Ebene durchsetzen zu können. Entwicklungsländer scheinen sich jedoch zunehmend gegen diese verhüllten Machtansprüche zu wehren. Es mag sicherlich Ziele und Werte geben, auf die sich die Welt als Ganzes einigen könnte. Doch bei deren Umsetzung und Interpretation dominieren dann wieder die Partikularinteressen. Kein Politiker würde es wagen, internationale Verpflichtungen einzugehen, die nicht vom eigenen Volk getragen würden.

Hier zeigt sich auch das Problem der öffentlichen Wahrnehmung in reichen Hegemonialstaaten. Wohlfahrtsstaaten tendieren dazu, den technischen und wirtschaftlichen Wandel als Problem zu sehen, und betrachten die Ansprüche der Entwicklungsländer auf wirtschaftliche Entwicklung als moralisch minderwertig. Peter Turchin weist in seinem Buch »War, Peace and War« auf diese Tendenz von Hegemonialmächten hin, sich als Bewahrer von Kultur und Tradition zu sehen und aufstrebende Staaten als materialistisch und moralisch minderwertig zu betrachten. Hinter diesem moralischen Überlegenheitsgefühl steckt aber allzu oft die Angst vor dem eigenen wirtschaftlichen Niedergang, denn der wirtschaftliche und kulturelle Wandel sorgt für soziale Mobilität und gefährdet die Vorrechte und Privilegien der Vorherrschenden.

P. A.: Interessanterweise ist es aber so, dass gerade die am wenigsten entwickelten Länder, die am meisten auf Hilfsgelder angewiesen sind, die gleichen Positionen der kulturellen Selbstverteidigung einnehmen wie die Wohlfahrtsstaaten, obwohl doch gerade sie den wirtschaftlichen und sozialen Wandel vorantreiben müssten. Könnte es sein, dass die Elite in diesen Entwicklungsländern bereit ist, den westlichen Moralanspruch eher zu akzeptieren, da sie auf die finanzielle Unterstützung aus diesen wohlhabenden Ländern nicht verzichten will? Das wäre dann einmal mehr ein Beweis dafür, dass hinter der angeblich wertorientierten Diskussion, die der Westen vorgibt zu führen, einmal mehr die Interessenpolitik dominiert. Es geht darum, im eigenen Land beliebt zu sein und wiedergewählt zu werden, und dafür ist man auch bereit, Regierungen in Entwicklungsländern dazu zu bringen, die Politik zu verfolgen, die bei den Wählern im eigenen Land gut ankommt.

J. H.: Ich würde nicht so weit gehen, zu behaupten, dass die kulturelle Selbstverteidigung in den ärmsten Entwicklungsländern bloß eine neue Form des Neoimperialismus widerspiegelt, welche diese Länder zwingt, die Sprache der Hegemonialmacht zu übernehmen. Die früheren Versuche des Westens, moderne Institutionen in Entwicklungsländern mit allen Mittel voranzutreiben, kann ja wirklich nicht als Erfolg bezeichnet werden und die Rückbesinnung auf die eigene Kultur in den betroffenen Ländern ist sicherlich verständlich. Das Problem ist heute vielmehr, dass westliche Experten ihre eigenen persönlichen Vorstellungen der kulturellen Eigenständigkeit auf traditionelle Gemeinschaften projizieren und dann enttäuscht sind, wenn die Sache anders rauskommt, als man erwartete. Man könnte daher sagen, dass es tatsächlich eine Parallele gibt zwischen den früheren Anstrengungen, der Modernisierung in Entwicklungsländern durch die Einführung der formellen Regeln von Marktwirtschaft und Demokratie zum Durchbruch zu verhelfen, und der heutigen Bemü-

hung, lokale Werte und Praktiken zu unterstützen, die in den Augen des Westen als erhaltenswert betrachtet werden. In beiden Fällen basierten die Interventionen auf guten Absichten, jedoch auf zu wenig Verständnis für die bereits bestehenden, aber sich im Wandel befindlichen informellen Regeln dieser lokalen Kulturen.
In den aufstrebenden Entwicklungsländern wie China, Indien und Brasilien ist die Sache anders. Dort herrscht mittlerweile ein großes Selbstvertrauen in die eigene Gestaltungskraft. Dennoch ist man sich in diesen Ländern bewusst, dass es zu aufwändig wäre, alles nochmals neu zu erfinden, was im Westen bereits realisiert wurde. Die wirtschaftliche Dynamik in diesen Ländern basiert daher immer noch größtenteils auf der Nachahmung von Institutionen und Technologien, die sich im Westen bewährt haben, und weniger auf der viel diskutierten Experimentierfreudigkeit mit neuen Formen der wirtschaftlichen Organisation und technischer Innovationskraft.

Die meisten Völker erwerben ihre Normen und Regeln primär durch Imitation. Das schafft unterschiedliche, aber relativ stabile Gleichgewichte, welche sich über die Zeit nur graduell verändern, auch wenn der gewählte Typ der Imitation sich als wenig fruchtbar für die wirtschaftliche Entwicklung erweist. Diesbezüglich müssten die neoklassisch ausgerichteten Ökonomen endlich lernen, dass soziale Präferenzen nicht als exogen gegeben betrachtet werden können. Sie sind das Produkt der kulturellen Evolution und prosoziales Verhalten wird von Individuen größtenteils durch die vermittelten sozialen Normen und Institutionen erworben. Elinor Ostrom hat in diesem Zusammenhang richtig erkannt, dass Normen, die sich über längere Zeit in einer bestimmten Gemeinschaft entwickelt und bewährt haben, sich auch als nachhaltig erweisen könnten, wenn sie von anderen Gemeinschaften durch Nachahmung übernommen werden. Die zentrale Frage ist lediglich, von wem die Leute lernen wollen und wie sich diejenigen verhalten, von denen gelernt werden soll. Solange die Nachahmung aus freiem Entschluss geschieht, kann sie sicherlich positiv zur Entwicklung beitragen.

P. A.: Ihre Kritik an der Annahme, dass Präferenzen exogen bestimmt sind, ist im Konflikt mit der Schulbuchökonomie wie auch mit dem ökonomischen Forschungsansatz, der auf dem methodologischen Individualis-

mus basiert. Wie können Sie Ihre Einsichten über die Entstehung von gesellschaftlichen Normen und Institutionen und die daraus abgeleiteten (endogen bestimmten) individuellen Präferenzen mit dem abstrakten Modell des bewusst entscheidenden, rational handelnden homo oeconomicus versöhnen, der ja angeblich seine Präferenzen genau kennt und entsprechend seinen Nutzen maximiert?

J. H.: Ich glaube, wir können trotz allem in der ökonomischen Forschung mit dem Individuum beginnen. Der methodologische Individualismus steht nicht völlig im Widerspruch zu unseren Erkenntnissen. Die Ökonomie sollte sich jedoch vermehrt für Einsichten aus anderen Disziplinen empfänglich zeigen. Damit meine ich insbesondere die Anthropologie, die Soziologie, die Psychologie und die Neurobiologie. In all diesen Disziplinen ist seit langem klar, dass individuelle Präferenzen endogen bestimmt werden, und die ökonomische Theorie sollte dem Rechnung tragen.

P. A.: Sie halten auch zu Recht fest, dass das menschliche Verhalten sich über die Zeit ändert und mit ihm auch die individuellen Präferenzen. Das führt uns am Schluss zurück auf ihre kürzlich publizierte Feldforschung in der Zeitschrift »Science«. In ihren Experimenten zeigte sich, dass bei den Angeboten im Ultimatumspiel das Alter des Teilnehmers einen signifikanten Einfluss über alle Kulturen hinweg hatte. Ältere und somit erfahrenere Teilnehmer scheinen Fremden großzügigere Offerten zu machen als ihre jüngeren Kollegen. Könnte es nicht sein, dass der Mensch durch Lebenserfahrung realisiert, dass er im Leben nichts erreichen kann ohne die Unterstützung seiner Mitmenschen und diese Wertschätzung im Spiel durch ein großzügigeres Angebot zum Ausdruck bringt? Diese Erkenntnis scheint mir fundamental zu sein, und sie steht auch im Einklang mit den Erkenntnissen in anderen Disziplinen. Allerdings würde sie gerade in der Verhaltensökonomie die herkömmliche Gegenüberstellung von egoistischem Handeln und Altruismus in Frage stellen und stattdessen zwischen der Verfolgung von kurzfristigem und langfristigem Eigeninteresse unterscheiden.

J. H.: Es war tatsächlich erstaunlich, dass Alter einen maßgebenden Einfluss hatte im Ultimatumspiel, nicht aber im Diktatorspiel und im Drittparteien-Bestrafungsspiel. Wir müssen die Frage des Alters bei wirtschaftlichen und moralischen Entscheidungen zweifellos weiter untersuchen und insbesondere herausfinden, warum sich der Einfluss des Alters nicht in allen drei Spielformen zeigt. Es gibt meiner Ansicht nach jedoch keinen Zweifel, dass der Mensch mit zunehmendem Alter auch seine Einstellung und sein Verhalten ändert. Das hat sich bereits bei Experimenten mit Studenten aus verschiedenen Jahrgängen gezeigt. Die älteren Studenten zeigten da in der Tat bereits einen ausgeprägteren Sinn für Fairness und Reziprozität. Das Plateau wird jedoch im Alter zwischen 25 und 30 erreicht; von da an stabilisiert sich das Verhalten. Die Erwerbung und Internalisierung von Werten und Normen wie auch die Ansammlung von Alltagserfahrungen über eine längere Zeit bestimmen das Verhalten des Menschen auf maßgebende Weise.

Literatur

Henrich, J.; Henrich, J. (2007). Why humans cooperate. Oxford: Oxford University Press.

Henrich, J.; Ensimger, J.; McElreath, R.; Barr, A.; Barrett, C.; Bolyanatz, A.; Cardenas, J. C.; Gurven, M.; Gwako, E.; Henrich, N.; Lesorogol, C.; Marlowe, F.; Tracer, D.; Zirker, J. (2010). Markets, religion, community size, and the evolution of fairness and punishment. Science, 327, 1480–1484.

Angst in Philosophie und Ethik

Klaus-Jürgen Grün

Angst, die sich verschweigt

Über die falsche Konditionierung unseres
moralischen Bewusstseins

Schein der Freiheit

Unsere herrschenden Moralsysteme sind auf einem schwerwiegenden
Widerspruch aufgebaut: Sie lehren Freiheit und Autonomie, aber sie
bringen uns in erster Linie bei, Gefühle zu vertreten, die nicht unsere
eigenen sind. Sie transportieren dadurch ein Moment der Unredlich-
keit und werden den mit Ethik und Moral verbundenen Erwartungen
nicht gerecht. Bereits vor siebzig Jahren machte in den USA der Psychoanalytiker Erich Fromm auf diese mit unseren bislang letzten Er-
rungenschaften des moralischen Gewissens verbundenen destruktiven
Tendenzen aufmerksam und forderte eine Abkehr vom Prinzip der
Angst in unseren Ethiken und Moralen. »Tatsächlich könnte man«,
schreibt er in seiner Studie »Die Furcht vor der Freiheit«, »die Entwicklung des modernen Denkens vom Protestantismus bis zur Philosophie
Kants dadurch charakterisieren, daß die äußere Autorität durch eine
internalisierte Autorität ersetzt wurde.« Fromm beschrieb den Bürger
der modernen Welt, der einem Kampf ausgesetzt ist. Er soll den »Sieg
über seine natürlichen Neigungen und in der ›Selbstbeherrschung‹«
erringen, wobei er »in der Beherrschung des einen Teils des Menschen –
seiner Natur – durch einen anderen Teil seines Wesens – seine Vernunft, seinen Willen oder sein Gewissen – das Wesen der Freiheit« erkennen soll (Fromm, 1941/1990, S. 124 f.; vgl. Lakoff u. Johnson, 1999,
S. 415 ff.).

Wie kaum ein anderer Autor beklagte er diese Scheinhaftigkeit im
modernen Konzept der Freiheit. Die gewissenhafte und neigungslose

Pflichterfüllung als Motivationsgrund der ethisch-moralischen Handlung entlarvte Fromm als eine autoritäre Kategorie. Das Gewissen sei »ein ebenso strenger Zwingherr [...] wie äußere Autoritäten«, denn die Gewissensinhalte seien »im letzten keine Forderungen des individuellen Selbst, sondern gesellschaftliche Forderungen, die die Würde ethischer Normen angenommen haben. Die Herrschaft des Gewissens kann sogar noch strenger sein als die der äußeren Autoritäten, weil der Betreffende die Befehle seines Gewissens als ureigenste erfährt.«

Die Gefahr für das Wohl der Individuen wie auch das der Gesellschaft sah Fromm in dem Zwang, gegen sich selbst rebellieren zu müssen. Denn an der Stelle offener Autorität in der alten Gesellschaft regiere im modernen Staat die »anonyme Autorität«. Sie tarne sich als »gesunder Menschenverstand, als Wissenschaft, als psychische Gesundheit, als Normalität oder als öffentliche Meinung« und verlange nichts als das, was »selbstverständlich« sei. Sie scheine keinerlei Druck auszuüben, sondern nur sanft überreden zu wollen. »Ob eine Mutter zu ihrer Tochter sagt: ›ich weiß ja, daß du mit dem jungen Mann nicht gern ausgehst‹, oder ob uns eine Reklame suggeriert: ›Rauchen Sie diese Zigarettenmarke und Sie werden von ihrer Frische begeistert sein‹, wir haben es mit der gleichen subtilen Suggestion zu tun, die tatsächlich unser gesamtes gesellschaftliches Leben durchdringt. Die anonyme Autorität ist deshalb noch wirksamer als die offene Autorität, weil einem gar nicht erst der Verdacht kommt, daß da ein Befehl gegeben wird, den man zu befolgen hat« (Fromm, 1941/1990, S. 125).

Man könnte Fromms Diagnose in einer etwas moderneren Terminologie bezeichnen als die Verwandlung der Furcht vor der strafenden Gewalt des Herrschers in das Prinzip der Herrschaft der Angst vor Tabubruch und Unangepasstheit. Konnte man die strafende Gewalt des Herrschers noch als eine real existierende äußere Gefahr für das leibliche Wohlergehen betrachten, so stellt das moralisch konditionierte innere Gewissen die Quelle einer subtilen Angst dar. Sie nötigt uns zwar, Dinge zu tun, um uns den Grund der Angst vergessen zu lassen, aber sie entfernt sich von realen Gefahren. Der Mechanismus dieses Vergessens fiel schon in der Hochblüte der Aufklärung auf: »Die Einwohner von Otaheite essen allein«, entnimmt Lichtenberg den Reiseberichten aus der Südsee, »und können nicht begreifen, wie es möglich sei, in Gesellschaft zu essen, zumal mit den Weibern. Banks wunderte sich und fragte, warum sie allein äßen, sie sagten, sie täten es, weil es recht wäre, warum es aber recht wäre, wollten und konnten sie nicht sagen« (Lichtenberg, 1825/1984, S. 133).

Jonathan Haidt untersuchte diesen Mechanismus anhand der Reaktionen auf Tabubrüche wie den Anblick des nackten, überlebensgroßen »David« Michelangelos in Florenz. Ob ein Betrachter beschämt reagiert oder überwältigt, hängt von seinen unbewussten moralischen Prägungen ab, die sich als ein mehr oder weniger starkes Ekelgefühl ankündigen (Haidt, 2008). Das Bewusstsein des Betrachters hat keine Kenntnis von der Herkunft des Ekels und schreibt sie seinem moralischen Werten zu.

Im moralischen Erlebnis ist der Grund für Verbot und Gebot selbst nicht mehr sichtbar und fühlbar. Dies erweckt den Anschein, als gäbe es ihn gar nicht. Das Individuum denkt sich einen Gedanken an die Stelle, wo ihm der Einblick in die Herkunft verwehrt ist. Ohne Umstände setzt sein Bewusstsein Vernunftgründe an diese Stelle und ist unheimlich überrascht, wenn er sie später entzaubert und als materielle Triebe anerkennen soll. Das Unheimliche ist unheimlich als das heimlich allzu Vertraute.

Was unsere ethisch-moralischen Wertungen beherrscht, ist nicht eine spekulativ angenommene Vernunft, sondern die Emotion, die vor der Übertretung der Tabus durch den Aufbau von Angst warnt. Ob Gebot und Verbot allerdings durch Religion oder durch Vernunft begründet sind, bleibt gleichgültig; denn in beiden Sphären erlebt das Individuum nicht die Lust, Tabus und Zwänge zu übertreten, sondern die Selbstverständlichkeit ihrer Einhaltung aus Freiheit und Pflicht.

Dass unsere Moralsysteme ausnahmslos verschweigen, dass sie in erster Linie Machtinstrumente sind, deren Missbrauch dadurch entsteht, dass sie ein individuelles Interesse als eine allgemeine Pflicht ausweisen, entzaubert die Würde, mit der sie sich selbst stets als das unverzichtbare reine Gute anbieten. Wir werden später sehen, dass auch der kategorische Imperativ nichts anderes beinhaltet als das Prinzip, individuelle Interessen so auszulegen, als ob es sich dabei um eine allgemeine Pflicht handele.

Das Prinzip stammt aus der Psychologie des religiösen Empfindens, in welchem uns Tabus und Zwänge so erscheinen, als ob sie ein oberster Gesetzgeber oder Übervater durch einen Machtspruch in die Welt gesetzt hätte. Es spricht auch heute nichts dagegen, sich an Frazers knappe Definition von Religion zu halten: »Unter Religion verstehe ich also eine Versöhnung oder Beschwichtigung von Mächten, die dem Menschen übergeordnet sind und von denen er glaubt, dass sie den Lauf der Natur und des menschlichen Lebens lenken. Nach dieser Definition besteht die Religion aus einem theoretischen und einem praktischen Element, nämlich dem Glauben an Mächte, die höher sind als der Mensch, und dem darauf folgenden Versuch, diesen Mächten zu gefallen oder sie zu versöhnen« (Frazer, 1922/2000, S. 72).

Dass sowohl Tabu als auch Zwang aus der ursprünglichen Neigung zum Übertritt stammen, kommt im religiösen Erlebnis nicht zur Erscheinung. Aber es wäre unnötig, Tabus und Zwänge zu errichten, wenn nicht eine ursprüngliche Tendenz herrschte, genau das Andere dessen zu tun, was Tabus und Zwänge fordern. »Schon die Tatsache, dass über Sexualität nicht offen gesprochen werden durfte, verbürgte, daß man sie dauernd im Sinn hatte«, lautet es in einer maßgeblichen Studie über die Zeit der Entdeckung der Angst vor der eigenen Triebnatur (Janik u. Toulmin, 1985, S. 57). Statt der Einsicht in ihre Herkunft spiegelt das religiöse Erlebnis Tabus und Zwänge als den Machtspruch einer höheren Autorität zurück. Das moralische Erlebnis des aufgeklärten Menschen, der die Autorität jenseitiger Mächte nicht mehr anerkennt, nimmt sie dagegen als Ausdruck einer absoluten Pflicht (zum Guten) wahr. Ein solches moralisches Erlebnis ist daher die säkularisierte Form der Gottesfurcht.

Während wir nicht wissen, ob es einen höheren Gesetzgeber oder eine höhere Pflicht der Vernunft gibt – alle »Beweise« sind nichts anderes als die Versicherungen derjenigen, die daran glauben –, wissen wir eines: Gäbe es nicht die unbewusste Angst vor der Lust zum Übertreten der Verbote, so gäbe es auch keine religiösen und sozialen Moralsysteme. Angst ist nicht die marginale Ausnahme, sondern sie ist konstitutiv für das moralische Bewusstsein.

Im Prozess der Aufklärung überträgt sich der im religiösen System der moralischen Anpassung wirksame Impuls auf das aufgeklärte System der Konditionierung. Die Wirksamkeit des Prinzips der Angst verfeinert sich in diesem Prozess. »Der heutige Mensch ist bereit«, vermutete Fromm, »große Risiken auf sich zu nehmen beim Versuch, die Ziele zu erreichen, die angeblich ›seine‹ Ziele sind, aber er hat eine tiefe Angst davor, das Risiko und die Verantwortung auf sich zu nehmen, sich seine eigenen Ziele zu setzen. Eine intensive Aktivität wird oft irrtümlich als Beweis dafür angesehen, daß man sein Handeln selbst bestimmt, wenn wir auch wissen, daß es vielleicht nicht spontaner ist als das Verhalten eines Schauspielers oder eines Hypnotisierten« (Fromm, 1941/1990, S. 183).

Moralisch verfälschtes Denken

In dem Maße, wie die ideologiekritischen Elemente der Philosophie aus dem akademischen Diskurs und aus der öffentlichen Debatte verschwinden, verstärkt sich heute wieder die von Fromm beklagte Tendenz, fremde Ziele, Gefühle und Autoritäten zu übernehmen, um sich die Anstrengung der aktiven und erfahrungsbasierten Suche nach einem eigenständigen Urteil ersparen zu können. Eine verfehlte Ausbildung im richtigen Denken erlaubt es Menschen, sich selbst für verantwortungsbewusst zu halten, während sie verantwortungslos Gefühle und Meinungen verteidigen, die nicht ihre eigenen sind und die zu vertreten sie sich bei aufmerksamer Betrachtung nicht einmal selbst erlauben würden (vgl. Frankfurt, 2006).

Bereits Nietzsche stützte seine Schrift »Jenseits von Gut und Böse« auf die Erkenntnis, dass die Standardethiken nicht halten, was sie versprechen, weil sie das Auseinandertreten der Intention des Sprechers und dessen gesprochene Aussage beförderten. Motor des Auseinandertretens ist die Angst vor der Artikulation eigener Interessen. Dass sich selbst ernannte Vormünder dieses Mechanismus der verdrängten Angst heute wieder verstärkt bedienen können, um ihr zerstörerisches Werk zu vollbringen, belegen einschlägige Beispiele.

Religionen der Angst

»Alle [...] Zivilisationen, die ihre Macht genießen, sind in ihrem Inneren sehr schwach. So habe keine Angst und keine Furcht, wenn du ein Gläubiger bist, denn Gläubige fürchten nur Gott den Allmächtigen, der die Macht über alles innehat. Gläubige glauben in dem Vertrauen, daß der Ungläubige am Ende besiegt wird. Entsinne dich, daß Gott die Ungläubigen niederschlagen und besiegen wird. [...] töte und denke nicht an den Besitz derjenigen, die du töten wirst. Denn dies wird dich vom eigentlichen Zweck deiner Tat ablenken, denn dies ist gefährlich für dich« (netzeitung, 2001). Redlicher hätte der Prediger gehandelt, wenn er dem Gläubigen nicht Angst vor einem lohnenden und strafenden Gott eingeredet hätte, um seinen gekränkten Stolz und die Einsicht in die Bedeutungslosigkeit seines Dasein zu verdrängen, sondern die Psyche des Kandidaten gestärkt hätte, wobei dieser hätte lernen können, weniger explosive Quellen seines Lebensglücks zu entdecken.

Das Zitat stammt nämlich aus einer »Spirituellen Anleitung« für Suizidattentäter. Die Formulierungen, die seine Herkunft aus dem explosiven Islamismus schnell hätten verraten können, wurden ausgelassen. Während insbesondere katholische Christen heute den Islam als eine stärker werdende Bedrohung wahrnehmen und oftmals fordern, ihm auch ein gestärktes Christentum entgegenzusetzen, vergessen sie, dass sich das Christentum der gleichen Legitimationsgründe bedient wie der Islam. Die zitierte Anleitung könnte für den Märtyrer des katholischen Christentums ebenso gelten wie für den fundamentalistischen Islam.

Der in Religionen wirksame Impuls beruht auf dem Aufbau einer Angst bei gleichzeitigem Versprechen, das einzige Heilmittel gegen diese Angst zu besitzen, an dem der Gläubige unter bestimmten Bedingungen teilhaben dürfe. Mit Hilfe dieses Heilsversprechens erleben Betroffene ein starkes moralisches Glücksgefühl, während sie fürchterlichen Schrecken und fürchterliches Leid für andere herbeiführen.

Der Mechanismus zur Auslösung einer moralischen Emotion ist auch hier deutlich erkennbar. Seit Georg James Frazers (Frazer, 1922/2000, Kapitel IV: Magie und Religion) und Sigmund Freuds Studien über das Tabu ist er bekannt als feindseliges Moment im seelischen Erlebnis, das durch Menschenfreundlichkeit »überschrieen« wird. Es ist nötig in unserer Gegenwart, in der immer wieder von der »Wiederkehr der Religion« gesprochen wird, daran zu erinnern, dass durch Religion das Trennende zwischen Menschen hervorgehoben wird. Fromme Menschen wollen in erster Linie Christ sein, Moslem oder Jude. Dadurch bieten sich Religionen als Basis für eine globale Ethik nicht an.

Aus der Erfahrung des Umgangs nicht nur primitiver Naturvölker mit ihren Herrschern leitete Freud eine wesentliche Gemeinsamkeit zwischen religiösen Gefühlen und der Zwangsneurose ab. »Wenn wir den geschilderten Sachverhalt [die Zärtlichkeit der Unterdrückten gegenüber ihren Unterdrückern, K.-J. Grün] der Analyse unterziehen, gleichsam als ob er sich im Symptombild einer Neurose fände, so werden wir zunächst an das Übermaß von ängstlicher Sorge anknüpfen, welches als Begründung des Tabuzeremoniells ausgegeben wird. Dies Vorkommen einer solchen Überzärtlichkeit ist in der Neurose, speziell bei der Zwangsneurose, die wir in erster Linie zum Vergleich heranziehen, sehr gewöhnlich. Ihre Herkunft ist uns sehr wohl verständlich geworden. Sie tritt überall dort auf, wo außer der vorherrschenden Zärtlichkeit eine gegensätzliche, aber unbewußte Strömung von Feindseligkeit besteht, also der typische Fall der ambivalenten Gefühlseinstellung realisiert ist. Dann wird die Feindseligkeit überschrieen durch eine übermäßige Steigerung der Zärtlichkeit, die sich als Ängstlichkeit äußert und die zwanghaft wird, weil sie sonst ihrer Aufgabe, die unbewußte Gegenströmung in der Verdrängung zu erhalten, nicht genügen würde. Jeder Psychoanalytiker hat es erfahren, mit welcher Sicherheit die ängstliche Überzärtlichkeit unter den unwahrscheinlichsten Verhältnissen, z.B. zwischen Mutter und Kind oder bei zärtlichen Eheleuten, diese Auflösung gestattet. Auf die Behandlung der privilegierten Personen angewendet, ergäbe sich die Einsicht, daß der Verehrung, ja Vergötterung derselben im Unbewußten eine intensive feindselige Strömung entgegensteht, daß also hier, wie wir es erwartet haben, die Situation der ambivalenten Gefühlseinstellung verwirklicht ist. Das Mißtrauen, welches als Beitrag zur Motivierung der Königstabu unabweisbar erscheint, wäre eine andere, direktere Äußerung derselben unbewußten Feindseligkeit« (Freud, 1913/2000, S. 340).

Dass der Mechanismus der ambivalenten Gefühlsregung im religiösen Erlebnis in unserer hochentwickelten Zivilisation noch immer selbstverständlich ist, zeigt sich besonders eindrucksvoll in der Praxis der katholischen Kirche. In einer kunstvollen Verschleierung eigener Feindseligkeiten gegenüber dem Judentum verstärkte Papst Benedikt XVI. zu Ostern 2008 die lateinische Karfreitagsfürbitte nach älteren, vom Zweiten Vatikanischen Konzil überholten Vorbildern, worin es heißt: »Lasst uns beten für die Juden. Dass unser Gott und Herr ihre Herzen erleuchte, damit sie Jesus Christus erkennen, den Heiland aller Menschen« (zit. nach Spiegel-Online, 2008).

Seine Formulierung belegt Freuds These der durch Überzärtlichkeit überschrieenen Feindseligkeit. Denn es ist offenkundig, dass nicht Menschenliebe und Gottesfürchtigkeit – in der Wahrnehmung des

Papstes moralische Antriebe höchster Würde – der Motivationsgrund
für das Gebet sind, sondern die – wie Freud schreibt – »der vorherrschenden Zärtlichkeit [...] gegensätzliche, aber unbewußte Strömung
von Feindseligkeit«. Auf der einen Seite schließt nämlich der Katholik
in einer Geste altruistischer Menschenfreundlichkeit auch Juden in das
bittende Gebet ein, verwendet sich beim Allmächtigen mit der Fürsprache, etwas für den (einstigen) Feind zu tun, auf der anderen Seite
aber spricht gerade diese Geste die trennende Feindseligkeit gegenüber
dem Andersgläubigen aus. Denn der Papst so wenig wie der in diesem
Sinn betende Katholik glaubt daran, dass Juden ihr Lebensglück finden
könnten, wenn sie sich nicht zum Christentum bekehren lassen.

Aber das Messritual sagt nicht, dass Juden unglücklich seien. Es erlaubt es nicht, dass die Individuen ihre wirklichen Gefühle aussprechen, sie bleiben daher nur unterschwellig präsent in der Rede: »Lasst
uns für sie beten.« Darin ist die Feindseligkeit wie durch einen magischen Akt der Sprache unsichtbar geworden, und eine Geste der Liebe
verleiht der gesamten kirchlichen Gemeinde ein gutes Gefühl. Fast
müsste man an dieser Stelle von der reinigenden Kraft der Bösartigkeit
sprechen, wenn nicht Angst vor der Einsicht in die eigene Bösartigkeit
so etwas verböte. Doch es kann der Papst einem Suizidkandidaten jetzt
den moralischen Rat erteilen, man sollte keine Bomben in Israel zünden, man möge doch besser beten für die Juden. Befriedigt kann so jeder Fromme nach der Ostermesse mit dem Bewusstsein nach Hause
gehen, eine gute Tat verrichtet zu haben. Objektiv gesehen ist Beten ja
auch besser als Bombenzünden, halten mir oft betende Menschen entgegen. Natürlich haben sie Recht. Doch ich für meinen Teil möchte
nicht, dass jemand für mich in diesem Sinn betet. Ich halte das für
einen diskriminierenden Akt. Denn dieses Beten setzt eine Gesinnung
voraus, in der der Betende denjenigen, für den er betet, für minderwertig hält.

Die Geste der Menschenfreundlichkeit ist hier die scheinheilige
Maske, die üble Feindseligkeiten zu verdrängen imstande ist. Stets
spürt der Fromme nichts von seiner Feindseligkeit. Aber diese ist dennoch der Daseinsgrund solcher Gesten der Menschenfreundlichkeit.
Wir werden diese magische Kraft der Sprache im Zusammenhang mit
dem politisch korrekten Sprachgebrauch erneut antreffen.

Die geschilderten Beispiele beschreiben Fälle, in denen das zu Vermeidende dennoch geschehen ist: das Aufleuchten der Feindseligkeit, im moralischen Erlebnis der Religion. Mehr noch als die Verfasser der »Spirituellen Anleitung« für Suizidattentäter transportieren die Betenden der aufpolierten Karfreitagsfürbitte eine feindselige Gesinnung. Beide erleben jedoch allein die Pflicht und das gute Gewissen, ihr zu folgen. Wollten wir diese Menschen nach der Selbstauslegung ihrer Handlungsmotive bewerten, wären wir schlecht beraten. Aber genau dies verlangen die Vertreter der religiös oder vernunfttheoretisch begründeten Standardethiken von uns. Sie lenken uns dadurch ab von den biologischen und emotionalen Ursachen des moralischen Bewusstseins.

Aufschlussreich für die Dialektik zwischen Feindseligkeit und menschenfreundlicher Liebe sind auch die zahlreichen anderen moralistischen Dogmen vor allem in der katholischen Kirche: die Feindseligkeit gegenüber Homosexuellen, gegenüber Frauen, gegenüber Andersgläubigen. Dass die katholische Sexualmoral ein unerträgliches Maß an Feindseligkeit nicht nur gegenüber Homosexualität transportiert, ist inzwischen auch bei Katholiken vielfach nicht mehr geduldet. Beispielsweise ist dem Katholiken immer noch verboten, das Aids-Problem durch die Verwendung von Kondomen zu verkleinern.[4] »Ihre Benutzung verschlimmert vielmehr das Problem«, lautet eine frühere Erklärung des Papstes. Denn die Lösung liege allein im »moralisch richtigen Verhalten« und in der Fürsorge für die Leidenden (Radio Vatikan, 2009). Betrachten wir auch die Häufung der Missbrauchsfälle in zölibatären Einrichtungen, so ist es kaum zu übersehen, dass »das richtige moralische Verhalten« nichts anderes ist als die verdrängte Erinnerung an die eigene (homoerotische) Lust. Ganz im Sinne der hier vertretenen These der Angst vor der eigenen Lust und Feindseligkeit antwortete der seinerzeit amtierende Augsburger Bischof Walter Mixa in einem Interview mit der »Augsburger Allgemeinen« (16.02.2010)[5] über die Missbrauchsfälle, er sei tief berührt, aber an diesen »abscheulichen Verbrechen« sei die »sogenannte sexuelle Revolution sicher nicht unschuldig«. »Wir haben in den letzten Jahrzehnten gerade in den Medien eine zu-

---

4　http://www.europeonline-magazine.eu/theologe-berger-kondom-lockerung-ist-nur-zueckercheninterview-yuriko-wahl-dpa_96694.html

5　http://www.augsburger-allgemeine.de/Home/Nachrichten/Politik/Artikel,-Mixa-zu-Missbrauch-von-Kindern-durch-Priester-_arid,2072063_regid,2_puid,2_pageid,4290.html (Zugriff am 16.3.2010)

nehmende Sexualisierung der Öffentlichkeit erlebt, die auch abnorme sexuelle Neigungen eher fördert als begrenzt«, sagte Mixa. Priester werden nicht Opfer der Sexualisierung der Gesellschaft, sondern der falschen Einschätzung, sie seien allesamt asexuelle Wesen. Nicht sehr weit vom religiösen Empfinden ist die Haltung einer überaus großen Anzahl der Gegner von Schwangerschaftsabbrüchen in den USA. Geradezu mit gesetzmäßiger Notwendigkeit begegnen wir unter diesen Menschen zugleich der Befürwortung der Todesstrafe. Eine radikale Bereitschaft zum legalen Töten geborenen Lebens wird hierbei überschrieen durch den Eintritt für den Schutz des ungeborenen Lebens.

Moralische Ängste

In wie vielen moralischen Urteilen ist der feindselige Aspekt nicht so deutlich zu erkennen wie in diesen Beispielen? Das ausgebliebene Erlebnis der feindseligen Aspekte und der Angst vor ihnen ist – wie gezeigt wurde – kein Indiz für ihr Nicht-Vorhandensein. Die Abwehr einer bewussten Auseinandersetzung unserer Morallehren und Ethiken mit der Feindseligkeit im moralischen Urteil verstärkt jedoch die Vermutung, dass Angst im beschriebenen Sinn einen konstitutiven Bestandteil des ethisch-moralischen Wertes bildet. Wir vertreten daher die nach wie vor gültige und aus der Psychoanalyse sowie aus den Studien zur Autorität in der Kritischen Theorie bekannte These, dass in jedem moralischen Urteil verschleierte Machtansprüche, vor denen das Individuum Angst aufbauen soll, als wichtigste Triebkraft vorliegen. Im weitesten Sinn sehen wir, dass in jedem moralischen Urteil individuelle Ansprüche als ein allgemeines Interesse ausgewiesen werden. »Wie die allerwirksamsten Formen der Macht präsentiert sich hohe Kultur einfach als eine Form der moralischen Überredung«, lautet es in einer modernen Kulturkritik (Eagleton, 2001, S. 78). Der Herrschafts- und Machtanspruch in moralischen Urteilen hat seinen Ursprung in dem Erlebnis der Ohnmacht.

In den Systemen der Ethik und Moral ist dieser Anspruch der Macht verhüllt oder sogar bewusst verschleiert. Am deutlichsten erkennen wir ihre Gegenwart in der großen Errungenschaft der Menschenrechte, wie sie als Kernsatz der amerikanischen Menschenrechtserklärung von 1775 vertreten wurden: »All men are (created) equal.«

Dieser Satz entsprach weder der Tatsache noch dem Dafürhalten derjenigen, die ihn vertreten haben. Denn erstens sind die Menschen von Natur aus ungleich und zweitens waren sich die Autoren einig darin, dass seine Bedeutung nur in der Aussage »all *white* men« liege und dass *women* nicht notwendig in der Formulierung eingeschlossen waren. Doch der Wortlaut ließ sich weiter auslegen als die Vernunft der Autoren, denn die zahlreichen Freiheitsbewegungen von Schwarzen, Frauen und von Minderheiten haben dem alle Menschen umfassenden impliziten Sinn der Aussage zu expliziter Bedeutung verholfen. Der Satz der Menschenrechtserklärung wurde ihnen zum Machtinstrument, um die Interessen ihrer jeweiligen Minderheit in das allgemeine Rechtssystem einzubringen.

Die Verkünder der Menschenrechte haben ganz zur Bestätigung der Ambivalenz der ethisch-moralischen Gefühle damals zwar im hellen Licht der Vernunft die Illusion der Menschenfreundlichkeit gewahrt, aber ihre eigentlichen Intentionen transportierten im Dunkel des Unbewussten Feindseligkeit gegenüber solchen, die nicht zu derjenigen Gruppe gehörten, deren Interessen sich zunächst in der Menschenrechtserklärung ausgesprochen hatten.

Die Erinnerung, dass es bei der Landnahme Amerikas in gleicher Weise um die Verteidigung der Interessen einer mächtigeren Minderheit ging wie bei der Christianisierung Europas, erzeugte im Zeitalter der Aufklärung – nachdem sie kulturell abgeschlossen oder überwunden war – Abscheu und wurde in die Verdrängung abgeschoben.

Was jedoch passiert, wenn ein moralischer Überbau nicht vorhanden ist und Individuen überbordenden Gefühlen ausgesetzt werden, schilderte schon in den Jahren der Erklärung der amerikanischen Unabhängigkeit der junge Kulturkritiker Georg Forster in seiner »Reise um die Welt«. Er war mit seinem Vater für mehr als drei Jahre auf James Cooks zweiter Weltumsegelung unterwegs, als er in der Südsee Kannibalismus begegnete. Auf einer Insel fielen dem Kapitän und einigen Offizieren zu ihrer Bestürzung die Eingeweide eines Menschen auf, die nahe am Wasser auf einen Haufen geschüttet lagen. Den Männern wurden von den »Indianern« verschiedene Stücke vom Körper gezeigt und mit Worten und Gebärden zu verstehen gegeben, dass sie das Übrige gefressen hätten. Den Kopf des erschlagenen Jünglings von fünfzehn oder sechzehn Jahren konnten sie erwerben. An Bord stellten sie diesen auf das Geländer des Verdecks zur Schau hin.

»Indem wir noch darum her waren ihn zu betrachten«, schreibt Forster, »kamen einige Neu-Seeländer vom Wasserplatze zu uns. So bald sie des Kopfes ansichtig wurden, bezeugten sie großes Verlangen nach demselben, und gaben durch Zeichen deutlich zu verstehen, daß das Fleisch von vortrefflichem Geschmack sey. Den ganzen Kopf wollte Herr Pickersgill nicht fahren lassen, doch erbot er sich ihnen ein Stück von der Backe mitzutheilen, und es schien als freuten sie sich darauf. Er schnitt es auch würklich ab und reichte es ihnen; sie wollten es aber nicht roh essen [...] Man ließ es ein wenig über dem Feuer braten, und kaum war dies geschehen, so verschlungen es die Neu-Seeländer vor unseren Augen mit der größten Gierigkeit [...] Dieser Anblick brachte bey allen, die zugegen waren, sonderbare und recht verschiedene Würkungen hervor. Einige schienen, dem Ekel zum Trotze, der uns durch die Erziehung gegen Menschenfleisch beygebracht worden, fast Lust zu haben mit anzubeißen, und glaubten etwas witziges zu sagen, wenn sie die Neu-Seeländischen Kriege für Menschen-Jagden ausgaben. Andere hingegen waren auf die Menschenfresser unvernünftigerweise so erbittert, daß sie die Neu-Seeländer alle todt zu schießen wünschten, gerade als ob sie das Recht hätten, über das Leben eines Volkes zu gebieten, dessen Handlungen nicht einmal vor ihren Richterstuhl gehörten! Einigen war der Anblick so gut als ein Brechpulver. Die übrigen begnügten sich damit, diese Barbarey eine Entehrung der menschlichen Natur zu nennen und zu beklagen, daß das edelste der Geschöpfe dem Thiere so ähnlich werden könne. Allein *Maheine*, der junge Mensch von den Societätsinseln, zeigte bei diesem Vorfall mehr wahre Menschlichkeit als alle anderen. Geboren und erzogen in einem Land, dessen Einwohner sich bereits der Barbarey entrissen haben, erregte diese Szene den heftigsten Abscheu bey ihm. Er wandte die Augen von dem gräßlichen Schauspiel weg, und floh nach der Cajütte, um seinem Herzen Luft zu machen. Wir fanden ihn daselbst in Thränen, die von seiner inneren Rührung das unverfälschteste Zeugniß ablegten. Auf unser Befragen erfuhren wir, daß er über die unglückseligen Eltern des Schlachtopfers weine! Erziehung gegen Menschenfleisch beygebracht worden, fast Lust zu haben mit anzubeißen Er war so schmerzlich gerührt, daß einige Stunden vergiengen, ehe er sich wieder beruhigen konnte« (Forster, 1777/1983, S. 443 ff.).

Das Erlebnis bewies nicht nur die Existenz des Kannibalismus, es offenbarte auch den Mechanismus der moralischen Ängste. Während

die einen selbst geneigt scheinen, vom Menschenfleisch kosten zu
wollen, und die anderen nur schwer daran zu hindern sind, auf die
Barbarei des Kannibalismus mit Mord zu reagieren, rennt Maheine,
der Reisegast von den Gesellschaftsinseln, untröstlich in seine Kajüte.
Sein Verhalten hält der junge Forster für angemessen, obwohl seine
Vorfahren jüngst selbst noch dem Kannibalismus nahe standen. Nach
der Theorie der moralischen Ängste erklärt sich seine Reaktion aus der
Angst vor der eigenen Lust am Kannibalismus, die er zwar noch dicht
unter seinem Bewusstsein wahrnehmen, aber inzwischen bei sich
nicht mehr zulassen kann. Dass er den Anblick der Menschenfresserei
nicht mehr ertragen kann bedeutet, dass er die Erinnerung an die im
Unbewussten noch vertraute Lust nicht mehr aushält. Sein Verhalten
ist so, wie wir es von einem moralisch-gesitteten Menschen erwarten.
Seine Moral bewirkt, dass Erinnerungen an eigene, früher vorhandene
Lust zum Verspeisen von Menschenfleisch dadurch in der Verdrängung gehalten werden, dass wir ihr Aufkommen als Ekel oder seelische
Verletzung empfinden. Die Angst vor der Lust äußert sich als Ekel,
bevor sie durch moralische Tabus neutralisiert wird.

Der junge Reiseschriftsteller Georg Forster gewinnt aus dem Erlebnis wichtige Einsichten in den Doppelcharakter der Sitten der sich
selbst als gesittet bezeichnenden Europäer: »Wir selbst sind zwar nicht
mehr Cannibalen, gleichwohl finden wir es weder grausam noch unna-
türlich, zu Felde zu ziehen und uns bey Tausenden die Hälse zu brechen, bloß um den Ehrgeiz eines Fürsten oder die Grillen seiner Mät-
resse zu befriedigen.

Ist es aber nicht ein Vorurtheil, daß wir vor dem Fleisch eines
Erschlagenen Abscheu haben, da wir uns doch kein Gewissen daraus
machen, ihm das Leben zu nehmen?« (Forster, 1777/1983, S. 447 ff.).

Das Beispiel des Kannibalismus und die Reaktion der »kultivierten«
Europäer enthüllen einmal mehr den Bildemechanismus der moralischen Ängste. Eine einstmals als selbstverständlich empfundene Lust,
die ein Mensch freilich heute bei sich nicht mehr zulässt, wird im moralischen Empfinden abgewehrt und in Menschenfreundlichkeit verwandelt. Das moralische Empfinden kündigt sich als Unlustgefühl an –
als Ekel oder als Angst vor der Erinnerung, selbst zu so etwas fähig zu
sein oder fähig gewesen zu sein, wie das ekelerregende Verhalten. Jeder
Besucher einer Holocaustgedenkstätte kennt diese mehr oder weniger
starke Emotion. Die Abwehr erfolgt in einem Akt des Mitfühlens mit

den Opfern und Angehörigen, mit denen man scheinbar selbstlos trauert oder denen man einen Dienst leisten möchte. Freilich ist es auch eine bewährte Strategie der Abwehr eigener Feindseligkeit, indem man schlichtweg leugnet, sie habe Bestand. Manche unserer Zeitgenossen, die die Erinnerung an den Holocaust nicht ertragen, behaupten mit für andere unbegreiflicher Chuzpe, dass er gar nicht stattgefunden habe und alles nur erlogen sei. Auch dies ist eine Art der Umwandlung eigener Feindseligkeit in Menschenfreundlichkeit: Die Wahrnehmung, zur Gattung der Lebewesen zu gehören, die zu so etwas fähig ist, ist dem Holocaust-Leugner nicht aushaltbar.

Unsere Beispiele zeigen nur diejenigen Fälle auf, in denen der zugrunde liegende Mechanismus der Angst vor der eigenen Feindseligkeit oder der Angst vor der eigenen Lust offenkundig geworden ist. Das Argument, dass wir heute eine echte Ethik und Moral mit einem wirklichen Interesse allein am sittlich Guten hätten, überzeugt aus verschiedenen Gründen nicht. Zum einen hat bislang niemand das wirklich und absolut gültige sittlich Gute ausweisen können, zum anderen hat eine philosophische Beschäftigung mit dem zweifellos in jedem moralischen Urteil auch heute noch verbundenen Machtanspruch oder auch nur mit dem individuellen Interesse längst nicht begonnen. Schließlich kann im stärksten Argument – in der kantianischen Lehre der sittlichen Pflicht – der moralischen Neuzeit der Mechanismus der verdrängten Lust nachgewiesen werden. Außerdem gibt es inzwischen empirische Belege (vgl. Schultz, 2009; Grün, 2010) dafür, dass der reine Vernunft- und Pflichtanspruch aus biologischen Gründen unerfüllbar ist. Wenn Vernunftethiken biologischen und ökonomischen Theorien der Moral vorwerfen, sie seien schlecht begründet, dann gilt dies für die Vernunftethiken in noch größerem Maße.

Gesäuberter Sprachgebrauch

Wenngleich in der heutigen Zivilisation die Lust am Kannibalismus nur noch äußerst selten durchbricht, so dürfte der Mechanismus seiner Abwehr kaum verschieden sein von der Empfindung des jungen Neuseeländers von den Gesellschaftsinseln. Während sich die Angst vor dem Kannibalismus als Ekel zu erkennen gibt, so tritt in einer wesentlich abgeschwächteren Form heute massenweise eine andere morali-

sche Angst auf, die auf einer Art Rumpelstielzchen-Effekt beruht –
man darf den richtigen Namen für die Sache nicht aussprechen, weil
sonst ein Zauber gebrochen werden könnte.

In England meldeten vor ein paar Jahren die Zeitungen, eine
Grundschule der Church of England in der 150.000-Einwohner-Stadt
Huddersfield in North Yorkshire habe aus Rücksicht auf die Gefühle
muslimischer Kinder den Titel des populären englischen Märchens
»Three Little Pigs« in »Three Little Puppies« umgetauft. Man bekam
plötzlich Angst, dass die Rede von den drei kleinen Schweinen mus-
limische Kinder abstoßen könnte. In diesem Fall wird der blinde Akti-
onismus deutlich, zu dem uns moralische Ängste nötigen können, in
dem Wahn, Gefahren beseitigen zu müssen, während wir nichts anderes tun, als unsere Gewissensangst in Schach zu halten. Führende Mos-
lem-Vertreter hatten sich deutlich von diesem Vorgang als »bizarr« distanziert. »Die überwältigende Mehrheit der Moslems habe keinerlei
Probleme mit der traditionellen Erzählweise des Märchens. Der Koran
verbiete es, Schweinefleisch zu essen oder Schweine zu berühren. Es
gebe keinerlei Verbot, über Schweine zu sprechen oder zu singen. Die
Urheber des Schweineverbots in Huddersfield seien ›irregeleitet‹«,
lautete es in dem Bericht (netzeitung.de, 2007). Moralisch bewegte
Menschen glauben zwanghaft, aufgrund einer Wortmagie Gewissens-
pflege betreiben zu müssen, vollkommen unabhängig davon, ob dadurch auch Gefahren abgewendet werden oder nicht. Der Nutzen der
Abwehr spielt offenbar keine Rolle. Allein die Reinigung des Gewissens
wird zum Anlass der Handlung.

Die Realität hat für solche Arten sprachlicher Gleichschaltung gegen Diskriminierung einen gesäuberten Terminus geprägt: Political
Correctness. Der politisch gesäuberte Sprachgebrauch will gesellschaftliche Gerechtigkeit durch einen »gerechten« Gebrauch der Sprache erreichen. Minderheiten sollen nicht mehr diskriminiert, Mehrheiten
nicht bevorzugt oder ausschließlich benannt werden. Zu fragen, ob
dies legitim ist oder gar eine Praxis, die totalitäre Züge trägt, gehört
bereits in den Bereich der Gedankenkriminalität – zumindest nach
dem europäischen Allgemeinen Gleichbehandlungsgesetz. Denn dieses stellt bereits die diskriminierende Gesinnung unter Strafe.

Der Übersetzer und Schriftsteller Gisbert Haefs gab in einem Interview des in Deutschland erscheinenden Hochschulmagazins »Lehre und
Forschung« zu bedenken, dass durch die Forderung nach einem gerech-

ten Sprachgebrauch eine Gruppe versucht, ihre Interessen durchzusetzen, indem sie anderen einen bestimmten Sprachgebrauch aufzwingt. Erfolgreich vergessen hätten die Agenten der Political Correctness, dass der Begriff aus den offenkundig gegen ihre Bürger feindselig gestimmten totalitären Systemen des 20. Jahrhunderts stammt, als die allmächtige Partei festlegte, wie zu reden und zu handeln ist, und dass derjenige, der diesen Richtlinien gehorcht, sich politisch korrekt verhielt.

Zur Kontrolle der Sprache gehöre eine Massenproduktion von Euphemismen, deren Zweck es sei, die erkennbare Seite der Wirklichkeit zu verschleiern oder manchmal auch nur umzudefinieren. Angeblich hehre Ziele würden dabei immer behauptet (Haefs, 2009, S. 92 f.). Den Hauptunterschied zwischen diesem Unfug und George Orwells Albträumen sieht Haefs darin, dass wir es in »1984« mit einem repressiven totalitären System zu tun haben, während wir die gereinigte Sprache der Political Correctness auch ohne totalitäre Machthaber, deren Gesicht wir übergroß auf Plakaten an jeder Straßenecken sehen müssten, also ohne Zwang von außen, selbst über uns bringen. Ideologien werden nicht verordnet, Menschen erzeugen sie aus inneren Zwängen. Innere Zwänge stammen aus Angst vor dem Tabu. Aber selbst diese inneren Zwänge erleben Menschen noch als die Freiheit – wie Kant sagt –, einen Zustand von selbst anzufangen.

In der Übertreibung wird der Mangel unserer Moralsysteme sichtbar, die sich der Grenzen ihrer Zuständigkeit nicht bewusst sind, weil sie sich als das unbegrenzte Gute verstehen. Dass Ethik und Moral aber Gefahren darstellen, weil sie als Machtmittel auch missbraucht werden können, gehört nicht zum Lehrbestand unserer Standardethiken. Es gibt allerdings keinen Grund, Ethiken und Moralen als Allheilmittel anzupreisen. Zunächst fehlt uns nämlich ein kritisches Bewusstsein dafür, was sie bedeuten, wie sie entstehen und welchen Nutzen sie haben können. Es ist nicht wünschenswert, dass ethisch-moralische Tabus und Zwänge unbegrenzt an die Stelle unserer eigenen Gefühle treten.

Uneigentlichkeit des moralischen Urteils

Die deutsche Sprache hat ein Wort ausgebildet für die Verdrängung eigener Gefühle und Interessen und für die Assimilation unwirklicher Werte: das Wörtchen »man«. Manche Menschen lieben es so sehr, dass sie nur noch uneigentlich von sich selbst sprechen können. »Man gönnt sich ja sonst nichts«; »man muss ja nicht alles wissen«; »man kann doch nicht alles in Frage stellen«; »man verletzt nicht die religiösen Gefühle der anderen«; »man braucht Werte« – und tausend andere Kombination mit »man« treten dann auf.

Wer in persönlichen Fragen mit dem »man« antwortet, weckt die Erwartung, als sei nicht er selbst es, der da spricht. Seine Angst vor den Tabus der Political Correctness treibt die Anonymität seiner Sprache zur Perfektion. Er tut so, als habe er kein Ich und auch keine eigenen Interessen. »Man interessiert sich für dies und jenes« – am besten »für alles und jeden«. Vom Standpunkt der Allgemeinheit aus gibt er Auskunft, gerade so, als spräche der Volkswille durch seinen Mund, in dem keiner unberücksichtigt bleiben soll, außer dem Sprecher selbst. Mit seinem Nicht-da-Sein versucht er die Angst vor sich selbst in den Griff zu bekommen. In seinem Abstand von sich selbst fühlt er sich stark und bemerkt nicht, dass die anderen nichts mehr wünschen als eine persönliche Auskunft von ihm selbst. In den schlimmsten Fällen ist das »man« der Ausdruck eines Menschen, der sich davongeschlichen hat, wo eigentlich ein Urteil oder eine Entscheidung nötig gewesen wäre.

Nur wer Angst hat, schleicht sich davon. Wer sich aufs »man« beruft, zeigt seine Verantwortlichkeit, indem er sich ihr entzieht. Das »man« hat nämlich rechtfertigenden Charakter. Der beim Ladendiebstahl in einem Discounter ertappte Arbeitslose verteidigte sich mit dem Satz: »Man muss sich doch heute selber nehmen, was einem zusteht!« Er hat also nur seine Pflicht getan und sein Ich entlastet; denn das Ich ist ihm eine Last. Er gab sich verantwortungsbewusst, indem er sich der Verantwortung zu entziehen versuchte.

Warum führt dieses »man« ein so unsterbliches Dasein? Weil es den Menschen ihre moralische Angst in der Verdrängung hält. Die Funktion dieses »man« besteht darin, dass der Sprecher ein persönliches Interesse oder ein persönliches Desinteresse dadurch verschleiert, dass er es in der Sprache einer allgemeinen Pflicht oder eines allgemeinen Verbots zum Ausdruck bringt. Alle moralischen Urteile bedienen sich dieses Mechanismus – zumindest sind keine anderen bekannt. Ob ich sage: »Man lügt seinen Partner nicht an!« oder: »Man traut sich nicht mehr aus dem Haus!«, in beiden Fällen ist der Auslöser eine persönliche Neigung, von der ich annehme, dass alle anderen sie auch besitzen mögen, um sie als meine eigene Neigung gerechterweise wahrnehmen zu können. Aber die persönliche Neigung spreche ich nicht aus, nur ihre mutmaßliche allgemeine Gültigkeit.

Durch diesen Mechanismus gelingt es Menschen leichter, ihre eigenen Interessen als verschleierte durchzusetzen. Denn wenn ich meine Interessen als persönliche Interessen ausweise, werden andere nur selten ein Interesse haben, sie mir zu gewähren. Erst wenn es mir gelingt, ihnen einzureden oder klarzumachen, dass meine Interessen auch die ihrigen sind, kann ich auf Gewährung hoffen.

Manchmal sind die eigenen Interessen auch wirklich die Interessen der Allgemeinheit. Dann entstehen verbindliche Gebote wie »man tötet nicht«; »man lügt nicht«; »man genießt mäßig«; »man stiehlt nicht«. In diesen Urteilen spüre ich mein eigenes ursprüngliches Interesse nicht mehr. Es kommt mir so vor, als habe das Gebot einen unabhängig von mir existierenden Ursprung. Verstärkt wird das Gefühl der Absolutheit in diesen moralischen Werten, weil alle Menschen ähnliche Erfahrungen und Erwartungen haben. Dadurch werden moralische Urteile allgemein gültig.

In erkenntnistheoretischen Fragen sind wir leichter bereit, die mit allen anderen geteilte Erfahrung und Erwartung als die wichtigste Grundlage unseres Wissens anzuerkennen. Wenn ich beispielsweise sage: »Ich weiß, dass die Welt schon lange vor meiner Geburt existiert hat«, dann ist dies weder ein wirkliches Wissen noch der Reflex einer Teilhabe an absoluten Wahrheiten. Es wäre bloß befremdlich, wenn ich gesagt hätte, ich sei mir nicht sicher, ob die Welt vor meiner Geburt schon existiert habe. Denn es gehört nicht zu dem, was Menschen gelernt haben zu erwarten, nämlich dass sie der erste Mensch seien.

Im moralischen Denken betrachten wir jedoch unser erworbenes Wissen von sittlichen Normen als ein absolut gültiges Wissen. Wir wollen nicht anerkennen, dass es aus einer über lange Zeiträume erworbenen präzisen Wahrnehmung dessen stammen kann, was wir für die Gruppe immer schon als nützlich erwarten durften. Immanuel Kant nannte den statt der Nützlichkeit angenommenen Ursprung »Kausalität aus Freiheit«. Er dachte sich, dass das moralische Urteil stets neigungsfrei und ohne Erwägungen des Nutzens aus reiner Pflicht zustande kommen sollte und auch könnte. In dieser Pflicht sei der Wille der Allgemeinheit als abstrakte Forderung – dem kategorischen Imperativ – enthalten. Hier wurzelt die Angst aller Kantianer vor dem Utilitarismus.

Allerdings unterlief Kant ein wesentlicher Denkfehler. Weil er nicht wahrnehmen konnte, wie sich der moralische Wille aus dem Anspruch bildet, persönliche Interessen als eine allgemeine Pflicht auszuweisen, glaubte er, dass im Erlebnis der Pflicht auch keine persönlichen Interessen enthalten seien. Einer allgemeinen Pflicht zu folgen, war für ihn der letzte und einzige Bestimmungsgrund der sittlichen Gebote. Aber nur weil ich keinen anderen Bestimmungsgrund erlebe, heißt dies nicht, dass auch keiner da wäre. Bloß weil ich die elektrischen Potentiale aus der Retina meiner Augen und den Neuronenbahnen der Sehrinde nicht wahrnehme, heißt dies auch nicht, dass das Sehen ohne diese Ströme vonstatten gehen könnte. »Just as the retina transfers information from electromagnetic waves to action potentials, dopamine neurons transfer information from polysensory stimuli to action potentials signaling rewards«, fasst Wolfram Schultz in einer maßgeblichen Studie die Leistung des Dopaminsystems zusammen (Schultz, 2009, S. 328).

Heute wissen wir sogar, dass jedem bewussten Erlebnis der Pflicht eine unbewusste Emotion vorausgeht (vgl. den Beitrag von Lapsley u. Stey in diesem Buch). Der kategorische Imperativ ist schon deswegen ein bloß hypothetischer, weil auch er an die Bedingungen des Belohnungssystems unseres Gehirns gebunden ist. Kein moralisches Urteil und keine moralische Handlung erfolgen, ohne die Erwartung eines Glücks für den Handelnden – und sei es nur das Glückserlebnis, eine »selbstlose« Tat vollbracht zu haben. Auch der gegenüber seinen empirischen Lebensbedürfnissen noch so bescheidene Suizidattentäter eines religiösen Fundamentalismus vollbringt seine Tat nur in der Erwartung eines höheren Glücks im Jenseits. Vom Größenwahn seines Vorhabens spürt er nichts, nur die Bescheidenheit der (höheren) Pflichterfüllung kommt in seinem Bewusstsein an.

Kant konnte über die Funktion unseres biologischen Belohnungssystems freilich nichts wissen. Doch heute, wo wir darüber etwas wissen, können wir Kants Begründungen nicht mehr unwidersprochen hinnehmen. Mit der Hinfälligkeit der Unterscheidung zwischen kategorischem und hypothetischem Imperativ fällt nämlich auch die Unterscheidung zwischen Vernunftethik und Utilitarismus weg. Selbst die vermeintlich nichtutilitaristische Handlung muss die Erwartung eines Nutzens für den Handelnden erfüllen können.

Wenngleich auch die seit Jahrhunderten immer wieder bemühten Argumente des am Wert eines mutmaßlich absolut gültigen Guten mit geradezu heroischem Eifer vertreten oder eingeklagt worden sind, so müssen wir heute mit aller Bescheidenheit zugeben, dass die Annahme des Guten an sich weder eine notwendige noch eine hinreichende Bedingung für das Auftreten ethisch-moralischen Wertens und Handelns darstellt. Notwendig für Handeln im Allgemeinen und für sittliches Handeln im Besonderen ist die klare Einschätzung der Erwartung in der geglückten Handlung. Dass die Angst vor einem Tabubruch diese Erwartungen beeinflusst, steht außer Zweifel.

Was wir inzwischen wissen und recht gut verstehen, ist die Rolle des Belohnungssystems in den Basalganglien des limbischen Systems. Untersuchungen mit der funktionellen Magnetresonanztomografie haben gezeigt, dass negative Emotionen der Ablehnung unfairer Angebote im Ultimatumspiel zugrunde liegen (Houser u. McCabe, 2009, S. 60). Wenngleich, wie auch Henrichs Forschungen belegen (vgl. das Interview mit J. Henrich in diesem Buch), die Empfindlichkeit für unfaire Angebote des Ultimatumspiels kulturell verschieden ist, so ist die Ursache für eine Marginalisierung unfairer Gruppenmitglieder stets die starke Emotion, benachteiligt worden zu sein, sich dafür rächen zu wollen und Macht über den unfairen Menschen zu gewinnen, damit er ausgegrenzt werden kann. Der Nutzen für die Allgemeinheit liegt dabei auf der Hand und rechtfertigt die Bereitschaft, individuelle Kosten für die Ausgrenzung auf sich zu nehmen.

Fazit

Dieser Beitrag hat sich mit den nicht wünschenswerten Auswüchsen des moralischen Bewusstseins der Standardethiken befasst. Das Eigentümliche dabei ist die Offenkundigkeit der in Beispielen beschriebenen Sachverhalte. Sie steht im krassen Gegensatz zur Selbstdarstellung der Standardethiken, die nichts von ihren Nebenwirkungen wissen wollen und die Erinnerung an diese auf breiter Front abwehren. Wir schließen von dieser Abwehr auf die existierende Angst vor der Einsicht in die Ursachen unseres moralischen Wertens. Die Abwehr der Erinnerung an nicht wünschenswerte Voraussetzungen des ethisch-moralischen Wertens ist ein wesentlicher Bestandteil von Ethik und Moral. Ihre Leistung beruht im Wesentlichen auf der Verdrängung des Anderen der Moral im moralischen Werten.

Wir betrachten daher ethisch-moralische Gefühle als Motivationshilfen zur Durchsetzung allgemeiner Interessen und der Interessen derer, die nicht über andere (natürliche) Machtmittel verfügen. Der standardmäßige Einwand gegen diese Position beruft sich darauf, dass »echte« ethisch-moralische Prinzipien weder mit Interessen noch mit Macht, Leidenschaften oder Emotionen zu tun hätten, sondern aus der vernunftgemäßen Einsicht in das sittlich Gute geschähen. Während ich empirische Belege für meine Thesen herangezogen habe, stützen sich die abwehrenden Positionen der Standardethiken ausnahmslos auf Versicherungen, es sei anders, und auf den Zusammenhalt einer Gemeinde von Ethiklehrern, die sich niemals kritisch mit ihrem eigenen Geschäft auseinandergesetzt haben und jede von außen angeführte Kritik kategorisch zurückweisen.

Literatur

Eagleton, T. (2001). Was ist Kultur? Eine Einführung. München: C. H. Beck.

Forster, G. (1777/1983). Reise um die Welt. Hrsg. und Vorwort von G. Steiner. Frankfurt a. M.: Insel.

Frankfurt, H. (2006). Bullshit. Frankfurt a. M.: Suhrkamp.

Frazer, J. G. (1922/2000). Der goldene Zweig. Das Geheimnis von Glauben und Sitten der Völker. Übers. von H. von Bauer. Reinbek: Rowohlt.

Freud, S. (1913/2000). Totem und Tabu. Studienausgabe, Band 9. Frankfurt a. M.: S. Fischer.

Fromm, E. (1941/1990). Die Furcht vor der Freiheit. Aus dem Englischen von L. u. E. Mickel. München: dtv.

Grün, K.-J. (2009). Angst – Vom Nutzen eines gefürchteten Gefühls. Berlin: Aufbau.

Grün, K.-J. (2010). Die Ökonomie der ethischen Entscheidung und die untergeordnete Rolle der Vernunft bei ihrem Zustandekommen. In G. Roth, K.-J. Grün, M. Friedman, (Hrsg.), Kopf oder Bauch? Zur Biologie der Entscheidung (S. 28–60). Göttingen: Vandenhoeck & Ruprecht.

Haefs, G. (2009). Auch gut gemeinte Zensur ist Zensur. Forschung und Lehre 2/09.

Haidt, J. (2008). Jonathan Haidt on the moral roots of liberals and conservatives. http://www.ted.com/talks/jonathan_haidt_on_the_moral_mind.html (Zugriff im Oktober 2010).

Houser, D., McCabe, K. (2009). Experimental neuroeconomics and non-cooperative games. In P. W. Glimcher, C. F. Camberer, E. Fehr, et al. (Eds.), Neuroeconomics. Decision making and the brain (pp. 47–62). Amsterdam, Boston et al.: Elsevier.

Janik, A.; Toulmin, S. (1985). Wittgensteins Wien. München: Hanser.

Lakoff, G., Johnson, M. (1999). Philosophy in the flesh. The embodied mind and it's challenge to western thought. New York: Basic Books.

Lichtenberg, G. Ch. (1825/1984). Sudelbücher. Frankfurt a. M.: Insel.

netzeitung 29.9.2001, http://www.netzeitung.de/spezial/kampfgegenterror/162105.html (Zugriff am 1.12.2010).

netzeitung.de vom 19.03.2007: Wahnwitzige Auswüchse der Political Correctness. http://www.netzeitung.de/nachrichten_archiv/588353_585_Wahnwitzige_Auswuechse_der_Political_Correctness.html (Zugriff im März 2010).

Radio Vatikan, http://www.radiovaticana.org/tedesco/tedarchi/2009/NuntiiLatini/nuntii_latini_ted2009.htm (Zugriff 24.3.2009).

Schultz, W. (2009). Decision making and midbrain dopamine neurons: A retina of the reward system? In P. W. Glimcher, C. F. Camerer, E. Fehr, R. A. Poldrack (Eds.), Neuroeconomics. Decision making and the brain (pp. 323–329). Amsterdam, Boston et al.: Elsevier.

Spiegel-Online (2008). Protest von Rabbinern. http://www.spiegel.de/politik/deutschland/0,1518,542556,00.html (Zugriff am 20.3.2008).

Jean-Claude Wolf

Spinoza und seine Vorstellung des freien Menschen

Die nachfolgenden Überlegungen erheben nicht den Anspruch einer wissenschaftlichen Exegese von Spinoza-Texten; es geht nicht um den Buchstaben, sondern um den Geist seiner Philosophie. Es handelt sich um die allgemeinen Lineamente einer Theorie des freien Menschen im Rahmen einer neuzeitlichen Anthropologie, welche den Menschen als vernünftiges und affektives Wesen und als Teil der Natur ernst nimmt. In diesem Rahmen werden verschiedene Haltungen zur Angst dargestellt.

A) Der freie Mensch und die Angst

1. *»Freiheit« bedeutet »aus Einsicht leben«, das heißt in Übereinstimmung mit seinem Wesen, im Sinne der Selbsterhaltung und in Freude. Diese ist in sich gut und umfasst alles, was dem Weiterleben und Wohl dient.*

Spinoza vertritt einen positiven Begriff von Freiheit, der weniger die Freiheit von ... oder die Freiheit zu ..., sondern vielmehr die Freiheit aus der Macht der Vernunft bezeichnet. Damit ist allerdings nicht gemeint, der Menschen könne oder solle als rein intellektuelles Wesen leben und handeln. Vernünftig und frei ist nur jemand, der in Übereinstimmung mit seinem Wesen oder seinem »Wesensgesetz« lebt. Dieses Wesen ist ein Programm des Strebens nach Überleben (*conatus*), das uns mit allen Organismen gemeinsam ist. So betrachtet ist Selbstschädigung oder Selbstvernichtung unfrei, weil unvernünftig. Es ist vergeblich, ja kontraproduktiv, gegen das eigene Wesen zu kämpfen. Auch das Faktum des Suizids spricht nicht dagegen; vielmehr ist der Suizid in manchen Fällen nicht beabsichtigt, um den Willen zum Leben zu verneinen, sondern um unerträglichen Bedingungen des eigenen Lebens zu entrinnen. Das gelingende Streben nach Selbsterhaltung ist gewöhnlich mit der Erfahrung von Freude verknüpft, und das Streben nach Freude und noch viel mehr das Streben nach Vermeiden von Unlust stehen gewöhnlich im Dienst des Überlebens des Organismus. Ein Organismus, der keine Schmerzen empfinden kann oder keine Präferenz hätte, Schmerzen zu vermeiden, wäre akut gefährdet.

2. *Der freie Mensch ist ohne Neid, ohne Konkurrenzstreben und Konkurrenzängste. Er lebt in der intellektuellen Liebe zu Gott, und Gott ist ein unteilbares Gut, das nie knapp wird.*

Der freie Mensch orientiert sich an jenen Gütern, die ihrer Natur nach nie knapp werden können. Er sucht zum Beispiel nach Bildung und Einsicht, er will wichtige und interessante Zusammenhänge des Universums oder des menschlichen Zusammenlebens angemessen verstehen. In diesem Streben kann er andere nicht konkurrenzieren – im Unterschied zum Streben nach Reichtum oder Prestige. Vielmehr liegt es in der Natur des Strebens nach angemessener Einsicht, dass sich darin Menschen gegenseitig ergänzen; es gibt eine harmonische Kooperation im Streben nach Einsicht, solange sich nicht Rivalitäten um Ehre und Geld damit vermischen. Der Inbegriff des Strebens nach Wissen ist das Streben nach einem Wissen des Ganzen, und dieses produzierende und kreative Ganze (*natura naturans*), das mehr ist als seine Teile (*natura naturata*), ist nach der pantheistischen Vorstellung gleichbedeutend mit Gott. Die Unterscheidung in eine schöpferische und eine erschaffene Welt erlaubt es, auch im Rahmen des Pantheismus die Unterscheidung zwischen Gott und Welt aufrechtzuerhalten. Der Pantheismus lässt nicht Gott in der Welt verschwinden (Atheismus), und er lässt ebenso wenig die Welt in Gott verschwinden (Akosmismus). Ein angemessen formulierter und konzeptualisierter Pantheismus ist eine Garantie der Erkennbarkeit einer durch Ordnung und Regularitäten charakterisierten Welt. Weil Gott in der Welt ist, offenbart sich die Welt der intuitiven Erkenntnis als vernünftig organisierte Welt.

Diese grundsätzliche Erschließbarkeit der Welt hat eine affektive Kehrseite: Das erkennende Individuum braucht sich in dieser Welt nicht fundamental zu ängstigen. Der aktive Geist fühlt sich in dieser Welt »zu Hause« und »geborgen«; er ist nicht, wie es die Gnosis lehrt, in eine dunkle, sinnwidrige und opake Welt geworfen. Wissen ist so betrachtet eine Form der Teilhabe an der Wahrheit, ein Stehen »in der Wahrheit«; und in diesem Verhältnis sind Knappheit und Konflikt unmöglich. Das Streben nach der Erkenntnis des Ganzen evoziert vielmehr das Bild einer idealen Forschungsgemeinschaft oder einer freien Gelehrtenrepublik. In der Gemeinschaft der Erkennenden ist der Mensch dem Menschen kein Wolf, sondern ein Gott, ein anregender, ergänzender oder korrigierender Teilhaber am unerschöpflichen Gut der Wahrheit. Neben Wissen und Bildung strebt der freie Mensch auch nach Gemeinschaft und Austausch mit Ebenbürtigen, nach Freundschaft *inter pares*, die – im Unterschied zur erotischen Liebe der Leidenschaften und Abhängigkeiten – nur auf den ruhigen Affekten der Zuneigung und Fürsorge basiert. Der Preis für den Verzicht auf die Wirrungen der erotischen Liebe ist eine gewisse Melancholie. An die Stelle der Turbulenzen und Verlustängste der leidenschaftlichen Liebe tritt das geringere Übel einer Anlage zur Melancholie (vgl. Zaoui, 2008, S. 325–356).

3. *Der freie Mensch denkt ans Leben, nicht an den Tod – er hat keine Zukunftsängste.*

Im Kontrast zu einer Tradition, welche die Philosophie mit der Sterbekunst (*ars moriendi*) verknüpft, macht Spinoza aus der Philosophie eine Lebenskunst (*ars vivendi*). Er vertritt in der Sprache Arthur Schopenhauers die Bejahung des Willens zum Leben. Diese Lebensbejahung ist im Wesen des Menschen angelegt, ja sie ist sogar eine Form von Determination – allerdings nicht eine Determination im Bereich der sinnlichen Erscheinungen, keine empirische Relation von Ursache und Wirkung, sondern eine Determination im Bereich der begrifflichen Verhältnisse. Dieser essentialistische Determinismus besteht im Sachverhalt, dass es vernünftig ist, nicht gegen den Stachel des eigenen Wesens zu löcken, sich zum Beispiel nicht wie ein Fisch verhalten zu wollen, der auf dem Land leben möchte. Die sogenannte Willensfreiheit, die darin bestehen würde, wie ein Fisch auf dem Land zu leben, ist nichts wert. Deshalb leugnet Spinoza kurzerhand die Existenz einer solchen Willensfreiheit. Wenn wir sie hätten, wäre sie nichts als die Voraussetzung, uns zu ruinieren. Es wäre jedenfalls keine Fähigkeit, auf die wir stolz sein könnten. Vielleicht haben (einige, alle?) Men-

schen eine solche morbide Neigung, den Willen zum Leben zu verneinen, doch sollten sie sich dieser Fähigkeit nicht brüsten und nicht glauben, sie mache die Würde des Menschen aus. Die Größe des Menschen
liegt nicht in seinem asketischen Potential, sondern vielmehr darin, aus
der Einsicht ins eigene Wesen und in den Zusammenhang der Dinge
seinem Wesen gemäß zu leben – so wie der Fisch, der jedoch ohne
Einsicht nach seinem Wesen lebt. Es gilt, die Unfreiheit von Wesen zu
vermeiden, die »aus der Art schlagen«.

Allerdings stellen sich dem Menschen noch andere Aufgaben, die
darin bestehen, den komplexen Haushalt der Affekte und das Zusammenleben mit freien und unfreien Menschen klug zu organisieren. Die
politische Antwort auf die Angst ist der Rechtsstaat, die komplementäre und private Antwort ist kritische Aufklärung, die in der »Freiheit
zu philosophieren« auch eine öffentliche Antwort wird. Die Aufklärung beruhigt die Todesangst. Denn diese ist aus zwei Gründen unvernünftig: Zum einen ist der Zeitpunkt des Todes unbekannt; vor dem
Unbekannten erschrecken uns aber nur die unkontrollierten Bilder der
Imagination. Zum anderen gibt es mit dem Tod nichts Substantielles zu
verlieren, denn das Individuum ist keine Substanz. In dieser Lehre des
Pantheismus liegen zugleich eine narzisstische Kränkung und ein
Mittel des Trostes. Das Wesentliche am Menschen ist die Teilhabe am
Ganzen, an der einen Substanz; als Spur in der göttlichen Substanz ist
auch das menschliche Wesen unzerstörbar, weil zeitlos.

In diesem Punkt ist Spinozas Lehre oft missverstanden worden,
als ob hier von einer Unzerstörbarkeit im Sinne von Stabilität oder
Dauerhaftigkeit die Rede wäre. Spinoza ist – insbesondere im deutschen Pantheismusstreit und den kritischen Stellungnahmen von
Jacobi bis Hegel – immer wieder ein statisches Denken unterstellt
worden. Doch die Substanz ist durch und durch dynamisch – sie bildet
nicht einen statischen, unendlich dauerhaften Block! Das Missverständnis beruht sowohl auf einer Verwechslung von Ewigkeit (Atemporalität) mit unendlicher Dauer oder Beständigkeit als
auch auf der Verkennung der *natura naturans*, die mehr mit unerschöpflicher Energie als mit Stofflichkeit oder träger Materie gemeinsam hat.

Der Tod ist, philosophisch, betrachtet kein Verlust. Mit dem Tod
gehen höchstens die Illusionen, ein substantielles Wesen zu sein, verloren. Deshalb kann der Tod auch als *restitutio in integrum*, als Un

tergang des »kleinen Ich« und als Wiederherstellung oder Wiedergeburt im »großen Ich« gedeutet werden. Der Tod muss also nicht so sehr als bedauerliche Unterbrechung oder trauriger Verlust verbucht werden. Von dieser Vorstellung des Todes als Heimkehr ins Eigentliche geht vielleicht ein schwacher Trost aus (vgl. Corti, 2002). Die Todesangst tritt in den Hintergrund, oder sie kann jedenfalls als unvernünftiges Gefühl abgewertet werden, ebenso unverhältnismäßig wie die panikartige Angst vor einer zahnärztlichen Behandlung. Was in mir abstirbt, ist es nicht wert, endlos konserviert und reanimiert zu werden, und was in mir erhalten bleibt, ist der gemeinsame Schnittpunkt mit dem ewigen Wesen. Spinozas Pantheismus enthält ein Palliativ gegen Todesangst – nicht gegen die Angst, keinen gemütlichen oder privilegierten Platz für das kleine Ich im Jenseits zu ergattern, den sogenannten »Heilsegoismus«, sondern gegen die genuin religiöse Angst, sich mit und nach dem Tod noch weiter von Gott zu entfernen, in vollständige Entfremdung und Vergessenheit zu fallen.

4. Der freie Mensch bereut nichts – er hat keine Vergangenheitsängste.

Im Gegensatz zu manchen Ausprägungen der christlichen Moraltheologen hat Spinoza die Reue nicht als Tugend oder Vorstufe zur Versöhnung vorgesehen. Sie gehört nicht zu den reinigenden und befreienden Affekten, sondern zu den melancholischen oder nostalgischen. Die Besinnung auf Vergangenes als Vergangenes macht der Reue einen Strich durch die Rechnung. Was geschehen ist, ist geschehen. Die Vergangenheit als solche ist irreversibel. Was ich damals tat und welchen Charakter ich damals hatte, kann ich nicht rückwirkend ändern. Mit der Vergangenheit zu hadern, bringt nur Traurigkeit und lähmt die Kräfte. »Nicht bereuen, sondern besser machen«, scheint die Haltung des freien Menschen zu sein. Max Scheler hat diese Maxime als spießbürgerlich charakterisiert. In Spinozas nüchterner Ablehnung oder Abwertung der Reue steckt ein Element von einseitigem, fast biederem common sense. Es sieht so aus, als dürfe Trauer über Unveränderliches gar nicht aufkommen, als müsse sich der freie Mensch solcher Emotionen schämen. Diesem Verdikt ließe sich entgegenhalten, dass echte Reue gegenüber einem Opfer diesem oder seinen Angehörigen oder Vertretern die Nachsicht oder das Verzeihen erleichtern kann. Tätige Reue kann Opfer beschwichtigen, das Verzeihen erleichtern und Versöhnung einleiten. Ob man Reue sogar als eine Form der seelischen Wiedergeburt feiern darf, wie das Scheler in seinem fulminanten Aufsatz getan hat, bleibt aus der Sicht von Spinoza zu bezweifeln (vgl. Scheler, 1917; Esser, 1963). Im Abschnitt 8 werden wir jedoch sehen, dass sich dem Affekt der Reue im Geiste Spinozas durchaus ein Sinn abgewinnen lässt.

5. *Der freie Mensch – existiert er oder ist er eine bloße Fiktion?*

An dieser Stelle ist es angemessen, die bisherigen Überlegungen zu überdenken. Was wurde denn bisher geschildert? Der Mensch, wie er ist, oder der Mensch, wie er sein sollte? Hat diese Dichotomie von Sein und Sollen innerhalb einer monistischen Metaphysik überhaupt noch Sinn? Die Annahme einer »zweiten Welt des Sollens« wäre ein Skandal für den Monisten! Oder wird durch den essentialistischen Determinismus, dem gemäß wir gar nicht anders als aus unserem Wesen heraus »artgerecht« leben können, ein Sollen unwirksam? Ist der freie Mensch, verstanden als der paradigmatische Mensch, lediglich eine Fiktion? Oder ist er die bildhafte Umschreibung für ein regulatorisches Ideal, dem wir uns wenigstens annähern können?

Nehmen wir einmal an, es handle sich um ein praktisches Ideal, eine maximale Zielvorgabe. Was bleibt uns denn für ein Spielraum? Nach Spinoza bleibt uns ein kognitiver Spielraum, nämlich die Chance und Aufgabe, die Erkenntnis der Welt zu verbessern, indem wir möglichst viele inadäquate Ideen durch adäquate ersetzen. Insofern können wir uns – durch einen Vorgang der Einsicht in die Abläufe der Affekte, ein besseres Verständnis der Stellung des Menschen in der Gesellschaft und im Kosmos – teilweise befreien, unter anderem von quälenden Ängsten. Ein Beispiel mag diesen Vorgang veranschaulichen: Ein Teil sozialer Ängste beruht auf der unwillkürlichen Nachahmung der Ängste anderer, der Gefühlsansteckung, wie sie zum Beispiel in den Vorgängen des sozialen Alarms von Krähen, die eine jagende Katze entdeckt haben, zum Ausdruck kommt. Auch die Panik im Schwarm und in der Masse bestätigt den einfachen Satz, dass Angst wiederum Angst erzeugt. Wer diese Mechanismen kennt, hat gewisse Möglichkeiten, die Gefühlsansteckung zu vermeiden, zu verhüten oder ihr sogar entgegenzuwirken. Eine »Politik der Freiheit« wirkt einer »Politik der Angst« entgegen.

6. *Der freie Philosoph und die Masse – eine elitäre und eine nichtelitäre Deutung. Die nichtelitäre Anthropologie des »Mischwesens« besagt, dass jedes Individuum zwischen beiden Polen oszilliert.*

Wenn Spinoza und andere Exponenten der Frühaufklärung vom freien Menschen sprechen, scheinen sie sich primär an eine Minderheit von Gebildeten zu richten, welche des Lesens und Schreibens kundig sind. Die Mehrheit der Analphabeten fällt durch; sie kann die Prüfung für die Erlangung eines Titels zur Freiheit nicht einmal antreten, geschweige denn bestehen. Erst die Perspektive einer universalen Volksbildung und allgemeinen Schulpflicht bildet eine realistische Grundlage, um die elitäre Vision des freien Menschen durch demokratische Praktiken zu verdrängen. *Post festum* kann allerdings auch Spinoza – immerhin einer der ersten Befürworter der Demokratie in der Neuzeit! – nichtelitär verstanden werden, sofern sich nämlich seiner Theorie nach die Anteile von Wissen und Unwissen bei jedem Menschen finden und verändern können. Dass jeder Mensch ein Mischwesen ist, in dem sich adäquate und inadäquate Ideen tummeln, bestätigt die Vorstellung, dass es zwischen den Menschen nur graduelle Unterschiede gibt. Niemand ist nur wissend, niemand nur unwissend. Jedes Individuum kann den Anteil adäquater Ideen steigern, und kein Individuum ist immun gegen die Regression. So kann selbst der Weise in einer Panik zum Kind werden, bloße Ermüdung kann das Genie daran hindern, auf der Höhe seiner besten Ideen und Argumente zu denken. Insofern ist Spinoza aus systematischen Gründen nicht dazu gezwungen, zwei Arten von Menschen oder einen Abgrund zwischen den Klassen anzunehmen. So wie die Pole von Wissen und Nichtwissen in jedem Einzelnen oszillieren, so sind die Grenzen zwischen den Klassen der Gebildeten und Ungebildeten prinzipiell durchlässig.

7. *Angst ist eine Form von Traurigkeit; sie hemmt die Aktivität ist und deshalb intrinsisch schlecht.*

Spinozas Psychologie ist nicht mit der modernen empirischen Psychologie zu vergleichen; sie ist eine Variante der rationalen Psychologie, die auf begrifflichen Klassifikationen und schematischen Assoziationsgesetzen beruht. Mit der scharfen klassifikatorischen Trennung von Affekten der Freude, welche beleben und aufrichten, und Affekten der

Trauer, die blockieren und die Stimmungen bis zur völligen Passivität vergiften, gibt es zunächst kaum Zwischentöne. Die Zuordnung der Angst zu den Affekten der Traurigkeit suggeriert eine negative Bewertung der Traurigkeit als einer unguten, das Leben verneinenden Befindlichkeit. Diese systematische Abwertung gilt jedenfalls für den intrinsischen Inhalt der Angst. Angst um der Angst willen ist nicht erstrebenswert! Es wäre schlicht unvernünftig und unverständlich, Angst um der Angst willen zu suchen oder zu bejahen. Diese Auffassung scheint auf den ersten Blick im Widerspruch zu stehen zum Phänomen der »Angstlust«, dem bewussten Aufsuchen von Gefahr oder Bedrohung. Die Faszination für Angst und Horror ist allerdings häufig nur so lange eine Lust, als sie aus der sicheren Distanz des Betrachters genossen werden kann. Die alte Geschichte des Schiffbruchs mit Zuschauer (vgl. Blumenberg, 1979) verdeutlicht die Bedingungen für das Erleben von »Angstlust«. Wer tatsächlich um das eigene Leben oder um das Leben geliebter Menschen bangt, will diesen Affekt nicht verlängern oder intensivieren. Freude/Lust – nicht Angst – »will tiefe, tiefe Ewigkeit«. Wird Angsterregung allerdings zu einem Mittel, um die Lust von Spannung und Unterhaltung zu erleben, dann geht es nicht mehr um Angst als Selbstzweck, sondern um Angst als Mittel und Medium, vielleicht auch als Kontrasterfahrung, die ein anschließendes Gefühl der Erleichterung durch die Rettung oder den Illusionsabbruch verstärkt.

8. *Angst kann extrinsisch (unter ganz bestimmten Umständen)*
   gut sein.

Angst als intrinsische Qualität ist unerwünscht und nicht wünschenswert, etwas, was wir ganz vermeiden oder verringern möchten (wie Kopfschmerzen oder depressive Verstimmungen). Angst kann jedoch extrinsisch gut sein. Wir haben bereits das Beispiel der »Angstlust« erwähnt. Eine an sich negative und unerwünschte Gefühlslage kann sekundär positiv und begrüßenswert sein. Furcht vor der ungünstigen Meinung der anderen oder vor Strafandrohung kann zum Beispiel nützlich, weil präventiv sein; sie hindert Menschen ohne die nötige Einsicht und Tugend daran, schreckliche Taten zu begehen. Eine Politik der Angst hält die Masse der Unfreien in Schach und zwingt sie zu einem legalen Verhalten. Barbaren, die sonst durch nichts zu hemmen wären, werden durch Angst gezähmt. Was in sich unvernünftig ist, kann also durch die Umstände und extrinsischen Wirkungen nützlich sein. Affekte, die intrinsisch schlecht sind, lassen sich als geringere Übel und durch ihre präventive Wirkung teilweise rehabilitieren. Was Spinoza zum Mitleid sagt, lässt sich ganz in seinem Geiste auch auf andere Affekte wie Angst oder sogar auf die Reue übertragen. Wer nicht aus Einsicht (aus Vernunft) leben kann, sollte wenigstens durch Angst, Reue und Mitleid von bösen Handlungen abgehalten werden. Ein mitleidiger und legalistischer Barbar ist ein geringeres Übel als ein Barbar ohne sentimentale Attacken von Mitgefühl und ohne Respekt vor der Autorität des Staates. Staatliche Androhung von Sanktionen dient als Bollwerk gegen die Barbarei und die »unvernünftigen Lüste« wie zum Beispiel das brutale Dominieren oder das hemmungslose Triumphieren über Feinde oder Unschuldige. Selbst die von Spinoza so scharf verurteilte Reue kann – rein funktional betrachtet – als nützlich bewertet werden, falls sie in einigen Fällen präventiv wirkt und Wiederholungs- und Nachahmungstäter abschreckt.

Im Unterschied zu Hobbes beschränkt sich Spinoza nicht auf eine Politik der Furcht. Das höchste Ziel des Staates ist die Kombination von Friede und Freiheit. Der freie Mensch ist das Endziel; der auf Erwartung von Lohn und Furcht vor Strafe fixierte Mensch ist eine realistische Zwischenstation auf dem Weg zur Freiheit aus Einsicht.

B) Die tugendethische Antwort: Mut und Tapferkeit

Die Tugenden sind relative und flexible Charakterstärken. Es gibt unter den Menschen große Unterschiede bezüglich Mut und Feigheit, und sie manifestieren sich in Bezug auf unterschiedliche imaginäre und reale Situationen.

Mut und Tapferkeit sind Charakterstärken (Kompetenzen und Dispositionen) im Umgang mit Gefahren, Schmerzen und Ängsten, das heißt mit äußeren und inneren Faktoren, die das Handeln hemmen oder verwirren können. Mutig ist, wer trotz Angst das Angemessene tut und sich von seinen Ängsten nicht besiegen lässt (vgl. Berns, Blésin u. Jeanmart, 2010; Scarre, 2010).

Die Tapferkeit im Ertragen von Schmerzen und Ängsten und der Mut im Umgang mit Gefahren unterscheiden sich von der Tollkühnheit, mit der sich Menschen unnötig in Gefahr bringen oder für banale Ziele große Gefährdungen oder den Tod in Kauf nehmen, weil sie die Gefahren nicht erkennen oder nicht richtig einschätzen oder ihre anderen Ziele zu sehr gewichten. Eine alternative Konzeption lautet: Tapfer ist, wer rasch und furchtlos das Nötige tut. Furchtlosigkeit ist allerdings kein realistisches Ideal; sie ist im Extremfall auch nicht mehr von kopfloser Verwegenheit zu unterscheiden. Die Gleichsetzung des tapferen mit dem furchtlosen Menschen ist demnach irreführend.

Feigheit manifestiert sich unter anderem in einer übertriebenen Angst vor der Meinung anderer, und sie kulminiert in Unterwürfigkeit vor der »öffentlichen Meinung«. Sie zeigt sich im verbreiteten Konformismus und Mimetismus (blinde Nachahmung). Auch hier gilt: Was an sich betrachtet als Schwäche oder Laster gilt, kann unter Umständen durchaus nutzbringend sein, etwa was die mehrheitliche Befolgung der Gesetze betrifft.

»Feigheit« verschafft biologisch betrachtet häufig einen Selektionsvorteil. Sie gehört zu den Formen des Opportunismus, der Täuschung und der Tarnung (Mimikry), welche die Chancen des eigenen Überlebens erhöhen. »Haudegen« und »Krieger mit offenem Visier« gehen in der Natur schneller unter als »Flüchtlinge« und »Feiglinge« (vgl. Wuketits, 2008). »Feigheit« ist soziologisch betrachtet eine Voraussetzung für das Funktionieren und die Kohäsion von hierarchisch strukturierten Gruppen; sie erleichtert Kooperation und leistet einen Beitrag zur Stabilität von Erwartungen. Hierarchien sind aber immer mit dem Preis verbunden, den jene, die sich unterwerfen, bezahlen müssen. Feigheit entlastet von Verantwortung, aber sie ist auch anstrengend, weil sie zur Selbstverleugnung und Unterdrückung der stolzen Affekte zwingt.

Der freie Mensch handelt ohne Arglist; »Handle arglistig!«, als Rat der Vernunft an alle Menschen, würde sich selbst aufheben (vgl. Spinoza, Ethik IV, S. 72). Spinoza antizipiert Kants Argument: Die Maxime des Lügners ist verwerflich, weil sie als deklarierte Absicht nicht ohne praktischen Widerspruch zum allgemeinen Gesetz erhoben werden kann. Einfacher gesagt: Ein solcher Mensch verdient kein Vertrauen. Die Lüge ist oft eine bequeme Ausflucht. Die Affinität von übertriebener Furcht, Heimtücke und Feigheit unterstreicht ihren moralisch bedenklichen Charakter. Ein Laster deckt das andere. Die Laster bilden, ebenso wie die Tugenden, ein zusammenhängendes System.

Feigheit ist moralisch betrachtet ein Laster. Als Verzicht auf martialischen Heroismus in einer bürgerlichen Gesellschaft ist sie allerdings der Sicherheit und dem Frieden zuträglich. Als Angst-Konformismus und Mimetismus bildet sie eine permanente Bedrohung für Minderheiten und die Vielfalt der Lebensformen. Als Servilität ist sie das Gegenteil von Selbstachtung.

Angst vor Alterität und Vielfalt wird konvertiert in Aggression gegen Minderheiten, »Fremde«, Intellektuelle und Künstler. Diese gehören zu den bevorzugten Opfern und Sündenböcken von Mehrheiten.

Die Furcht der Freien vor den Unfreien ist eine begründete Furcht und unterscheidet sich von der Paranoia imaginärer Konspirationen und Verfolgungen. Der freie, nichtkonforme Mensch muss sich in Zeiten der Verfolgung und Bürgerkriege ganz besonders fürchten und schützen vor dem Zorn und dem Hass der Konformisten, zum Beispiel durch Verzicht auf Provokation, durch Anonymität, innere Zensur, Schein-Konformität, aber auch durch eine (liberale) Gesetzgebung, die sich beschränkt auf die Verhütung der Schädigung anderer und Menschen nicht zu ihrem Heil zwingt. Nur in einer Atmosphäre von Abwesenheit von Glaubenszwang kann die Freiheit aus der Macht der Vernunft gedeihen. Deshalb will der freie Mensch frei sein unter (liberalen) Gesetzen.

C) Ethica Ordine Geometrica demonstrata

In diesem letzten Abschnitt werden einige Passagen aus der »Ethik« von Spinoza knapp kommentiert. Es geht vor allem darum, offene Fragen zu stellen, die einer weiteren Untersuchung bedürfen.

S. 131f. III, 18[6]: Zur Zeitneutralität und Überbewertung der (räumlichen und zeitlichen) Gegenwart bei der Auslösung von Affekten durch Vorstellungsbilder hat sich Spinoza wiederholt geäußert (vgl. S. 195, IV, def. 6 – vgl. aber S. 202 IV, 9 scholium). Furcht verweist auf Verzweiflung, Traurigkeit, Hoffnung dagegen auf Freude, nämlich mit eintretender Gegenwart und Gewissheit. – Das Problem: Es gibt irra-

---

6   Römische Zahlen bezeichnen den entsprechenden Teil der »Ethik«, arabische Zahlen den entsprechenden Lehrsatz. Hinweise auf die verschiedenen Ausgaben finden sich in der Literaturliste.

tionale Ängste und irrationale Angstfreiheit. Angst vor imaginären Sachverhalten ist ebenso real, intensiv und bedrängend wie Angst vor realen Sachverhalten. Es gibt Ängste, die aufklärungsresistent sind. Muss der Gesetzgeber allen Ängsten der Bürgerinnen und Bürger gleichermaßen Rechnung tragen? Oder sollte er einige aufklärungsresistente Ängste (wie z. B. die Angst vor »Fremden« oder »Ungläubigen«) beachten? Oder soll er begründete Sorgen (wie die Angst vor unsichtbaren Risiken oder vor Folgen für künftige Generationen) künstlich schüren?

S. 299 f. V, 38: Je mehr wir erkennen, umso mehr an uns bleibt unverletzlich – umso geringer wird die Todesfurcht. – Das Problem: Die Angst vor dem Tod ist ebenfalls nur teilweise aufklärungsresistent; sie ist eine hartnäckige Form von Verlustangst. Ich halte mich im Alltag und in der Imagination für ein selbständiges Wesen, das heißt eine »Substanz«, die sich selbst verursacht. Ich verdränge meine radikale Abhängigkeit von anderen, von der Natur und von der einen und einzigen Substanz. Daher glaube ich ein Wesen zu sein, das durch den Tod alles verliert. Die imaginären Schreckensvisionen meines künftigen Todes sind mit den Bildern von Unterbrüchen, Verlusten und einer schrecklichen Agonie belastet. Kann ich mich durch angemessene Ideen von meiner Stellung im Kosmos völlig von dieser Erlebnisform der Imagination und des common sense lösen?

S. 301 V, 39 scholium: Die wahrhaft Erkennenden brauchen den Tod kaum zu fürchten; »at que adeo ut mortem vix timeant« [they should scarcely fear death – transl. A. Boyle; they scarcely fear death – transl. W. H. White]. Diese Stelle kann als Prognose oder als Postulat verstanden werden. Interessant ist die schwache Negation! (vgl. S. 254 und 303; IV, 67; V, 40 scholium. Vgl. III, 4). – Das Problem: Wir sind »Mischwesen« mit Anteilen von Weisheit und Anteilen von passiver Affektivität. Der Tod gehört zu den Fatalitäten, die uns nach Spinoza von außen zustoßen und die wir nicht vollständig unter unsere Kontrolle bringen. Insofern ist es auch nicht völlig unvernünftig oder jedenfalls nicht völlig vermeidbar, den Tod zu fürchten! Die im umfassenden und strengen Sinne erkennenden Menschen lassen sich von der Angst kaum davon abhalten, aus Vernunft und Einsicht zu leben und die Tugenden um ihrer selbst willen zu schätzen und zu üben – dies ist eine mögliche Interpretation, die nicht die Behauptung einschließt, dass sie keine Angst oder sehr viel weniger Angst haben.

S. 302 ff. V, 41: »Selbst wenn wir nicht wüssten, dass unser Geist ewig ist ...« – Spinozas Moralbegründung ist nicht abhängig von der Annahme eines unsterblichen Geistes; im anschließenden *scholium* distanziert er sich überdies von einer naiven Auffassung von Belohnung und Strafe im Jenseits. Die Kritik an der vulgären Auffassung von Moral und Religion als *onera* (Bürden) zeigt einmal mehr, dass für Spinoza Freiheit, Leben nach der Vernunft und Moral konvergieren. In diesem Sinne zitiert auch Kant das Jesus-Wort vom »sanften Joch« (vgl. Kant, 1788/1990, S. 99). – Das Problem: Der Mensch bleibt ein Mischwesen, in dem sich Anteile von Heteronomie mit Anteilen von Autonomie durchdringen. Wir bleiben lebenslänglich auch außengeleitet, das heißt von Anreizen (wie Erwartung von Belohnung und Furcht vor Strafe) geleitet.

Fazit

Der freie Mensch, der ohne Angst wäre, bleibt eine Fiktion, doch eine nützliche Fiktion, gleichsam ein Wegweiser in die Richtung, die zur Vermeidung, Verhinderung oder Verminderung von nutzloser und unfruchtbarer Angst führt. Der durch umfassende und strenge Erkenntnis freie Mensch ist zwar nicht völlig frei von Angst – ein solcher Zustand wäre nicht einmal wünschenswert, weil Angst auch die Funktion einer Alarminstanz haben kann und der Versuch der völligen Unterdrückung von Affekten kontraproduktiv und gegen die menschliche Natur gerichtet wäre. Entscheidend ist, dass der freie Mensch wenigstens so mächtig ist, dass er sich von der Angst nicht abhalten lässt, das Gute und Richtige zu tun. Er lässt sich insbesondere nicht von der Furcht vor Dissens und von der Todesfurcht tyrannisieren. Er kann diese Freiheit nur leben unter (liberalen) Gesetzen, die auch jene, die von der Freiheit zu philosophieren Gebrauch machen, vor (religiösen) Fanatikern schützen.

Es ist nicht auszuschließen, dass Spinoza unter dem »humanae naturae exemplar« (am Ende zur Einleitung des vierten Teils der »Ethica«) mehr versteht, nämlich die künftigen freien Menschen, die sich – sei es in christlicher Orientierung wie bei Descartes oder sei es mit prometheischen Vorzeichen des modernen »Übermenschen« – nicht nur von der Todesfurcht, sondern vom Tod selbst befreien werden, um selbst »Götter« zu werden. Solche prometheischen Deutungen sind aber nicht zwingend und vielleicht auch nicht attraktiv, sofern sie dazu dienen sollten, lediglich eine Bildungselite zu begünstigen.

Literatur

Zu Spinoza: Seitenzahlen folgen der Ausgabe der »Ethik«, übersetzt von Friedrich Bülow. Stuttgart: Kröner, 1976. Der lateinische Text wird zitiert aus der zweisprachigen Edition von Wolfgang Bartuschat. Hamburg: Meiner, 1999. Konsultiert wurden auch die beiden englischen Übersetzungen bei Everyman resp. Wordsworth Classics of World Literature und der »Dictionnaire Spinoza« von Charles Ramond (Paris, 2007).

Berns, Th., Blésin, L., Jeanmart, G. (2010). Du Courage. Une histoire philosophique. Paris: Editions des belles lettres / encre marine.
Blumenberg, H. (1979). Schiffbruch und Zuschauer. Frankfurt a. M.: Suhrkamp.
Corti, W. R. (2002). Heimkehr ins Eigentliche. Bern: Paul Haupt.
Esser, A. (1963). Das Phänomen der Reue. Versuch einer Erhellung ihres Selbstverständnisses. Köln u. Olten: Jacob Hegner.
Kant, I. (1788/1990). Kritik der praktischen Vernunft, Riga: Hartknoch. Neuausgabe Hamburg: Meiner.
Scarre, G. (2010). On courage (thinking in action). New York, Oxon: Routledge.
Scheler, M. (1917/2007). Reue und Wiedergeburt. Wieder abgedruckt in Scheler: Vom Ewigen im Menschen (7. Aufl.). Bonn: Bouvier.
Wolf, J.-C. (2001). Ethik ohne Ressentiment? In Ethik, Recht und Politik bei Spinoza. Vorträge des 6. Internationalen Kongresses der Spinoza Gesellschaft (S. 59–85). Zürich: Schulthess.
Wolf, J.-C. (2006). Menschliche Unfreiheit und Desillusionierung (4p37s2). In M. Hampe, R. Schnepf (Hrsg.), Baruch de Spinoza. Ethik in geometrischer Ordnung dargestellt (S. 197–214). Berlin: Akademie Verlag.
Wuketits, F. M. (2008). Lob der Feigheit. Stuttgart: Hirzel Verlag.
Zaoui, P. (2008). Spinoza – la décision de soi. Montrouge cedex: Bayard.

Johannes Fischer

Angst und Moral
Eine ethische Betrachtung

Die Frage, was Moral mit Angst und Angst mit Moral zu tun hat, scheint auf den ersten Blick ein Thema der Psychologie, nicht aber der Ethik zu sein. Und doch ist sie auch von ethischem Interesse, jedenfalls dann, wenn man Ethik in einem weiten Sinne versteht, in welchem sie es nicht nur mit der Begründung, sondern auch mit dem Verstehen moralischen Verhaltens zu tun hat. Allerdings hat diese Thematik innerhalb der ethischen Tradition eine eher marginale Rolle gespielt. Befasst hat sich mit ihr vor allem die tugendethische Tradition, und zwar im Hinblick auf die Notwendigkeit der Bildung und Prägung der Affekte, wozu auch die Domestizierung der Angst gehört. Angst gilt der ethischen Tradition als ein Störfaktor für moralisches Verhalten, als ein gewissermaßen heteronomes Motiv, das der moralischen Selbstbestimmung und Autonomie entgegensteht. Nur in dieser negativen Hinsicht war sie von ethischem Interesse.

Auch die folgenden Überlegungen thematisieren die Angst als einen solchen Störfaktor. Allerdings ist ihr Interesse auf die Frage gerichtet, ob das Verhältnis zwischen Angst und Moral nicht sehr viel verwickelter ist, als es die einfache Alternative zwischen einem moralischen Verhalten auf der einen Seite und einem durch Angst bestimmten Verhalten auf der anderen Seite nahe legt. Es könnte ja auch sein, dass gerade ein Verhalten, das sich in höchstem Maße moralisch dünkt und das auch allgemein als moralisch gilt, in Wahrheit durch Ängste einer gewissen Art gesteuert ist.

Ich werde im Folgenden das Verhältnis von Angst und Moral in dreierlei Hinsicht thematisieren. Zunächst soll verdeutlicht werden, dass und inwiefern Angst sich von einem moralischen Gefühl unterscheidet. Dies ist wichtig, um zu verstehen, warum Angst ein Störfaktor für die Moral ist. Zweitens soll gezeigt werden, in welcher Weise Angst die moralische Orientierung beeinflussen kann und tatsächlich beeinflusst. Die Moral ist ein durch und durch ambivalentes Phänomen, und das hat – so die These – wesentlich mit Angst zu tun. Drittens werde ich die Frage erörtern, ob nicht das Projekt einer rationalen Begründung der Moral, dem sich große Teile der heutigen Ethik verschrieben haben, seinen Ursprung in einer Angst hat, nämlich in der Angst vor den irrationalen Strebungen im Menschen. Schließlich soll viertens die einseitige Fokussierung auf das menschliche Handeln, die große Teile der Ethik kennzeichnet, einer kritischen Betrachtung unterzogen werden. Auch sie lässt sich mit einer Angst in Verbindung bringen, welche auf die Kontrolle des menschlichen Verhaltens gerichtet ist, was voraussetzt, dass der Mensch dessen autonomer Urheber ist.

1. Angst und moralische Emotionen

Es ist heute gesicherte Erkenntnis der empirischen Moralforschung in Psychologie und Neurobiologie, dass die Moral eine emotionale Grundlage hat (vgl. Fischer, 2010b). Moralische Wertungen beruhen auf der emotionalen Bewertung von Einstellungen, Handlungen sowie Situationen und Lebenslagen. Auch innerhalb der Moralphilosophie gibt es eine intensive Debatte über die Bedeutung von Emotionen für die Moral (vgl. z. B. Ammann, 2007). Eine wichtige Einsicht ist hier, dass es sich bei moralisch relevanten Emotionen um affektiv gehaltvolle *Wahrnehmungen* handelt, das heißt um etwas, das einen kognitiven Anteil besitzt und worin sich also *Erkenntnis* vermittelt. So gehört zur Emotion des Mitgefühls als essentieller Bestandteil die Wahrnehmung des Leidens eines anderen. Ohne diese Wahrnehmung fehlte der Bezug zu dem, *mit dem* gefühlt wird. Andererseits ist der dabei gefühlte Anteil an dieser Wahrnehmung beteiligt, indem er empathisch das erschließt, was wahrgenommen wird, eben das Leiden des Anderen. Der Affekt ist also nicht bloß eine Reaktion auf das, was wahrgenommen wird, sondern er gehört als ein das Wahrgenommene erschließender Faktor essentiell zu dieser Wahrnehmung hinzu und hat insofern selbst eine kognitive Bedeutung.

Diese Einsicht in den kognitiven Charakter moralischer Emotionen macht verständlich, warum diese uns *Gründe* für unser Handeln liefern und nicht bloß eine *motivationale* Bedeutung für unser Handeln haben. Zugleich erschließt sich von dieser Einsicht her der spezifische

Charakter dieser Gründe. Nehmen wir an, wir werden Zeugen eines Unfalls mit Verletzten und fühlen uns verpflichtet, den Betroffenen Hilfe zu leisten. Nehmen wir weiter an, wir verpassen dadurch einen wichtigen Termin, zu dem wir verabredet waren, und werden uns dafür rechtfertigen müssen. Wir werden dann die Situation so schildern, das heißt narrativ vor Augen führen, dass es an der Richtigkeit, ja Gebotenheit unseres Handelns kaum Zweifel geben kann. Narrative vergegenwärtigen Situationen in ihrer moralischen Signifikanz, und zwar indem sie sie in ihrer Erlebnisqualität vor das innere Auge stellen und solchermaßen für die *emotionale Erkenntnis* vergegenwärtigen. Dies unterscheidet narrative Gründe von Argumenten, wie sie etwa im wissenschaftlichen Bereich üblich sind. Argumente sind Gründe, mit denen der Sprecher seinem Gegenüber zeigt und nachweist, dass etwas wahr oder richtig ist. Bei narrativen Gründen hingegen muss sich dies dem anderen selbst zeigen, indem er sich die Situation oder Handlung vor Augen führt bzw. führen lässt. Im Unterschied zu der Nötigung, die vom »zwanglosen Zwang« (Habermas, 1981, S. 52 f., u. ö.) eines Arguments ausgeht, geht es hier um eine Nötigung, die von einer gegebenen Situation ausgeht und der wir uns aufgrund von deren Anschauung nicht entziehen können.[7] Das hat eine wichtige Konsequenz für das Verständnis moralischer Diskurse, bedeutet es doch, dass die Wahrheit eines moralischen Urteils einem anderen nicht argumentativ andemonstriert werden kann.[8] Sie kann sich ihm nur selbst zeigen, indem er sich die betreffende Situation oder Handlung vor Augen führt und dabei emotional bewertet.

Moralische Emotionen sind solche, die uns zu Erkenntnissen und Urteilen veranlassen, die wir als moralisch qualifizieren. Angst ist ersichtlich keine derartige Emotion. Zwar gibt es strukturelle Ähnlichkeiten zwischen Angst und einer Emotion wie Mitgefühl. Auch Angst lässt sich als eine affektiv gehaltvolle Wahrnehmung begreifen, die als solche eine kognitive Komponente hat. Und auch hier gilt, dass der dabei beteiligte Affekt nicht bloß eine Reaktion ist auf das, was wahrgenommen wird, sondern dass ihm eine erschließende Bedeutung zukommt für das Wahrgenommene, zum Beispiel eine bestimmte Gefahr.

---

7   Vgl. zu dieser Art der Nötigung Winch, 1992.
8   Vgl. hierzu Prichard, 1974. Prichards These ist, dass moralische Pflichten nicht
    mit Argumenten aufgewiesen werden können. Vielmehr ist der Sinn für eine
    Verpflichtung unmittelbar, das heißt von nichts anderem her abgeleitet.

Aber über Angst vermittelt sich keine moralische Erkenntnis. Wenn Menschen aus Angst vor Kriminalität und vor besonders brutalen Straftaten eine drastische Verlängerung von Haftstrafen und eine lebenslange Verwahrung von bestimmten Straftätern befürworten, dann ist dies keine moralische Einsicht. Ganz im Gegenteil, Angst kann das moralische Urteilsvermögen außer Kraft setzen; hier zum Beispiel im Hinblick auf die Frage, was es für einen Menschen bedeutet, lebenslang verwahrt zu werden, und ob es nicht auch eine moralische Pflicht einem solchen Menschen gegenüber gibt. Es gibt freilich auch Fälle, in denen Angst in enger Verbindung steht mit moralischen Einstellungen und Orientierungen, so zum Beispiel, wenn Eltern Angst um das Leben ihres schwer erkrankten Kindes haben, dem sie sich in Liebe und Fürsorge verbunden wissen. Doch ist es in einem solchen Fall nicht die Angst, die die Einstellung der Eltern zu einer moralischen macht, sondern vielmehr die Liebe und Fürsorge, die sie Angst um ihr Kind haben lässt. Schließlich sind auch noch jene Fälle zu erwähnen, in denen Menschen aus Angst, zum Beispiel vor Strafe, das moralisch Richtige tun. Auch in solchen Fällen qualifizieren wir das betreffende Verhalten nicht als ein moralisches. Wie an alledem deutlich wird, unterscheidet sich Angst von einer moralischen Emotion. Das Gefühl der Angst liefert uns keine *Gründe* für moralische Urteile und Handlungen. Es kann dagegen ein unterschwelliges *Motiv* sein dafür, dass Menschen bestimmte moralische Standpunkte einnehmen.

2. Angst und die Ambivalenz der Moral

Wie sich in dem soeben Gesagten andeutet, kann dem Gefühl der Angst, auch wenn es kein moralisches Gefühl ist, doch eine eminente Bedeutung für die moralische Einstellung und das moralische Verhalten von Menschen zukommen. Hierin liegt die tiefe Ambivalenz begründet, die der Moral anhaftet. Ich will dies zunächst an unserer religiösen Tradition verdeutlichen, und zwar an einem Sachverhalt, der für die Reformation von zentraler Bedeutung gewesen ist. Die Reformation war eine Reaktion auf die spätmittelalterliche Bußpraxis, bei der die Angst um das eigene Seelenheil das alles bestimmende Motiv gewesen ist. Leitend war die Vorstellung eines belohnenden und strafenden Gottes, der die Menschen nach ihrem Lebenswandel und ihren

Werken beurteilt. Bußleistungen für begangene Sünden wie Geld-spenden, Wallfahrten usw. sollten diesen Gott gnädig stimmen. Die Reformation setzte dieser Auffassung entgegen, dass nicht die Werke, sondern dass allein der Glaube im Sinne des Vertrauens auf Gottes Gnade und Barmherzigkeit den Menschen in das rechte Verhältnis zu Gott setzt. Nicht gute Werke machen den Menschen vor Gott gut, son-dern es verhält sich umgekehrt: Allein der vor Gott gute, das heißt sei-ner Vergebung vertrauende und damit von der eigenen Seelenangst befreite Mensch ist in der Lage, gute Werke zu vollbringen. Diese Auf-fassung hatte eine spezifische Pointe in Bezug auf das Verständnis der Werke. In der Perspektive der kritisierten Bußpraxis lag der Fokus auf der *Bewertung* der Werke als gut oder schlecht durch Gott als die be-lohnende oder strafende Instanz. Dem setzt die Reformation entgegen, dass entscheidend für die christliche Orientierung im Handeln nicht dessen Bewertung durch Gott sein soll, sondern vielmehr der Gesichts-punkt, was dieses Handeln konkret in der Welt bewirkt. Möglich wird eine solche Orientierung durch die Befreiung von der Angst um sich selbst. Erst sie gibt den Blick frei für die Belange des anderen: »Darum soll seine [des Christen] Absicht in allen Werken frei und nur dahin gerichtet sein, dass er andern Leuten damit diene und nütze sei, nichts anderes sich vorstelle, als was den andern not ist« (Luther, 1520/1987, S. 34). »Nur dahin gerichtet sein«, das heißt: nicht noch mit der Ne-benabsicht verbunden sein, in den Augen Gottes Gutes zu tun und sich damit bei Gott etwas zu verdienen bzw. selbst gut zu werden oder zu sein. Der Grundgedanke ist, dass erst der solchermaßen von der Angst um sich selbst befreite Mensch frei ist zu wahrhaft selbstloser Liebe.

Die sich hier zeigende Ambivalenz kennzeichnet die Moral auch in ihrer profanen Gestalt. Mit einer moralischen Einstellung verbinden wir, dass sie das Gute um seiner selbst willen und nicht aus anderen, insbesondere selbstsüchtigen Motiven erstrebt und realisiert. Der Aus-druck »das Gute um des Guten willen tun« hat jedoch einen eigentüm-lichen Doppelsinn. Er kann bedeuten: es *deshalb* zu tun, *weil* es als gut zu bewerten ist bzw. die Bewertung *gut* verdient; und er kann bedeu-ten: es *um dessentwillen* zu tun, *weshalb* es als gut zu bewerten ist, zum Beispiel weil damit jemandem geholfen wird, der unverschuldet in Not geraten ist wie etwa in dem Beispiel des Unfalls mit Verletzten. Im ers-ten Fall orientiert man sich an der moralischen Bewertung des eigenen Handelns, im zweiten an der betreffenden Situation, die nach einem bestimmten Handeln verlangt. Die Bedeutung dieser Unterscheidung kommt in den Blick, wenn man sich vergegenwärtigt, dass die Moral ein soziales Phänomen ist, das als solches eng mit der Gewährung oder dem Entzug von sozialer Anerkennung und Wertschätzung verknüpft ist. Hierin liegt es begründet, dass die Moral elementar mit dem Phänomen der Angst zu tun hat, nämlich im Hinblick darauf, die Anerkennung und Wertschätzung anderer verlieren zu können. Diese macht sich an der moralischen Bewertung von Einstellungen und Handlungen fest, und das kann zur Folge haben, dass diese Bewertung maßgebend wird für die moralische Orientierung. Sich moralisch orientieren heißt dann, sich an der moralischen Bewertung von Einstellungen und Handlungen als gut, schlecht, richtig, falsch usw. orientieren. Moralische Diskurse werden dann zu Diskursen über moralische Bewertungen, wobei es dabei letztlich um soziale Billigung oder Missbilligung geht. Die Moral bekommt damit einen ausgesprochen konformistischen Charakter, insofern die Bewertung durch die *moral community* und deren Diskurs zum alles entscheidenden Gesichtspunkt für das moralische Verhalten wird. Die Kehrseite hiervon ist, dass über der Fokussierung auf die moralische Bewertung die Situation derer, die von moralischen Einstellungen, Entscheidungen und Handlungen betroffen sind, in den Hintergrund gedrängt wird oder ganz aus dem Blickfeld gerät. Man debattiert dann zum Beispiel über die moralische Richtigkeit oder Falschheit des Schwangerschaftsabbruchs, aber konfrontiert sich nicht wirklich mit der Realität eines Schwangerschaftskonflikts, die in der Regel nicht die binäre Eindeutigkeit hat, die bei moralischen Bewertungsdiskursen unterstellt wird.

Um dies noch an einem anderen Beispiel zu illustrieren: Man stelle sich eine Ethikkommission vor, die eine Stellungnahme zur Suizidbeihilfe abgeben soll. Wenn sich moralisch orientieren heißt, sich an moralischen Bewertungen zu orientieren, dann muss man es als Aufgabe der Kommission betrachten, ein Urteil abzugeben über die moralische Richtigkeit oder Falschheit der Suizidbeihilfe, um solchermaßen zur öffentlichen Orientierung in dieser Frage beizutragen. Diese Auffassung gibt es tatsächlich. In meiner Zeit als Mitglied der Nationalen Ethikkommission der Schweiz im Bereich der Humanmedizin (NEK) wurde eine Subkommission beauftragt, ein Thesenpapier zur Suizidbeihilfe zu erarbeiten. Die erste These dieses Papiers lautete: »Suizidbeihilfe ist in bestimmten Fällen moralisch legitim.« Das richtete sich gegen diejenigen, die der Suizidbeihilfe jegliche moralische Legitimität absprachen, und es spiegelt eben jene Auffassung wider, wonach es in der Moral um moralische Bewertungen bzw. um Billigung oder Missbilligung geht, womit der Ethik und somit auch einer Ethikkommission die Aufgabe zufällt, derartige Bewertungen zu treffen, mit welcher Legitimation und Autorität auch immer. Anders verhält es sich, wenn die moralische Orientierung ihre Gründe aus der Anschauung der konkreten Fälle und Situationen bezieht, an die hier zu denken ist. In diesem Fall besteht die Aufgabe einer solchen Kommission darin, ein öffentliches Bewusstsein zu schaffen für die Situation derer, um die es in dieser Frage geht – einerseits Menschen mit Suizidgefährdung, für die eine Fürsorgepflicht besteht; andererseits Menschen, deren Selbstbestimmung zu achten ist. Auf diese Art soll den Adressaten der Stellungnahme ein begründetes eigenes Urteil ermöglicht werden im Hinblick darauf, wie mit dieser Frage umzugehen ist und welche rechtlichen Regelungen bezüglich der Suizidbeihilfe zu treffen sind. Das, was man als *Moralismus* bezeichnen kann, hat mit der Reduktion der Moral auf die moralische Bewertung von Einstellungen und Handlungen als richtig, falsch, gut, schlecht, legitim, verwerflich usw. zu tun. Rüdiger Bittner (2004) hat hierfür den treffenden Ausdruck »Verwüstung durch Moral« geprägt.

Man kann diesbezüglich von einer pathologischen Verzerrung der Moral sprechen. Sie hat zur Folge, dass sich die moralischen Gefühle auf zwei reduzieren, nämlich auf Empörung und Scham. Ihr Charakteristikum ist, dass sie sich an der moralischen Bewertung von Verhalten festmachen (vgl. Tugendhat, 1993, S. 57 ff.), und das bedeutet, dass sie im Vergleich zu einer basalen Emotion wie Mitgefühl einen sekundären Status haben. Das Mitgefühl mit dem Leiden des Opfers einer Handlung lässt uns die moralische Falschheit dieser Handlung erkennen. Die Empörung über eine Handlung dagegen vermittelt keine derartige Erkenntnis. Vielmehr setzt sie die emotionale moralische Bewertung dieser Handlung schon voraus. Man ist empört angesichts der Tatsache, dass ein anderer etwas moralisch Schlechtes tut oder getan hat. Die Einsicht, dass das Betreffende moralisch schlecht ist, resultiert nicht aus dem Gefühl der Empörung, sondern muss schon da sein, damit das Gefühl der moralischen Empörung sich einstellen kann. Daran ändert auch die Tatsache nichts, dass beides zeitgleich zusammenfallen kann: Wir sehen, wie ein Tier mutwillig gequält wird oder wie ein

Mensch in verletzender Weise bloßgestellt wird, und sind empört. Entsprechendes gilt für die Scham. Man schämt sich in Anbetracht der Tatsache, dass man etwas moralisch Schlechtes getan hat. Auch dies setzt die Bewertung als moralisch schlecht bereits voraus. Der Unterscheidung zwischen sekundären und basalen moralischen Emotionen kommt Bedeutung zu im Hinblick auf die Unterscheidung zwischen Scham und Reue. Während man Scham empfindet in Anbetracht der moralischen Bewertung dessen, was man getan hat, empfindet man Reue in Anbetracht des Leids, das man einem anderen angetan hat. Reue gehört daher zu den basalen moralischen Emotionen, über die sich die Einsicht in die moralische Falschheit einer Handlung vermittelt.

Zweifellos ist es wahr, dass das moralische »gut« Billigung und das moralische »schlecht« Missbilligung ausdrückt. Doch die entscheidende Frage ist, was eine Handlung in einem moralischen Sinne billigenswert oder gut macht. An dieser Frage zeigt sich die Ambivalenz der Moral. Bezieht eine Handlung ihr Gutsein aus der Tatsache, dass sie den moralischen Normen bzw. Wertstandards einer *moral community* entspricht (vgl. Tugendhat, 1993, S. 58)? In diesem Fall müsste die moralische Orientierung eine Orientierung an der moralischen Bewertung von Handlungen sein, und die emotionale Reaktion im Fall moralischen Versagens wäre Empörung oder Scham. Oder bezieht eine Handlung ihr Gutsein aus der Tatsache, dass sie, wie im Beispiel des Unfalls, dasjenige realisiert, wonach eine gegebene Situation verlangt? In diesem Fall ist die moralische Orientierung eine Orientierung an der moralischen Signifikanz von Situationen, in denen sich Menschen oder auch andere Lebewesen befinden, und die emotionale Reaktion im Fall moralischen Versagens schließt dann auch ein Gefühl wie die Reue ein über das, was man anderen durch Handeln oder Unterlassen zugefügt hat bzw. schuldig geblieben ist.

Es gibt eine Form der moralischen Empörung, die mit moralischer Selbstbehauptung zu tun hat, welche ihre psychologische Erklärung ebenfalls in der Angst hat: Dazu gehört die Angst vor Lebenseinstellungen, Orientierungen und Praktiken, die eigene moralische Überzeugungen in Frage stellen; die Angst vor der Möglichkeit, mit den eigenen moralischen Auffassungen im Unrecht zu sein und somit Opfer berechtigter moralischer Kritik zu werden; die Angst vor dem Entzug von sozialer Anerkennung und Wertschätzung, sei es für die eigene

Person oder für das moralische Milieu, mit dem man sich identifiziert. Dass es so schwierig, ja oftmals unmöglich ist, zu einer Verständigung in kontroversen moralischen Fragen zu gelangen, dürfte weitaus mehr mit solchen psychologischen Faktoren zu tun haben als mit den Gründen, die in solchen Debatten vorgebracht werden.

3. Das Projekt einer rationalen Begründung der Moral und die Angst vor den irrationalen Strebungen im Menschen

Es war davon die Rede, dass die Wahrheit eines moralischen Urteils einem anderen nicht argumentativ andemonstriert werden kann. Sie kann sich ihm nur selbst zeigen, indem er sich die betreffende Situation oder Handlung vergegenwärtigt und sie dabei emotional bewertet. Dies ergibt sich als zwingende Konsequenz aus den Einsichten der empirischen Moralforschung hinsichtlich der emotionalen Grundlagen der Moral.

Hierzu steht in bemerkenswertem Gegensatz, dass der Mainstream der heutigen Ethik das Projekt einer argumentativen und in diesem Sinne rationalen Begründung der Moral verfolgt, und zwar im Sinne der Begründung moralischer *Bewertungen*. Beispielhaft hierfür ist das folgende Zitat: »Den Ausgangspunkt der Ethik bilden moralische Überzeugungen. Moralische Überzeugungen beziehen sich darauf, was gut ist, welche Handlung moralisch unzulässig ist, welche Verteilung als gerecht gelten kann etc. Die ethische Theorie versucht, allgemeine Kriterien für gut, richtig, gerecht etc. zu entwickeln, die im Einklang sind mit einzelnen unaufgebbar erscheinenden moralischen Überzeugungen und andererseits Orientierung in Fällen bieten können, in denen unsere moralischen Auffassungen unsicher oder sogar widersprüchlich sind« (Nida-Rümelin, 2005, S. 3). In der Perspektive derer, die der Ethik die Aufgabe der rationalen Begründung der Moral zuweisen, stehen Emotionen unter grundsätzlichem Verdacht. Sie gelten als irrational und als eine Quelle von Irrtümern. Außerdem sind sie kontingent in dem Sinne, dass Menschen auf ein und dieselbe Situation mit unterschiedlichen Emotionen reagieren können. Ein brutaler Akt mag bei dem einen Mitgefühl mit dem Opfer auslösen und bei dem anderen sadistisches Vergnügen. Emotionen scheinen sich daher nicht als Grundlage für die Moral zu eignen. Moralische Wahrheit verbürgt vielmehr allein die Rationalität von Argumenten. Wie gesagt, steht diese Auffassung in diametralem Gegensatz zu den Erkenntnissen der heutigen empirischen Moralforschung. Woher bezieht sie dennoch die große Plausibilität, die sie offensichtlich für viele Ethikerinnen und Ethiker hat?[9]

Man muss sich hierzu in historischer Perspektive vergegenwärtigen, dass es die Moderne war, die die Ethik unter den Zweck der rationalen Begründung der Moral gestellt hat, und zwar um das menschliche Zusammenleben in Gründen zu verankern, denen sich kein Vernünftiger entziehen kann. Aus einer diskursethischen Perspektive lässt sich diese Entwicklung folgendermaßen rekonstruieren. Für die gesellschaftliche Ordnung und Kooperation ist mehr erfordert als nur dies, dass die Gesellschaftsmitglieder ihr Handeln an Gründe binden, die allgemein zustimmungsfähig sind. Denn die Zustimmung könnte eine bloß faktische sein aufgrund zufälliger Übereinstimmungen von Meinungen und Überzeugungen. Das gesellschaftliche Zusammenleben würde damit von kontingenten Bedingungen abhängen, die sich jederzeit ändern können. Erfordert ist vielmehr die Bindung an Gründe, denen jedermann unabhängig von den zufälligen Bedingungen des eigenen Herkommens und der eigenen Prägung mit *Notwendigkeit* zustimmen muss. Von dieser Art sind Argumente. Sie sind Gründe, mit denen der Sprecher den Anspruch verbindet, den Nachweis für die Wahrheit einer Behauptung führen und solchermaßen Zustimmung *erzwingen* zu können. Wenn alle Gesellschaftsmitglieder ihr Urteilen und Handeln an solche Gründe binden, dann macht der zwanglose Zwang des besseren Arguments jede andere Form des Zwangs zur Gewährleistung gesellschaftlicher Ordnung und Kooperation überflüssig.

Die modernen ethischen Theorien wie der Kantianismus und der Utilitarismus beanspruchen, solche Gründe bereitzustellen. Sie sind das Resultat der Unterwerfung der Ethik unter den Zweck der rationalen Begründung der Moral. Die antike Ethik hat diesen Zweck und somit auch derartige Theorien nicht gekannt (vgl. dazu Tugendhat, 1984).[10] So begriffen liegt diesem Zweck ein soziales bzw. politisches Motiv zugrunde in Gestalt der Kontrolle des gesellschaftlichen Han-

---

9 Vgl. zum Folgenden die ausführlich ausgearbeitete Kritik in: Fischer, 2010a.
10 Tugendhat (1984, S. 41) spricht von der »Radikalisierung des Begründungsgedankens« in der Moderne.

delns und Verhaltens. Ein Denken und Handeln, das sich der Rationalitätsverpflichtung entzieht, erscheint in dieser Perspektive als eine Bedrohung der Ordnung und Stabilität des gesellschaftlichen Zusammenlebens. Hier dürfte ein höchst wirksames unterschwelliges Motiv liegen für das Insistieren auf der Rationalitätsverpflichtung gerade innerhalb der Ethik.

Damit rückt die Beziehung zwischen Angst und Moral noch einmal unter einem anderen Aspekt ins Blickfeld. Er betrifft die Angst vor den irrationalen Strebungen im Menschen – die Aufklärung hatte die Schrecken der Konfessionskriege vor Augen –, denen gegenüber die Moral als rationale Kontrollinstanz im Interesse der Gewährleistung gesellschaftlicher Ordnung und Kooperation fungieren soll. Dazu muss sie freilich von ihren emotionalen Grundlagen abgekoppelt werden, da diese nicht rational kontrollierbar sind. Die Folge ist, dass für das moderne ethische Denken Verstand und Gefühl zu Alternativen werden, wenn es um die Frage nach den Grundlagen der Moral geht (vgl. Hume, 1751/2002, S. 4), während für eine antike ethische Konzeption wie diejenige des Aristoteles Affekt und Verstand bei der moralischen Entscheidung zusammenwirken (vgl. Aristoteles, 1983, VI,2, 1139b 4–5, S. 155 f.). Hieraus resultiert das für die Moderne typische Oszillieren innerhalb einer Alternative, deren beide Seiten ihre Legitimation aus der Kritik an der jeweils anderen beziehen und die sich auf diese Weise wechselseitig stabilisieren, nämlich zwischen argumentativer Rationalität einerseits und einer von der Romantik über Nietzsche und die Lebensphilosophie bis in heutige ethische Auffassungen reichenden antirationalistischen Revolte andererseits, die die emotionale Seite des menschlichen Lebensvollzugs einklagt, ohne dieser freilich die Gestalt von vernünftig ausweisbaren *Gründen* zuerkennen zu können, da Vernunft mit eben jener Rationalität identifiziert wird, von der man sich abzugrenzen sucht.[11]

Dieser Rationalismus gibt dem modernen ethischen Denken sein spezifisches Gepräge. Charakteristisch für dieses Denken ist die Haltung des *Desengagements*. Desengagement hat mit der Objektivierung

---

11 Vgl. zu dieser Entgegensetzung von Rationalität und Gefühl: Rorty, 1996. Gegenüber dieser reduktionistischen Alternative gilt es zu sehen, dass es nicht nur rationale Gründe in Gestalt von Argumenten gibt, sondern auch emotional fundierte, narrative Gründe, mit denen es die sittliche Vernunft zu tun hat.

eines Bereichs zu tun, durch die diesem die normative Kraft genommen wird, mit der er auf uns wirkt (vgl. Taylor, 1996, S. 290). In dem Beispiel des Unfalls mit Verletzten ist es die moralische Signifikanz der *erlebten* Situation, die uns zum Handeln veranlasst. Sie hat, wie gesagt, ihre sprachliche Artikulation in einem Narrativ. Geht es hingegen nach dem die moderne Ethik beherrschenden Rationalitätsideal, dann zählt nicht, wie eine Situation erlebt wird oder wie sie sich aufgrund eines Narrativs vor Augen stellt, da dies von kontingenten Bedingungen abhängt, sondern es zählen allein Argumente. Situationen werden dabei zu Anwendungsfällen von Regeln, und hierfür ist ihre *deskriptive Charakterisierung* maßgebend, im Unterschied zu ihrer *narrativen Vergegenwärtigung.* Rein deskriptiv aufgefasst büßen sie ihre normative Wirkung auf uns ein. Der Hiatus zwischen (deskriptiven) Tatsachen und Wertungen, der für das moderne ethische Denken charakteristisch ist und auf dem ein Phänomen wie der naturalistische Fehlschluss beruht, hat seine Ursache in dieser Objektivierung des Bereichs der Moral. In unserer lebensweltlichen Erfahrung gibt es diesen Hiatus nicht, wie das Beispiel des Unfalls zeigt, bei dem in eins mit der narrativen Vergegenwärtigung der betreffenden Situation zugleich die Richtigkeit des betreffenden Handelns vor Augen gestellt wird. Wird hingegen die Situation im Sinne ihrer deskriptiven Charakterisierung aufgefasst, dann bedarf es zusätzlich einer moralischen Regel oder Norm, die angibt, welche Handlungsweise in Situationen dieser Art richtig oder geboten ist. Von dieser Art ist das regelethische Denken, das große Teile der heutigen Ethik dominiert. Wenn die empirische Moralforschung mit ihrer Einsicht in die emotionalen Grundlagen der Moral recht hat, dann hat diese Art des Denkens mit Moral nichts zu tun (vgl. hierzu Fischer, 2010a).

Illustrativ für die moderne Art des ethischen Denkens ist ein Aufsatz, den Peter Singer in den 1970er Jahren über die Frage geschrieben hat, ob es eine individuelle moralische Pflicht gibt, einen Beitrag zur Bekämpfung der globalen Armut zu leisten (Singer, 2007). Obgleich es in diesem Aufsatz offensichtlich ist, dass es eigentlich das Leiden der Menschen im damaligen Bengalen ist, das Singer bewegt und zu diesem Aufsatz motiviert, taucht dieses Leiden nirgendwo als Grund dafür auf, warum wir diesen Menschen helfen sollten. Singer führt uns nicht vor Augen, was es für einen Menschen bedeutet, in extremer Armut zu leben, um uns für die moralische Signifikanz dieser Lebenslage zu sensibilisieren. Vielmehr ist der Aufsatz von der Vorstellung bestimmt, dass erst die rationale Begründung einer entsprechenden Hilfspflicht einen zureichenden moralischen Grund liefert, diesen Menschen zu helfen. Diese Vorstellung beherrscht auch die weitere Debatte, die Singers Aufsatz ausgelöst hat (vgl. Bleisch u. Schaber, 2007). Das ist, wie wenn in dem Beispiel des Unfalls nicht bereits die Tatsache, dass die Verletzten dringend der Hilfe bedürfen, einen zureichenden moralischen Grund dafür darstellt, ihnen zu helfen, sondern erst die argumentative Begründung einer entsprechenden Hilfspflicht einen solchen Grund liefert. Jeder klar denkende Mensch würde einen Ethiker für verrückt halten, der ihm weismachen will, dass der Grund, warum er in einem solchen Fall hilft, nämlich weil die Verletzten Hilfe brauchen, nicht als ein *vernünftiger* Grund gelten kann, weil dabei Emotionen im Spiel sind, und dass er vielmehr sein Handeln von einem rational-desengagierten Standpunkt aus begründen muss, da es andernfalls als irrational eingestuft werden muss.

Verständlich ist diese Art des Denkens nur, wenn man es von der unterschwelligen Angst vor den irrationalen Strebungen im Menschen her begreift. Deshalb kann und darf eine moralische Emotion wie Mitgefühl bei der Frage nach unseren Pflichten in Anbetracht der weltweiten Armut nicht maßgebend und urteilsleitend sein. Wie gesagt, liegt hierin ein markanter Unterschied zu einer antiken ethischen Konzeption wie derjenigen des Aristoteles, die sich der konstitutiven Bedeutung der Emotionen für die Moral bewusst gewesen ist. Wie das Singer-Beispiel zeigt, hat der moderne Rationalismus zur Konsequenz, dass die Lebensphänomene wie in diesem Fall das Leiden der Menschen in Armut, das uns nur in der Weise emotionaler Erschlossenheit gegeben ist, für die ethische Reflexion jede Bedeutung verlieren. Sie mögen, wie im Fall Singers, eine motivationale Bedeutung für das Engagement des Ethikers haben, aber sie zählen nicht als moralische Gründe, und daher liegen sie außerhalb des Blickfelds der ethischen Reflexion.

4. Die einseitige Akzentuierung des Handelns und die Angst vor Kontrollverlust

Es war in den vorstehenden Überlegungen von einigen Vorurteilen im Sinne ungeprüfter Meinungen und Überzeugungen die Rede, von denen große Teile des heutigen ethischen Denkens beherrscht sind. Das

betrifft zum einen die Meinung, dass es in moralischen Fragen um die
moralische Bewertung von Einstellungen und Handlungen geht, weshalb der Ethik die Aufgabe zufällt, derartige Bewertungen zu begründen. Und es betrifft zum anderen die Meinung, dass es dabei um die
rationale, das heißt argumentative Begründung derartiger Bewertungen geht. Im Folgenden möchte ich noch einen dritten Punkt nennen,
der hiermit in engem Zusammenhang steht. Er betrifft die Fokussierung der Ethik auf das menschliche *Handeln*. Auch dieser Punkt dürfte
mit dem Interesse an der rationalen *Kontrolle* des menschlichen Verhaltens zu tun haben, das nach dem Gesagten seinen Ursprung in der
Angst vor den irrationalen Strebungen im Menschen hat. Denn rational kontrollierbar ist nur ein Verhalten, dessen ein Mensch mächtig ist,
und das gilt für seine freien Handlungen, deren Urheber er ist (vgl. Fischer, 2010c). Diese Fokussierung auf das Handeln hat zur Folge, dass
wesentliche Aspekte des Moralischen unterbelichtet bleiben bzw. ganz
aus dem Blickfeld geraten. Wenn die empirische Moralforschung mit
ihrer Einsicht in die emotionalen Grundlagen der Moral recht hat,
dann sind wir in unserem moralischen Verhalten von Bedingungen abhängig, die gerade nicht in unserer Hand sind.

Ich will das Problem, um das es hier geht, an der These von einem
epistemischen Primat des Richtigen gegenüber dem Guten verdeutlichen, das die moderne Ethik kennzeichnet und auch große Teile der
heutigen Ethik dominiert. Die übliche Argumentation für diese These
lässt sich folgendermaßen zusammenfassen: Deontische moralische
Bewertungen – *richtig, geboten* usw. – beziehen sich auf Handlungen.
Evaluative moralische Bewertungen – *gut, lobenswert* usw. – beziehen
sich demgegenüber auf Motive, Dispositionen oder Charakterzüge und
erst von dorther abgeleitet auch auf Handlungen. Es besteht ein einseitiges Bedingungsverhältnis zwischen beiden Arten der Bewertung. Die
Bewertung von Motiven, Dispositionen oder Charakterzügen als
moralisch gut hat zur notwendigen Bedingung, dass diese zum richtigen Handeln disponieren. Deontischen Bewertungen von Handlungen
kommt daher ein epistemischer Primat gegenüber evaluativen Bewertungen von Motiven, Dispositionen und Einstellungen zu. Deshalb besteht die primäre Aufgabe der Ethik in der Begründung deontischer
Bewertungen von Handlungen.

Was zunächst die Auffassung betrifft, dass deontische moralische
Wertungen sich auf Handlungen und dass evaluative Wertungen sich

auf Motive, Dispositionen oder Charaktereigenschaften beziehen, so gibt es einen breiten Konsens, wie ein Blick in einschlägige Lehrbücher der Ethik zeigt (vgl. z. B. Frankena, 1994, S. 27; 77, Birnbacher, 2003, S. 279 ff., Ricken, 2003, S. 88 f.). *Prima facie* hat diese Auffassung eine große Plausibilität. Wenn zwei Personen in zwei gleichen Situationen genau gleich handeln, aber aus unterschiedlichen Motiven, die eine zum Beispiel aus Mitgefühl, die andere aus Berechnung und Habgier, dann treffen wir in Bezug auf ihre Handlungen unterschiedliche evaluative Wertungen, und zwar, wie es scheint, weil wir ihre Motive unterschiedlich bewerten. Also scheint sich die evaluative moralische Bewertung ursprünglich auf Handlungsmotive oder Dispositionen und von dorther abgeleitet auf die daraus resultierenden Handlungen zu beziehen.

Bei genauem Zusehen jedoch stellt sich der Sachverhalt anders dar. Wenn wir etwas, zum Beispiel Mitleid, als ein Motiv thematisieren, dann thematisieren wir es mit Bezug auf eine Handlung, für die es Motiv ist. Abgesehen davon ist Mitleid ein Gefühlszustand, aber kein Motiv. Daher lässt sich ein Motiv nicht separat von der Handlung evaluativ bewerten, für die es Motiv ist. Angenommen, jemand wird gefragt, warum er einem anderen geholfen hat, und er antwortet: »Ich hatte Mitleid mit ihm.« Diese Äußerung nennt uns das Motiv, dies allerdings nur, wenn sie als Antwort auf die Frage nach dem Warum seines Handelns begriffen wird. Abgesehen davon handelt es sich um die Schilderung eines Gefühlszustands. Wenn wir daher das, was uns diese Antwort zu verstehen gibt, evaluativ bewerten, dann ist dasjenige, was wir bewerten, nicht, dass er Mitleid mit ihm hatte, sondern dasjenige, was diese Äußerung als Antwort auf die gestellte Frage beinhaltet, nämlich dass er dem anderen aus Mitleid geholfen hat. Wir bewerten also nicht zuerst separat von der Handlung ein Motiv und von daher abgeleitet die Handlung, sondern wir bewerten *sein Handeln aus diesem Motiv*. Entsprechendes gilt für die Rede von Dispositionen. Eine Disposition zu etwas ist über dasjenige definiert, wozu sie disponiert. Daher lassen sich auch Dispositionen nicht unabhängig von demjenigen evaluativ bewerten, wozu sie disponieren, wie es die Meinung unterstellt, dass die evaluative Bewertung sich ursprünglich auf Dispositionen und von dorther abgeleitet auf die daraus resultierenden Handlungen bezieht.

Das bedeutet, dass der ursprüngliche Gegenstand evaluativer Wertungen weder Handlungen noch irgendwie unabhängig davon gedachte Motive bzw. Dispositionen sind. Vielmehr ist dieser Gegenstand in etwas zu suchen, das dasjenige vereint, das wir bei der Rede von Handlungen als einerseits die Handlung und andererseits deren Motiv unterscheiden und trennen, nämlich *Verhalten*. Was wir beispielsweise in der Samariter-Erzählung (Lk 10,30 ff.) als moralisch gut bewerten, ist nicht das Mitgefühl des Samariters (rein für sich betrachtet) und nicht sein Handeln (rein für sich betrachtet; es könnte auch aus Berechnung und Spekulieren auf Belohnung erfolgen), sondern sein Handeln aus Mitgefühl, das heißt sein *Verhalten*. In diesem Sinne sprechen wir von wohlwollendem, hilfsbereitem, eifersüchtigem, arglistigem, geizigem oder habgierigem Verhalten, und es ist dies, was wir als gut oder schlecht bewerten. Vielleicht kann man auch sagen, dass jemand *eifersüchtig handelt*. Doch hat diese Redeweise ersichtlich einen anderen Sinn. Man meint dann, dass er *aus Eifersucht* handelt. Damit wird sein Motiv benannt. Die Rede von Handlungen unterscheidet und trennt also zwischen der Handlung und ihrem Motiv. Letzteres ist nicht Bestandteil der Handlung, sondern etwas, das die Handlung erklärt und das dem Handelnden zugeordnet bzw. von diesem prädiziert wird: *Er war eifersüchtig.* Das verhält sich anders bei der Rede von eifersüchtigem, arglistigem oder wohlwollendem Verhalten. Hier sind Eifersucht, Arglist oder Wohlwollen bestimmender Bestandteil des Verhaltens und nicht ein davon separiertes Motiv. Sie haben hier den Charakter einer *adverbialen* Bestimmung, die etwas darüber aussagt, *wie* sich jemand verhält, nämlich eifersüchtig oder arglistig. Dieser adverbiale Gebrauch ist logisch und epistemisch primär gegenüber dem prädikativen Gebrauch derartiger Ausdrücke. Geiz als Verhaltensdisposition einer Person ist definiert über das, wozu er disponiert, das heißt über geiziges Verhalten. Und wir erkennen ihn an derartigem Verhalten.

Innerhalb der tugendethischen Debatte kann man freilich auf die Auffassung treffen, dass aretaische Begriffe wie *großzügig* oder *hilfsbereit* in ihrem ursprünglichen Sinn nicht adverbiale Bestimmungen des Verhaltens sind, sondern Attribute, die wir von Personen prädizieren, und erst von dorther abgeleitet Charakterisierungen des Verhaltens. Nach dieser Auffassung nennen wir ein Verhalten großzügig, weil wir in ihm die Einstellung oder Tugend der Großzügigkeit erkennen, die der betreffenden Person eignet. Doch lässt sich auch hier geltend machen, dass großzügiges Verhalten gegenüber der Großzügigkeit als

Disposition, Charaktereigenschaft oder Tugend einer Person sowohl logisch als auch epistemisch primär ist. Es ist logisch primär, insofern Großzügigkeit als Disposition oder Tugend über *großzügiges Verhalten* definiert ist. Wenn wir jemandem erklären wollen, was Großzügigkeit ist, dann verdeutlichen wir dies anhand von Beispielen für großzügiges Verhalten. Und es ist epistemisch primär, insofern wir die Großzügigkeit einer Person an ihrem großzügigen Verhalten erkennen. Wir nennen eine Person großzügig, weil ihr Verhalten großzügig ist, nicht umgekehrt. Wäre die Qualifikation des Verhaltens als großzügig aus der Großzügigkeit der Person abgeleitet, woran könnten wir diese dann erkennen? So spricht alles dafür, dass es sich bei aretaischen Begriffen ursprünglich um adverbiale Bestimmungen des Verhaltens handelt und dass ihre prädikative Übertragung auf Personen von dorther abgeleitet ist. Entsprechendes gilt dann auch für die evaluative Komponente, die wir mit solchen Begriffen verbinden.

Insgesamt ergibt sich damit, dass Handlungen und Handlungsweisen ursprünglich Gegenstand deontischer Wertungen sind, während evaluative Wertungen sich ursprünglich auf Verhalten und Verhaltensweisen beziehen und von dorther abgeleitet einerseits auf Handlungen und andererseits auf Dispositionen, Einstellungen oder Charakterzüge. Um dies noch einmal an dem früheren Beispiel zu verdeutlichen: Wenn zwei Personen in zwei gleichen Situationen das Gleiche tun, im einen Fall aus Mitgefühl und im anderen Fall aus Berechnung und Habgier, dann haben wir zwar die gleiche Handlung, aber unterschiedliches Verhalten vor uns. Es ist nach dem Gesagten dieses sich in der Handlung manifestierende Verhalten, das wir evaluativ bewerten, und hiervon ist die evaluative Bewertung der Handlung abgeleitet.

Das bedeutet, dass Moral und Ethik es nicht nur mit Handlungen zu tun haben, sondern dass wir daneben als zweiten Grundbegriff den des Verhaltens benötigen, um den Gegenstand evaluativer Wertungen zu bezeichnen. Die Auffassung, dass solche Wertungen sich auf Motive und Dispositionen beziehen, ist die Konsequenz der einseitigen Fokussierung auf das Handeln, die für den Begriff des Verhaltens keinen Raum lässt. Die Unterscheidung zwischen Handeln und Verhalten legt demgegenüber eine entsprechende Unterscheidung zwischen Motiven und Dispositionen nahe. Die Rede von Motiven bezieht sich auf Handlungen. Wenn jemand auf die Frage, warum er etwas Bestimmtes getan hat, zur Antwort gibt, dass er eifersüchtig war, dann nennt er damit sein Motiv. Sein Handeln aus diesem Motiv lässt sich als *eifersüchtiges Verhalten* beschreiben. Die Erklärung für dieses Verhalten besteht nun nicht wiederum in einem Motiv, sondern in seiner Eifersucht als einer Verhaltensdisposition. Die Unterscheidung zwischen Motiven und Dispositionen ist insbesondere im Blick auf die Rede von Tugenden von Bedeutung. Tugenden wie Großzügigkeit, Tapferkeit oder Hilfsbereitschaft sind nicht Motive für Handlungen, sondern Dispositionen oder Einstellungen in Bezug auf ein entsprechendes Verhalten.

Für die Unterscheidung zwischen Handeln und Verhalten spricht nicht zuletzt die Beobachtung, dass beides in unterschiedlicher Weise folgeträchtig ist. Verhalten hat Wirkungen und Folgen nicht nur in Gestalt der Folgen der Handlungen, in denen es sich ausdrückt, sondern es hat Wirkungen eigener Art. Wenn eine Pflegerin das Kissen eines Patienten zurechtrückt, damit dieser bequemer liegen kann, dann ist dies einerseits eine Handlung, die die Folge hat, dass der Patient bequemer liegt. Andererseits lässt sich dies als ein fürsorgliches Verhalten beschreiben, das als solches ebenfalls Auswirkungen auf den Patienten hat, insofern dieser darin Zuwendung und Fürsorge erfährt. So gesehen ist Verhalten auf zweifache Weise folgeträchtig, einerseits über die betreffende Handlung und andererseits als Verhalten. In ihm vermittelt sich dasjenige, was es als Verhalten charakterisiert: Fürsorglichkeit, Großzügigkeit, Güte, Freundlichkeit usw. Unser zwischenmenschlicher Umgang wäre um vieles ärmer, wenn es diese Dimension nicht gäbe und wenn wir es allein mit Handlungen und deren Folgen zu tun hätten. Wir können etwas freundlich oder unfreundlich, liebevoll oder lieblos, fürsorglich oder gleichgültig tun, und dies hat Auswirkungen auf die Person, der gegenüber wir es tun. Nicht zuletzt diese Beobachtung macht es unabweisbar, Verhalten eine eigenständige moralische Bedeutung zuzuerkennen.

Wie steht es nun aber mit der These eines epistemischen Primats des Richtigen gegenüber dem Guten? Aus dem Gesagten ergibt sich, dass es ein *sachliches Bedingungsverhältnis* zwischen der deontischen Bewertung von Handlungen und der evaluativen Bewertung von Verhalten gibt. Wenn eine Handlung, gemessen an der betreffenden Situation, moralisch falsch ist, dann qualifizieren wir das entsprechende Verhalten nicht als moralisch gut. Insofern gilt in der Tat, dass die evaluative Bewertung von Verhalten eine entsprechende deontische Bewertung der betreffenden Handlung zur notwendigen Bedingung hat. Und es gilt auch, dass es sich dabei um ein einseitiges Bedingungsverhältnis handelt. Denn die deontische Bewertung einer Handlung als richtig oder geboten bemisst sich allein an der betreffenden Situation, das heißt, sie ist unabhängig von Motiven oder Dispositionen des Handelnden, wie sie bei der evaluativen Bewertung von Verhalten eine Rolle spielen. Sie hängt also nicht davon ab, wie das betreffende Verhalten evaluativ zu bewerten ist. Wie gesagt, handelt es sich um eine notwendige und nicht um eine hinreichende Bedingung. Damit von einem Verhalten gesagt werden kann, dass es moralisch gut ist, darf das betreffende Handeln nicht moralisch falsch sein, aber umgekehrt ist dessen moralische Richtigkeit nicht hinreichend für die Qualifizierung des betreffenden Verhaltens als moralisch gut. Denn das moralisch Richtige kann aus Motiven getan werden, die wir als moralisch fragwürdig erachten.

Folgt aber aus diesem sachlichen Bedingungsverhältnis ein *epistemischer Primat* des Richtigen gegenüber dem Guten? Bedeutet es also, dass wir, um das Gute erkennen zu können, zuerst das Richtige erkennen müssen? Hier ist noch einmal die Einsicht der empirischen Moralforschung in Erinnerung zu rufen, dass moralische Wertungen auf der emotionalen Bewertung von Situationen und Handlungen beruhen. Das gilt für deontische und evaluative Wertungen gleichermaßen. Wie gesagt, entzieht dies der Vorstellung jede Grundlage, dass das Richtige sich rein rational aufweisen lässt. Es hat vielmehr zur Konsequenz, dass sich unser moralisches Urteilen als ein emotional bestimmtes Verhalten beschreiben lässt, das als solches evaluativer Bewertung unterliegt. So mag jemand dessen innewerden, dass er sich bei seinem Urteil, dass es moralisch richtig ist, die Haftstrafen bei besonders brutalen Straftaten zu verlängern, von Vergeltungsinstinkten hat steuern lassen, und er mag dieses sein Verhalten moralisch negativ bewerten und sich solchermaßen von seinem Urteil distanzieren. Das bedeutet in der Konsequenz, dass es einen *epistemischen Primat des Guten gegenüber dem Richtigen* gibt. Wir müssen uns zuerst der emotional fundierten Verhaltenseinstellungen vergewissern, von denen wir uns bei unseren deontischen Urteilen leiten lassen, da von ihnen abhängt, wie wir urteilen. Die für die Moral und somit auch für die ethische Reflexion grundlegende Ebene ist daher nicht die des Handelns, sondern die des Verhaltens, welche unsere emotionalen Einstellungen mitumfasst und von der abhängt, wie wir uns im Handeln orientieren.

Diese Verhaltenseinstellungen aber sind nichts, worüber wir autonom verfügen. Anders als unsere freien Handlungen kann unser Verhalten nur in Grenzen unserer eigenen Urheberschaft zugeschrieben werden, und zwar weil dabei Emotionen eine Rolle spielen. So enthält mitfühlendes Verhalten ein Widerfahrnismoment in Gestalt des Affiziertwerdens durch das Leiden eines anderen. Das ist nichts, was wir autonom *machen*. Es war an früherer Stelle von unserer religiösen Tradition die Rede. In ihr gibt es ein Bewusstsein nicht nur hinsichtlich der Bedeutung, die derartigen Verhaltenseinstellungen für das sittliche Leben zukommt, sondern auch hinsichtlich der Abhängigkeit, in der der Mensch sich in Bezug auf solche Einstellungen befindet. Sie werden dem Wirken des Geistes Gottes zugeschrieben (vgl. z. B. Gal 5,25 f.), und das hat ein Ethos zur Folge, das nicht auf Selbstbestimmung und Autonomie gerichtet ist, sondern darauf, sich in seinem Lebensvollzug durch Gottes Geist bestimmen und ausrichten zu *lassen*. Freiheit ist in dieser Perspektive kein Vermögen, über das Menschen von sich aus verfügen, sondern vielmehr etwas, wozu sie befreit werden müssen (vgl. Gal 5,1), indem sich ihnen die rechte Verhaltenseinstellung mitteilt. Wenn die vorstehenden Überlegungen zur Bedeutung von Verhaltenseinstellungen für das sittliche Leben zutreffen, dann muss die diesbezügliche Abhängigkeit des Menschen auch einer profanen Ethik zu denken geben. Die grundlegendste Frage für die moralische Orientierung ist dann, wodurch wir uns in unserem Fühlen und Denken bestimmen lassen. Denn hiervon hängt ab, wie wir moralisch eingestellt sind, urteilen und handeln. Moralische Diskurse betreffen dann erst in zweiter Linie das Handeln und in erster Linie die Frage, welche Verhaltenseinstellungen wir wertschätzen und fördern und für unser eigenes Verhalten und Handeln als wesentlich erachten sollten.

Dies freilich führt weit weg von jenem Bild des Menschen, wonach dieser nicht nur der selbstbestimmte Urheber seines Handelns ist, sondern auch unabhängig und autonom in seiner moralischen Orientierung ist. Auf dieses Bild gründet sich die Hoffnung und Erwartung, das menschliche Zusammenleben ließe sich über die Moral kontrollieren, indem die Ethik – dem vermeintlichen Primat des Richtigen gegenüber dem Guten entsprechend – objektive und unbezweifelbare Grundsätze des Richtigen aufstellt und begründet, denen jeder Vernünftige zuzustimmen genötigt ist. Nach dem Gesagten ist diese Hoffnung trügerisch. Ich will dies abschließend an einem Zitat aus Robert Musils

Roman »Mann ohne Eigenschaften« (1931–32) verdeutlichen, welches ein helles Licht wirft auf die Situation, in die die Moral unter modernen Vorzeichen geraten ist. Musil lässt darin seine Hauptfigur, Ulrich, Reflexionen über die Brüchigkeit einer Moral anstellen, die einseitig an den Verstand gebunden wird und die es vernachlässigt, die Gefühle zu entwickeln, obwohl sie selbst von ihnen abhängig ist:

»Er war im Begriff gewesen, von dem zu wenig beachteten Unterschied zu sprechen, daß die verschiedenen Zeitläufte den Verstand in ihrer Weise entwickelt, die moralische Phantasie aber in ihrer Weise fixiert und verschlossen haben. Er war im Begriff gewesen, davon zu sprechen, weil die Folge ist: eine trotz aller Zweifel mehr oder weniger geradlinig durch alle Wandlungen der Geschichte aufsteigende Linie des Verstandes und seiner Gebilde, dagegen ein Scherbenberg der Gefühle, der Ideen, der Lebensmöglichkeiten, wo sie in Schichten so liegen, wie sie als ewige Nebensachen entstanden und wieder verlassen worden sind. [...] Weil alles in allem die Folge ist, daß die Affektivität in der Menschheit hin und her schwankt wie Wasser in einem Bottich, der keinen festen Stand hat« (Musil, 1931–32/1978, S. 1028 f.). Musil verdeutlicht dies – kurz vor Beginn des Dritten Reiches – am Phänomen der Begeisterung: »Ein Wesen ist der Mensch, das nicht ohne Begeisterung auskommen kann. Und Begeisterung ist der Zustand, worin alle seine Gefühle und Gedanken den gleichen Geist haben. Du meinst, beinahe im Gegenteil, sie sei der Zustand, wenn ein Gefühl übermächtig stark sei, ein einziges, das – Hingerissensein! – die anderen zu sich hinreißt? Nein, du hast darüber gar nichts sagen wollen? Immerhin, es ist so. Es ist auch so. Aber die Stärke einer solchen Begeisterung ist ohne Halt. Dauer gewinnen die Gefühle und Gedanken nur aneinander, in ihrem Ganzen, sie müssen irgendwie gleichgerichtet sein und sich gegenseitig mitreißen. Und mit allen Mitteln, mit Rauschmitteln, Einbildungen, Suggestion, Glauben, Überzeugung, oft auch nur mit Hilfe der vereinfachenden Wirkung der Dummheit, trachtet ja der Mensch, einen Zustand zu schaffen, der dem ähnlich ist. Er glaubt an Ideen, nicht weil sie manchmal wahr sind, sondern weil er glauben muß. Weil er seine Affekte in Ordnung halten muß. Weil er durch eine Täuschung das Loch zwischen seinen Lebenswänden verstopfen muß, durch das seine Gefühle sonst in alle vier Winde gingen. Das richtige wäre wohl, statt sich vergänglichen Scheinzuständen hinzugeben, die Bedingungen der echten Begeisterung wenigstens zu suchen. Aber obwohl alles in allem die Zahl der Entscheidungen, die vom Gefühl abhängen, unendlich viel größer ist als die jener, die sich mit der blanken Vernunft treffen lassen, und alle die Menschheit bewegenden Ereignisse aus der Phantasie entstehen, erweisen sich nur die Verstandesfragen als überpersönlich geordnet, und für das andere ist nichts geschehen, was den Namen einer gemeinsamen Anstrengung verdiente oder auch nur die Einsicht in ihre verzweifelte Notwendigkeit andeutete« (Musil, 1931–32/1978, S. 1037). Darin liegt die Gefahr der Katastrophe, des »Massenunglücks«: »Melde eben [...], das sei der Tausendjährige Glaubenskrieg. Und noch nie seien die Menschen so schlecht gegen ihn gerüstet gewesen wie in dieser Zeit, da der Schutt ›des vergeblich Gefühlten‹, den ein Zeitalter über dem anderen hinterläßt, Bergeshöhe erreicht hat, ohne daß etwas dagegen geschähe. Das Kriegsministerium darf also beruhigt dem nächsten Massenunglück entgegensehen‹« (Musil, 1931–32/1978, S. 1038).

Folgt man dieser Diagnose, dann ist es gerade das Bestreben, der menschlichen Irrationalität dadurch entgegenzuwirken, dass die Moral der rationalen Kontrolle durch den Verstand unterworfen und dazu vom Gefühl abgekoppelt wird, welches dem Irrationalismus in Gestalt eines orientierungslos gewordenen Gefühls den Boden bereitet, das Halt und Dauer sucht, indem es sich an »Ideen« und Irrglauben festmacht. Wenn wir darüber nachdenken, worin das Unheil begründet war, das Musil in diesen Sätzen hellsichtig vorwegnimmt: Ist dies primär die Tatsache, dass die Menschen damals nicht richtig gedacht haben? Oder ist es nicht vielmehr die Tatsache, dass vielen von ihnen die elementaren Gefühle der Menschlichkeit abhanden gekommen sind, ohne die es keinen Sinn für Recht und Unrecht gibt?

Literatur

Ammann, Ch. (2007). Emotionen – Seismographen der Bedeutung. Ihre Relevanz für eine christliche Ethik. Stuttgart: Kohlhammer.
Aristoteles (1983). Nikomachische Ethik. Übers. von F. Dirlmeier. Stuttgart: Reclam.
Birnbacher, D. (2003). Analytische Einführung in die Ethik. Berlin: de Gruyter.
Bittner, R. (2004). Verwüstung durch Moral. In B. Boothe, Ph. Stoellger (Hrsg.), Moral als Gift oder Gabe? (S. 98–103). Würzburg: Königshausen und Neumann.
Bleisch, B., Schaber, P. (Hrsg.) (2007). Weltarmut und Ethik. Paderborn: Mentis.

Fischer, J. (2010a). Ethik als rationale Begründung der Moral? Über eine moralphilosophische Verirrung. http://www.ethik.uzh.ch/ise/publikationen/publikationen-1/201004EthikBegruendungMoral12.pdf (Zugriff am 10.8.2010)

Fischer, J. (2010b). Grundlagen der Moral aus ethischer Perspektive und aus der Perspektive der empirischen Moralforschung. In J. Fischer, S. Gruden (Hrsg.), Die Struktur der moralischen Orientierung. Interdisziplinäre Perspektiven (S. 19–48). Münster: Lit-Verlag.

Fischer, J. (2010c). Handeln. Zeitschrift für evangelische Ethik, 54, 213–216.

Frankena, W. K. (1994). Analytische Ethik. Eine Einführung (5. Aufl.). München: dtv.

Habermas, J. (1981).Theorie des kommunikativen Handelns, Band 1. Handlungsrationalität und gesellschaftliche Rationalisierung. Frankfurt a. M.: Suhrkamp.

Hume, D. (1751/2002). Eine Untersuchung der Grundlagen der Moral. Hrsg. von K. Hepfer. Göttingen: Vandenhoeck & Ruprecht.

Luther, M. (1520/1987). Von der Freiheit eines Christenmenschen. In Kritische Gesamtausgabe, Band 7. Graz: Akademische Druck- und Verlagsanstalt.

Musil, R. (1931–32/1978). Der Mann ohne Eigenschaften (neu durchgesehene und verbesserte Aufl.). Reinbek: Rowohlt.

Nida-Rümelin, J. (2005). Theoretische und angewandte Ethik: Paradigmen, Begründungen, Bereiche. In J. Nida-Rümelin (Hrsg.), Angewandte Ethik. Die Bereichsethiken und ihre theoretische Fundierung. Ein Handbuch (2. Aufl.) (S. 2–85). Stuttgart: Kröner.

Prichard, H. A. (1974). Beruht die Moralphilosophie auf einem Irrtum? In G. Grewendorf, G. Meggle (Hrsg.), Seminar: Sprache und Ethik. Zur Entwicklung der Metaethik (S. 61–82). Frankfurt a. M.: Suhrkamp.

Ricken, F. (2003). Allgemeine Ethik (4. Aufl.). Stuttgart: Kohlhammer.

Rorty, R. (1996). Menschenrechte, Rationalität und Gefühl. In S. Shute, S. Hurley, (Hrsg.), Die Idee der Menschenrechte (S. 144–170). Frankfurt a. M.: Fischer-Taschenbuch-Verlag.

Singer, P. (2007). Hunger, Wohlstand und Moral. In B. Bleisch, P. Schaber (Hrsg.), Weltarmut und Ethik (S. 37–52). Paderborn: Mentis.

Taylor, Ch. (1996). Quellen des Selbst. Frankfurt a. M.: Suhrkamp.

Tugendhat, E. (1984). Antike und moderne Ethik. In E. Tugendhat, Probleme der Ethik (S. 33–56). Stuttgart: Reclam.

Tugendhat, E. (1993). Vorlesungen über Ethik. Frankfurt a. M.: Suhrkamp.

Winch, P. (1992). Wer ist mein Nächster? In P. Winch, Versuchen zu verstehen (S. 213–230). Frankfurt a. M.: Suhrkamp.

Moralpsychologie

Carmen Tanner

Geschützte Werte, Emotionen und moralische Entscheidungen

Es ist kein Geheimnis, dass in vielen sozialen und gesellschaftlichen Bereichen tiefe Gräben die Diskussionslandschaft durchziehen. Wir finden Reaktionen der Ablehnung und moralischer Empörung bei Themen wie zum Beispiel Gentechnologie, Stammzellenforschung oder etwa Organspenden. Dabei scheint es bei den Streitigkeiten um die Gentechnik um mehr zu gehen als um Lebensmittelsicherheit oder Verbraucherschutz, bei der Stammzellenforschung um mehr als um die Entwicklung neuer Therapiemöglichkeiten oder die Befriedigung unerfüllter Kinderwünsche oder beim Organhandel um mehr als die Deckung des Bedarfs nach Organen für Transplantationen. Viele sehen darin einen Verstoß gegen die Würde von Lebewesen, auf den sie emotional sensibel reagieren.

Auch in anderen intra- oder interkulturellen Bereichen finden wir Beispiele heftiger Reaktionen, die darauf hindeuten, dass es vermutlich um tiefer liegende Werte geht, die durch das Verhalten anderer als bedroht wahrgenommen werden. Es ist noch nicht lange her, als Muslime nach Erscheinen der Mohammed-Karikaturen wütend auf die Straße gingen, weil sie durch die Karikaturen ihren Propheten verspottet sahen. Die europäischen Medien reagierten umgekehrt energisch mit dem Hinweis, dass die freie Meinungsäußerung den westlichen Nationen »heilig« und unter allen Umständen hochzuhalten sei. Menschen gehen auf die Straße, um gegen Folter und die Verletzung der Menschenrechte, andere, um gegen Abtreibung und für den Schutz ungeborenen Lebens zu demonstrieren. Umweltverbände rufen zu Demonstrationen gegen Eingriffe in die Natur auf. Radikale Aktivisten zerstören Genversuchsfelder und Greenpeace-Mitglieder ketten sich an Bahngeleise, um auf ihre Anliegen aufmerksam zu machen.

Man kann solche Reaktionen und Verhaltensweisen negativ oder positiv bewerten. Für die einen drücken sich darin Fanatismus und Dogmatismus aus. Andere unterstützen und bewundern das couragierte Engagement anderer Menschen, wenn sie sich für eine ihnen wichtige Sache oder moralische Prinzipien einsetzen. Viel Anerkennung und Bewunderung hat zum Beispiel der britische Golfprofi Brian Davis erhalten. Dieser stand bei einem Golfturnier vor seinem ersten Sieg, als ihm ein Missgeschick passierte, das einem Regelverstoß gleichkam. Keiner hätte diesen Regelverstoß bemerkt, wenn Davis sich nicht selbst angezeigt hätte. Diese Ehrlichkeit kostete ihn letztendlich rund 400.000 Dollar. Offenbar war ihm wichtiger, den Fehler zuzugeben, als »unverdient« viel Geld zu kassieren. Wie auch immer, die genannten Beispiele verdeutlichen: Es gibt Dinge oder Werte, denen gegenüber sich Menschen verpflichtet fühlen, die sie nicht opfern wollen und wofür sie sich einsetzen, selbst wenn die Kosten hoch sind. In der Psychologie wird in diesem Zusammenhang von »Geschützten Werten« (engl. sacred values, protected values) gesprochen.

Definition und Relevanz von Geschützten Werten

Geschützte Werte sind nicht bloß Werte, die als wichtig angesehen werden. Es geht um Werte, die von Individuen oder einer Gemeinschaft explizit oder implizit als absolut, unantastbar und nicht substituierbar gesehen werden (z. B. Atran, Axelrod u. Davis, 2007; Baron u. Spranca, 1997; Tanner, Ryf u. Hanselmann, 2009; Tetlock, 2003). Dies kann für Mohammed wie für die Meinungsfreiheit, für die Würde von Lebewesen wie für die Menschenrechte, für Menschenleben wie für die Natur, Pflanzen oder Tiere, gelten. Mit anderen Worten, für alles, was einen (moralischen) Eigenwert haben kann und deshalb um seiner selbst willen als »schützenswert« gilt (Taylor, 1986), oder für zwischenmenschliche Werte wie Liebe, Freundschaft und Ehre (Fiske u. Tetlock, 1997) oder moralische oder wünschenswerte Maßstäbe wie Ehrlichkeit und Demokratie. Solche Werte werden oft als »heilig« angesehen und diese opfern zu wollen (insbesondere gegen Geld), gilt als verwerflich. Im Extremfall ist das Antasten solcher Werte schlicht tabu.

Geschützte Werte haben zweifellos viele praktische Implikationen. Sie sind jedoch auch in theoretischer Hinsicht interessant, weil sie im Widerspruch zu einigen Annahmen des »homo oeconomicus« stehen (Zey, 1992). So fassen rationale Entscheidungsmodelle Entscheiden als einen Kosten-Nutzen-Abwägungsprozess auf, in dessen Folge Merkmale und Werte untereinander verglichen und Vor- und Nachteile gegeneinander abgewogen und ausgetauscht werden. Solche Prozesse des Abwägens und Austauschens werden im Fachjargon *Tradeoffs* genannt. Dabei gilt, dass alle Werte durch andere Werte (wie z. B. Geld) kompensiert und eingetauscht werden können. Mit anderen Worten, Tradeoffs sind immer möglich. Im Idealfall werden dabei beliebige Werte in monetäre Einheiten übersetzt, um sie miteinander vergleichen zu können. Der Wert einer Sache ist davon abhängig, wie viel jemand bereit ist, dafür zu bezahlen.

Geschützte Werte widersprechen jedoch der ökonomischen Rationalität, wonach Tradeoffs immer möglich sind. Sie widersprechen auch der Annahme, dass marktwirtschaftliche Prinzipien auf alle gesellschaftlichen Bereiche (wie z. B. das Schaffen von monetären Anreizen, um die Zahl transplantierbarer Organe zu steigern) problem- und bedenkenlos angewendet werden können (Fiske u. Tetlock, 1997; McGraw u. Tetlock, 2005). So zeigen empirische Befunde, dass sich Menschen oft dagegen wehren, zum Beispiel Menschenleben, bedrohte Tierarten, Natur, Menschenrechte, Liebe oder Ehre in eine Nützlichkeitsmetrik zu übersetzen (z. B. Gregory u. Lichtenstein, 1994; MacGregor u. Slovic, 1986). Solche Entitäten gehören offenbar nicht zu den Ressourcen, die ohne weiteres handelbar und für Güterabwägungen offen sind (Andre, 1992). Im Gegenteil: Wer bereit ist, solche Werte zu opfern oder in monetäre Werte umzurechnen, disqualifiziert sich quasi als soziales Mitglied der Gruppe oder der Gesellschaft (Tetlock, Kristel, Elson, Green u. Lerner, 2000). Dies zu tun, hieße, den Wert als solches zu korrumpieren und zu zerstören. Wer zum Beispiel gegen Geld vertrauliche Informationen weitergibt oder unehrlich ist, wird als bestechlich und käuflich angesehen.

Geschützte Werte und Emotionen

Wie reagieren aber Menschen auf den Austausch von Werten (Tradeoffs), die als unantastbar und »geschützt« gelten? Der Gedanke liegt nahe, dass eine Verletzung dieses Grundprinzips mit negativen Emotionen wie Angst einhergeht. Ein Antasten von Geschützten Werten bedeutet einen Angriff auf etwas, das »wertvoll« und funktional für die persönliche und soziale Identität ist. Philip Tetlock und Kollegen (Tetlock et al., 2000) argumentieren, dass schon der Gedanke (»mere contemplation«) daran als bedrohlich wahrgenommen wird. In der Psychologie und Evolutionstheorie gelten Emotionen im Allgemeinen als wichtige Signale, die nicht nur die Wahrnehmung, sondern auch Entscheidungen und Reaktionstendenzen beeinflussen (z. B. Cosmides u. Tooby 2000; Haidt, 2001; Loewenstein u. Lerner, 2003; Schwarz u. Clore, 1983). Angst als spezifische Emotion wird einerseits als positiv und funktional für das Überleben angesehen, das die Lebewesen auf Gefahren vorbereitet. Angst hat andererseits negative Effekte, wenn sie in Panik ausbricht oder eine Reaktion auf irreale Bedrohungen darstellt. Eine Fülle von (neuro)psychologischen Untersuchungen untermauern mittlerweile, dass negative und positive Emotionen eine ganz wichtige Quelle von Informationen und Orientierungshilfen für das Entscheiden und Verhalten darstellen. Antonio R. Damasio (1994; Bechara, Damasio u. Damasio, 2000) beispielsweise fand, dass Patienten, deren Gefühlswelt aufgrund von Hirnschädigungen eingeschränkt war, nicht mehr entscheidungsfähig waren. Damasio schließt sogar, dass Emotionen, die er als durch »somatische Marker« verursachte Körperzustände beschreibt, für gute Entscheidungen unerlässlich sind, da sie schlechte oder gute Handlungsalternativen »markieren«. Diese Markierungen entstehen durch Erfahrung und fließen dann als automatische körpereigene Rückmeldung, als Alarmglocke oder Startsignal, in die Entscheidungsfindung ein.

Wie bereits angesprochen, implizieren Geschützte Werte, dass gewisse Tradeoffs als Tabu und moralisch inakzeptabel gelten. Deshalb werden Alternativen, die solche Tradeoffs zulassen, von vornherein abgelehnt und aus dem Set der Entscheidungsalternativen ausgeschlossen. Es darf vermutet werden, dass negative Emotionen (wie z. B. Angst) diese Entscheidungsmöglichkeit emotional als untragbar markieren und auf diese Weise den Entscheidungsprozess schnell zu einem Ende bringen. Empirische Studien scheinen dies zu bestätigen (Lichtenstein, Gregory u. Irwin, 2007; Hanselmann u. Tanner, 2008). In Untersuchungen unserer Forschergruppe an der Universität Zürich beispielsweise wurden Personen mit verschiedenen Entscheidungssituationen konfrontiert, bei denen jeweils eine Wahl zwischen zwei Alternativen zu treffen war (Hanselmann u. Tanner, 2008). Dabei wurden verschiedene Typen von Entscheidungskonflikten eingeführt. Bei den »Tabu«-Tradeoffs handelte es sich um Konflikte, bei denen nur *eine* der beiden Alternativen einen Bezug zu Geschützten Werten aufwies (z. B. Menschenleben vs. Geld). Bei den »Tragischen«-Tradeoffs handelte es sich um Konflikte, bei denen *beide* Alternativen Bezüge zu Geschützten Werten aufwiesen (z. B. Menschenleben vs. Menschenleben). Schließlich gab es auch »Routine«-Tradeoffs, die keinerlei Bezüge zu Geschützten Werten aufwiesen (z. B. Lohn vs. Ferien). Wir untersuchten, in welchem Maße diese Entscheidungskonflikte von den Individuen als emotional belastend und als schwierig wahrgenommen wurden. Die Entscheidungsschwierigkeit wurde anhand mehrerer Fragen gemessen, die verschiedene Facetten von wahrgenommener Schwierigkeit thematisieren (wie z. B. wahrgenommene Ambivalenz, Entscheidungsungewissheit, fehlende Bereitschaft, eine Entscheidung zu fällen). Das Ausmaß emotionaler Belastung wurde entweder anhand verschiedener Stress-Items (z. B. Angst vor der Entscheidung, Bedrohungswahrnehmung, Eindruck der Überforderung; Luce, Payne, u. Bettman, 1999) oder anhand der »Positive and Negative Affect Schedule« (PANAS; Watson, Clark u. Tellegen, 1988; deutsche Version entwickelt von Krohne, Egloff, Kohlmann u. Tausch, 1996) erfasst. Es überrascht nicht, dass die »tragischen« Konfliktsituationen mit dem höchsten Ausmaß an emotionalen Belastungen einhergingen und sich in der subjektiven Wahrnehmung auch als die schwierigsten Entscheidungsprobleme herauskristallisierten. Interessanter waren jedoch die »Tabu«-Tradeoffs. Diese Situationen wurden tendenziell ebenfalls als emotional belastend empfunden (mehr als »Routine«-Tradeoffs), aber sie stellten für die Personen Konflikte dar, die am leichtesten zu lösen waren.

Diese Befunde unterstützen die These, dass Geschützte Werte als eine Art Entscheidungshilfe (Heuristik) dienen, die den Prozess der Entscheidungsfindung erleichtern (zumindest in Situationen, die die Struktur von »Tabu«-Tradeoffs haben). Weitere Untersuchungen zeigten auch, dass Personen mit Geschützten Werten sich in Tabu-Konflikten nicht nur deutlich schneller entscheiden konnten, sie berichteten *nach* der Entscheidung auch über deutlich weniger emotionalen Stress und negative Gefühle (wie Furcht oder ein schlechtes Gewissen) als

Personen ohne Geschützte Werte (Hanselmann, Tanner u. Duc, 2010). Geschützte Werte scheinen also sowohl für die Regulation von Entscheidungen als auch von Emotionen funktional zu sein.

Wie wir anhand der Eingangsbeispiele gesehen haben, gehen Geschützte Werte auch mit anderen Emotionen und Reaktionstendenzen einher. In der Tat, die Möglichkeit, dass Geschützte Werte durch andere verletzt werden, können heftige Reaktionen der moralischen Empörung auslösen. Diese Reaktionen reichen von Wut, Ärger bis zu Forderungen, Personen, die gegen solche Werte verstoßen, zu bestrafen (z. B. Tetlock et al., 2000). Ein eindrückliches Beispiel für die Bereitschaft zu Bestrafungsaktionen geben Ginges, Atran, Medin und Shikaki (2007). Sic untersuchten die Relevanz und Rolle von Geschützten Werten im Nahostkonflikt zwischen Israel und Palästina. Die Forscher interessierten sich für die Frage, wie Palästinenser und Israelis auf verschiedene (hypothetische, aber durchaus realistische) Friedenspläne reagierten, die von den Parteien erwarteten, dass sie gewisse Ansprüche bei verschiedenen fundamentalen Themen aufgeben würden (wie z. B. »the land of Israel« oder »the right to return«). Dabei wurde zwischen zwei Typen von Friedensplänen unterschieden: Beim ersten Typ (»Tabu«-Tradeoff) wurden Vorschläge gemacht, die eine Zweistaatenlösung in Aussicht stellen, wenn dafür Zugeständnisse bei den fundamentalen Themen (wie »the land of Israel« oder »the right to return«) gemacht würden. Beim zweiten Typ (»Tabu- plus Geld«-Tradeoffs) wurden dieselben Vorschläge unterbereitet, den Parteien wurde diesmal jedoch als Gegenleistung viel Geld in Aussicht gestellt, wenn sie auf bestimmte Ansprüche verzichten würden. Unter anderem interessierte die Forscher, in welchem Maße diese Vorschläge mit emotionalen Empörungsreaktionen und Billigung von Gewaltakten (inkl. Selbstmordattentaten) einhergehen.

Ginges et al. fanden heraus, dass die Personen, für welche diese Themen »heilig« waren, anders reagierten als die Personen, für die diese Themen zwar auch wichtig, aber keine Geschützten Werte darstellten. Bei Vorschlägen des Typs »Tabu«-Tradeoff reagierten israelische Siedler und Palästinenser, die Geschützte Werte tangiert sahen, mit etwas mehr Empörung und Billigung von Gewaltakten als Personen ohne Geschützte Werte. Die krassesten Unterschiede zeigten sich jedoch, wenn monetäre Anreize als Kompensationen in Aussicht gestellt wurden (»Tabu- plus Geld«-Tradeoffs). Das Hinzufügen finanzieller Anreize reduzierte zwar die Opposition (d. h. das Ausmaß an Empörung und Billigung von Gewaltakten) bei den Personen ohne Geschützte Werte. Bei den Personen mit Geschützten Werten dagegen wurde das In-Aussicht-Stellen von monetären Entschädigungen erst recht als beleidigend und verwerflich gesehen. Das Hinzufügen finanzieller Anreize erhöhte *erst recht* das Ausmaß an Empörung, Gewaltakte wurden daher *erst recht* befürwortet.

Halten wir fest: Diese Befunde verdeutlichen zum einen, dass Personen mit und ohne Geschützte Werte mit Konflikten und Verstößen gegen wichtige Werte unterschiedlich umgehen. Sie zeigen, dass Personen mit Geschützten Werten nicht notwendigerweise nach monetärer Nutzenmaximierung streben. Zum anderen deuten sie darauf hin, dass Strategien, die versuchen Konflikte über finanzielle Anreize zu lösen, nicht bei allen Betroffenen erfolgreich sind. Im Gegenteil: Bei Personen mit Geschützten Werten können solche Vorschläge sogar »nach hinten losgehen«.

Geschützte Werte und moralische Pflichten

Weiter oben wurde beschrieben, dass Geschützte Werte als eine Art Entscheidungshilfe, Heuristik, dienen können. Geschützte Werte scheinen jedoch noch andere Implikationen für das Entscheidungsverhalten zu haben. Verschiedene Autorinnen und Autoren haben argumentiert, dass sich Personen mit Geschützten Werten in ihren Entscheidungen stärker an moralischen Pflichten als an den Konsequenzen ihrer Handlungen orientieren (Baron u. Spranca, 1997; Tanner, 2008; Tanner, Medin u. Iliev, 2008). Ersteres entspricht eher einer *deontologischen* und Letzteres eher einer *konsequentialistischen* oder utilitaristischen Perspektive. Eine deontologische Position impliziert, dass Entscheidungsalternativen weniger aufgrund der Konsequenzen als vielmehr aufgrund von Prinzipien, welches Verhalten richtig oder falsch ist, bewertet werden. In der Tat gibt es einige empirischen Belege dafür, dass Geschützte Werte mit deontologischen Orientierungen einhergehen.

In Übereinstimmung mit einer deontologischen Perspektive konnte beispielsweise gezeigt werden, dass für Personen mit Geschützten Werten nichtkonsequentialistische Aspekte von Situationen, nämlich die

Unterscheidung zwischen »Tun und Unterlassen«, in besonderem Maße relevant ist (Tanner, 2009). Untersuchungen bestätigen, dass Personen mit Geschützten Werten sensibler auf den Sachverhalt reagieren, ob die mit den Alternativen verknüpften Konsequenzen eine Folge ihres Tuns oder Nicht-Tuns sind, während dieser Sachverhalt für Personen ohne Geschützte Werte mehr oder weniger irrelevant ist. Letztere fokussieren eher auf das Ausmaß der Konsequenzen.

Ebenfalls als Hinweise auf deontologische Perspektiven zu deuten sind Beobachtungen, wonach sich Personen mit Geschützten Werten an »Handlungsverboten« orientieren, wie zum Beispiel anderen keinen Schaden zufügen wollen (Ritov u. Baron, 1999). Oft gehen Geschützte Werte jedoch mit »Handlungsgeboten«, also der Entscheidungstendenz zugunsten der Handlung anstatt zugunsten der Unterlassung, einher. Das Motto scheint dann eher zu sein: »Unternimm was, schau nicht einfach tatenlos zu.« So kann zum Beispiel ein Arzt angesichts eines schweren Leidens eines Patienten nicht einfach »nichts tun«, auch wenn er weiß, dass jede weitere Behandlungsmaßnahme sinnlos wäre. Ein Aktivist kann angesichts der Verletzung der Menschenrechte nicht einfach »nichts tun«, obwohl er vielleicht weiß, dass seine Protestaktion von minimalem Erfolg gekrönt sein wird.

Die bisherigen Befunde untermauern, dass Geschützte Werte mit einem starken Verpflichtungsgefühl gegenüber dem Wert einhergehen, was nicht nur für das Entscheidungsverhalten, sondern auch für die Handlungsregulation Implikationen haben könnte. Nicht nur wird auf die Verletzung von Geschützten Werten mit Empörung reagiert, Geschützte Werte scheinen auch eine Bereitschaft zu induzieren, etwas zur Aufrechterhaltung oder dem Schutz von diesen Werten zu tun. Der Gedanke liegt nahe, dass Geschützte Werte deshalb auch eine Quelle von Aktivismus sind.

Geschützte Werte und situationale Einflüsse

Zu den wichtigsten Erkenntnissen der Sozial- und Entscheidungspsychologie zählt der Nachweis, dass individuelle Urteils- und Entscheidungsprozesse selbst durch subtile Kontextveränderungen beeinflusst werden können. »Framing-Effekte«, wie sie erstmals von Amos Tversky und Nobelpreisträger Daniel Kahneman demonstriert wurden, beschreiben solche Kontexteinflüsse (Tversky u. Kahneman, 1981). Diese Autoren haben gezeigt, dass es eine wichtige Rolle spielt, ob die mit den Entscheidungsalternativen verknüpften Konsequenzen positiv oder negativ, als Gewinne oder als Verluste beschrieben werden (z. B.: Von insgesamt 600 kranken Kindern werden 200 als Folge einer medizinische Behandlung »gerettet« vs. von insgesamt 600 kranken Kindern werden 400 Kindern trotz der medizinischen Behandlung »sterben«). Je nach Art der Beschreibung kehren sich die Präferenzen um. Solche Befunde legen den weitreichenden Schluss nahe, dass Einstellungen und Präferenzen in hohem Maße instabil, eben kontextabhängig sind.

Interessanterweise deuten unsere Forschungsergebnisse darauf hin, dass Personen mit Geschützten Werten resistenter gegenüber solchen situativen Einflüssen sind (Tanner u. Medin, 2004; Tanner et al., 2008). Wir untersuchten was passiert, wenn im Zusammenhang mit Auswirkungen von Umweltproblemen auf Natur, Tiere oder Menschen die Folgen mal positiv oder negativ geschildert werden. Die Ergebnisse zeigten, dass Personen, für die Natur, Tiere oder Menschen den Status von Geschützten Werten haben, die Aufmerksamkeit stärker auf die Frage »Was soll ich tun?« (vs. nicht tun) richteten als auf die Art der Folgen. Diese Personen entschieden sich – unabhängig von der Beschreibung der Konsequenzen – häufiger für eine Tendenz zum Handeln im Dienste des Geschützten Wertes. Mit anderen Worten: Personen mit Geschützten Werten reagierten weniger sensibel auf kontextuelle Veränderungen; sie waren im Unterschied zu Personen ohne Geschützte Werte immun gegenüber Framing-Effekten.

Ebenso zeigen erste experimentelle Studien, dass Personen mit Geschützten Werten auch resistenter gegenüber finanziellen Anreizen sind (Tanner, Berkowitsch, Gibson u. Wagner, 2010; Tanner, Gibson, Wagner u. Berkowitsch, 2010). In diesen Untersuchungen ging es um die Frage, wann und warum sich Personen ehrlich verhalten. Sind Menschen, wie es die ökonomische Sicht annehmen würde, in erster Linie Opportunisten, die sich nur dann ehrlich verhalten, wenn es sich finanziell lohnt? Oder finden wir auch Personen, die Ehrlichkeit wie einen Geschützten Wert behandeln und sich deshalb gegenüber der Ehrlichkeit in höherem Maße verpflichtet fühlen? Um diese Frage zu untersuchen, konfrontierten wir Personen mit Simulationen von (realistischen) Businesssituationen, bei denen es um Konflikte zwischen Ehrlichkeit vs. monetären Gewinnen ging. Die Befragten hatten wiederholt Entscheidungen zu fällen, in denen sie zwischen ehrlichem und unehrlichem Verhalten wählen mussten. Variiert wurden dabei die monetären Kosten, die mit ehrlichem Verhalten verknüpft waren. Die Personen konnten dabei reales Geld verdienen, das ihnen in Abhängigkeit von ihren Entscheidungen am Schluss ausbezahlt wurde. Es konnte umso mehr Geld verdient werden, je häufiger man sich unehrlich verhielt. Es handelte sich dabei nicht um hohe Geldbeträge, die ausbezahlt wurden (dies variierte je nach Experiment; bis zu 25 Schweizer Franken konnten verdient werden). Nichtsdestotrotz, es war der Person überlassen, ob sie den in Aussicht stehenden Gewinn opfern und auf dem »Tisch liegen lassen« wollte oder nicht.

In mehreren Studien ergab sich stets folgendes Bild: Erwartungsgemäß waren Personen ohne Geschützte Werte für Ehrlichkeit nur dann ehrlicher, wenn die mit Ehrlichkeit verbundenen Kosten gering waren. Anders verhielten sich jedoch die Personen, die Ehrlichkeit als einen Geschützten Wert betrachteten: Diese ließen sich durch Anreize weniger beeinflussen und waren in höherem Maße bereit, auf (reale) monetäre Gewinne zu verzichten, um dem Prinzip der Ehrlichkeit treu zu bleiben.

Geschützte Werte – Fluch oder Segen?

Fassen wir zusammen: Geschützte Werte sind in vielen gesellschaftlich relevanten Bereichen involviert und eine bedeutsame Quelle von Konflikten. Empirische Ergebnisse zu Geschützten Werten widersprechen herkömmlichen Modellen und Positionen, wonach alle Werte handelbar und für Kosten-Nutzen-Abwägungen offen sind. Im Gegenteil, wo solche Werte im Spiel sind, stoßen die Anwendung marktwirtschaftlicher Prinzipien und Ökonomisierung gesellschaftlicher Lebensbereiche an Grenzen. Sind Geschützte Werte involviert, spielen deontologische Gesichtspunkte eine zunehmende Rolle, und Entscheidungsalternativen werden weniger aufgrund der Konsequenzen als vielmehr aufgrund von Prinzipien, was richtig oder falsch ist, bewertet. Geschützte Werte gehen zudem häufig mit starken Emotionen einher, die Positionen gegenüber solchen Werten werden vehement verteidigt. Ferner zeichnet sich ab, dass Personen mit Geschützten Werten resistenter gegenüber situativen Manipulationen (wie Framing oder finanziellen Anreizen) sind.

Wie sind Geschützte Werte und deren Auswirkungen auf Entscheiden und Handeln zu bewerten? Diese Frage lässt sicht mit einer eindeutigen Antwort beantworten. Die Effekte lassen sich nicht pauschal als negativ oder positiv abstempeln. Werden in einem Diskurs Geschützte Werte tangiert, ist der Diskussionspartner gezwungen, sich in einem Feld moralischer Empörung zu behaupten. Es wäre realitätsfremd, diese affektiv-intuitiven Reaktionen und das damit verbundene Engagement als unvernünftig und beliebig abzutun. Sie sind Ausdruck tief liegender Prinzipien und es geht um Dinge, die den Menschen »am Herzen liegen«. Das ist ernst zu nehmen. Selbstverständlich erhalten Geschützte Werte ein unschönes Gesicht, wenn die Reaktionen in Dogmatismus und Fanatismus umschlagen. Umgekehrt deuten die Befunde, wonach Personen mit Geschützten Werten resistenter gegenüber kontextuellen Einflüssen sind, darauf hin, dass solche Werte Eigenschaften von »stabilen Einstellungen« haben, die sich nicht so leicht durch externe Einflüsse (wie z. B. finanzielle Anreize) verändern oder korrumpieren lassen. Dies könnte man angesichts der aktuellen Wirtschaftskrise auch als positives Zeichen deuten.

Literatur

Andre, J. (1992). Blocked exchanges: A taxonomy. Ethics, 103, 29–47.

Atran, S., Axelrod, R., Davis, R. (2007). Sacred barriers to conflict resolution. Science, 317, 1039–1040.

Baron, J., Spranca, M. (1997). Protected values. Organizational Behavior and Human Decision Processes, 70, 1–16.

Bechara, A., Damasio, H., Damasio, A. R. (2000). Emotion, decision-making, and the orbitofrontal cortex. Cerebral Cortex, 10, 295–307.

Cosmides, L., Tooby, J. (2000). Evolutionary psychology and the emotions. In M. Lewis, J. M. Haviland-Jones (Eds.), Handbook of emotions (2nd edition). New York: Guilford.

Damasio, A. (1994). Descartes' error: Emotion, reason, and the human brain. New York: Putnam.

Fiske, A. P., Tetlock, P. E. (1997). Taboo trade-offs: Reactions to transaction that transgress the spheres of justice. Political Psychology, 18, 255–297.

Ginges, J., Atran, S., Medin, D., Shikaki, K. (2007). Sacred bounds on rational resolution of violent political conflict. Proceedings of the National Academy of Sciences, 104, 7357–7360.

Gregory, R., Lichtenstein, S. (1994). A hint of risk: Tradeoffs between quantitative and qualitative risk factors. Risk Analysis, 14, 199–206.

Haidt, J. (2001). The emotional dog and its rational tail: A social intuitionist approach to moral judgment. Psychological Review, 108, 814–834.

Hanselmann, M., Tanner, C. (2008). Taboos and conflicts in decision making: Sacred values, decision difficulty, and emotions. Judgment and Decision Making, 3, 51–63.

Hanselmann, M., Tanner, C., Duc, C. (2010). Should I approve of torture or not? Conflict and self-regulation processes when deciding on human rights issues (submitted).

Krohne, H. W., Egloff, B., Kohlmann, C.-W., Tausch, A. (1996). Untersuchungen mit einer deutschen Form der »Positive and Negative Affect Schedule« (PANAS). Diagnostica, 42, 139–156.

Lichtenstein, S., Gregory, R., Irwin, J. (2007). What's bad is easy: Taboo values, affect, and cognition. Judgment and Decision Making, 2, 169–188.

Loewenstein, G., Lerner, J. S. (2003). The role of affect in decision making. In R. J. Davidson, K. R. Scherer, H. H. Goldsmith (Eds.), Handbook of affective sciences (pp. 619–642). New York: Oxford University Press.

Luce, M. F., Payne, J. W., Bettman, J. R. (1999). Emotional trade-off difficulty and choice. Journal of Marketing Research, 36, 143–159.

McGraw, A. P., Tetlock, P. E. (2005). Taboo Trade-offs, relational framing, and the acceptability of exchanges. Journal of Consumer Psychology, 15, 2–15.

MacGregor, D., Slovic, P. (1986). Perceived acceptability of risk analysis as a decision-making approach. Risk Analysis, 6, 245–256.

Ritov, I., Baron, J. (1999). Protected values and omission bias. Organizational Behavior and Human Decision Processes, 79, 79–94.

Schwarz, N., Clore, G. L. (1983). Mood, misattribution and judgments of well-being: Informative and directive functions of affective states. Journal of Personality and Social Psychology, 45, 513–523.

Tanner, C. (2008). Zur Rolle von Geschützten Werten bei Entscheidungen. In E. H. Witte (Hrsg.), Sozialpsychologie und Werte. Beiträge des 23. Hamburger Symposiums zur Methodologie der Sozialpsychologie (S. 172–188). Lengerich: Papst Science Publishers.

Tanner, C. (2009). To act or not to act: Nonconsequentialism in environmental decision making. Ethics u. Behavior, 19, 479–495.

Tanner, C., Medin, D. L. (2004). Protected values: No omission bias and no framing effects. Psychonomic Bulletin and Review, 11, 185–191.

Tanner, C., Medin, D. L., Iliev, R. (2008). Influence of deontological vs. consequentialist orientations on act choices and framing effects: When principles are more important than consequences. European Journal of Social Psychology, 38, 757–769.

Tanner, C., Ryf, B., Hanselmann, M. (2009). Geschützte Werte Skala (GWS): Konstruktion und Validierung eines Messinstrumentes. Diagnostica, 55, 174–183.

Tanner, C., Berkowitsch, N., Gibson, R., Wagner, A. (2010). Sacred values and ethical decision making. In E. H. Witte; T. Gollan (Eds.), Sozialpsychologie und Ökonomie. Beiträge des 25. Hamburger Symposiums zur Methodologie der Sozialpsychologie (S. 112–125). Lengerich: Pabst Science Publishers.

Tanner, C., Gibson, R., Wagner, A., Berkowitsch, N. (2010). How much for your honesty? Honesty as a protected value and its implications for choices in business (submitted).

Taylor, P. W. (1986). Respect for nature: A theory of environmental ethics. Princeton, NJ: Princeton University Press.

Tetlock, P. E. (2003). Thinking the unthinkable: Sacred values and taboo cognitions. Trends in Cognitive Sciences, 7, 320–324.

Tetlock, P. E., Kristel, O. V., Elson, S. B., Green, M. C., Lerner, J. S. (2000). The psychology of the unthinkable. Taboo trade-offs, forbidden base rates, and heretical counterfactuals. Journal of Personality and Social Psychology, 5, 853–870.

Tversky, A., Kahneman, D. (1981). The framing of decisions and the psychology of choice. Science, 211, 453–458.

Watson, D., Clark, L. A., Tellegen, A. (1988). Development and validation of brief measures of positive and negative affect: The PANAS scales. Journal of Personality and Social Psychology, 54, 1063–1070.

Zey, M. (1992). Decision-making: Alternatives to rational choice models. London: Sage.

Darcia Narvaez und Jenny L. Vaydich

Angst und Liebe als Motoren des moralischen Handelns[12]

Ist es Angst oder Liebe, die unser moralisches Handeln bestimmen? Während Jahrtausenden haben religiöse Führer behauptet, dass es Liebe und Mitleid seien, welche im Zentrum unseres moralischen Lebens stünden. Trotzdem beobachten wir im Alltagsleben der Menschen oft, dass Moral auch viel mit Angst zu tun hat. Schließlich beobachten wir eine dritte Form der Moral, welche unmittelbar weder mit Angst noch Liebe zu tun hat, sondern mit moralischer Verantwortung von Entscheidungsträgern, deren Entscheidungen weit mehr Konsequenzen für die globale Bevölkerung und die Umwelt haben, als man sich eingestehen will. Die Theorie der triadischen Ethik (Narvaez, 2008) unterscheidet diesbezüglich drei Haupttypen: die Sicherheits-Ethik, welche auf Angst, die Engagement-Ethik, welche auf Liebe/Mitleid, und die Imaginations-Ethik, welche auf einer gesellschaftlichen Verantwortungsethik basiert. In diesem Kontext werden auch die neueren Erkenntnisse der Neurobiologie diskutiert, welche den Zusammenhang zwischen der Fürsorge in der Kindheit und der moralischen Einstellung im späteren Leben aufzeigen. Unterschiedliche Ausformungen der Moral sind diesbezüglich eng geknüpft an das emotionale System, welches durch Kultur und individuelle Lebenserfahrung geprägt wird.

Fürsorge in der Frühphase der Entwicklung – Neurobiologie und moralische Entwicklung

Die fürsorgende Umgebung hat einen dominanten Einfluss auf die Entwicklung des Kindes (Thompson, 1994). Ein Großteil der Gehirnentwicklung erfolgt nämlich erst nach der Geburt (75 Prozent) und die anfängliche Ausbildung aller Systeme der Wahrnehmung und Empfin-

---

12 Aus dem Englischen übersetzt von Philipp Aerni.

dung ist stark beeinflusst durch die unmittelbaren Bezugspersonen (Siegel, 1999) und das unterstützende Umfeld. Die Entwicklung der neuronalen Netzwerke in den ersten Jahren des Lebens ermöglicht durch ständigen sozialen und physischen Austausch das Heranreifen der grundlegenden emotionalen und sozialen Grundfunktionen des Menschen (Damon, 2006).

Eine fürsorgende Umgebung, welche von Bowlby (1988), basierend auf Hartman (1939), auch die Umgebung der evolutionsbedingten Angepasstheit (»the environment of evolutionary adaptedness«, EEA) genannt wird, gilt als grundlegend für die Entwicklung des gegenwärtigen Menschen. Die Praktiken der Fürsorge, wie sie von Anthropologen heute noch bei traditionellen Jäger- und Sammlergesellschaften beobachtet werden, stammen mit großer Wahrscheinlichkeit von unseren Vorfahren im Paläolithikum ab und wurden seit Urzeiten der Menschheitsgeschichte ausgeübt (über 99 Prozent der Geschichte der Hominiden wurde angeblich durch diese ursprünglichen Praktiken bestimmt; Fry, 2006). Diese umfassen zärtliche Berührungen, den gemeinsamen Schlafplatz, ausgiebiges und häufiges Stillen an der Mutterbrust, emotional abgestimmten sozialen Austausch und fürsorgliche soziale Beziehungen (Hewlett u. Lamb, 2005). Fürsorgende Bezugspersonen schaffen die Voraussetzungen für eine Umgebung, die eine Kindsentwicklung mit relationaler Präsenz (relational presence) ermöglicht (»good enough holding environment«; Winnicott, 1957). Diese ist ein wichtiger Faktor für mentales Wohlbefinden und soziale Integration in einer späteren Phase der Entwicklung (Siegel, 1999). Kinder entwickeln in einer solchen Umgebung eine positive und offene Haltung gegenüber ihrem unmittelbaren und erweiterten sozialen Umfeld.

Dies wurde in Studien bestätigt, die sich mit den Auswirkungen einer aufmerksamen Elternbetreuung in der frühen Kindheitsphase beschäftigt haben. Sie konnten erkennen, dass diese mit höheren Stufen der Eigenverantwortung, des Einfühlungsvermögens und der sozialen Verständigung korrelieren (Eisenberg, Fabes u. Spinrad, 2006; Kochanska, 2002; Thompson, 2009). Auf der anderen Seite wurde deutlich, dass eine Vernachlässigung der aufmerksamen Fürsorge zu unausgereiften Hirnstrukturen, hormonalen Störungen und mangelhafter Integrationsfähigkeit führten, welche sich wiederum in größerer Feindseligkeit und Aggression gegen andere manifestierten (Kruesi et al., 1992; Pollak u. Perry, 2005) und als Ursachen für Depression und panische Angstzustände erkannt wurden (Schore, 2003a; 2003b). In diesem Zusammenhang steigert sich auch das Gefühl der Bedrohung durch die Umwelt, welches die kognitiven und emotionalen Funktionen tangiert und somit moralische Handlungen mitbestimmt. Die resultierende moralische Grundhaltung basiert dann meistens auf einem Angstgefühl und einer selbstzentrierten Orientierung im Sozialleben. Obwohl die Entwicklung der sozialen Fähigkeiten sich in Kindheit und Jugend fortsetzt, ist es die Frühphase, welche durch die Mutter-Kind-Beziehung das Fundament für die grundlegenden neuronalen Netzwerke und somit die Beziehung zwischen Körper und Geist im Kontext des moralischen Handeln bestimmt (Siegel, 2001).

In den letzten 50 Jahren hat sich die Bedeutung der Praktiken unserer Vorfahren in der Kindsbetreuung vermindert (Narvaez, Panksepp, Shore u. Gleason, 2010) und gerade in den Vereinigten Staaten scheint das allgemeine Grundvertrauen der Kinder in ihre Umgebung abgenommen zu haben (Heckman, 2008). Wir glauben, dass dadurch auch die Grundvoraussetzungen für verantwortungsvolles moralisches Handeln tangiert wurden. Die Theorie der triadischen oder dreieinigen Ethik bezieht sich auf diesen Zusammenhang zwischen frühen Kindserfahrungen und moralischer Grundeinstellung im späteren Leben.

Triadische Ethik: Sicherheit, Engagement und Imagination

Die Theorie der triadischen Ethik geht von der Annahme aus, dass die emotionalen Grundstrukturen im Hirn, die in der Frühphase der Kindheit in der Interaktion mit den unmittelbaren Bezugspersonen entwickelt wurden, zugleich die Grundlage für die moralische Grundeinstellung im Leben liefern. Die Entwicklung und Integration der Hirnstrukturen beeinflussen die drei Grundformen der moralischen Grundeinstellung: Sicherheit, Engagement (soziale Bindung/Verbindlichkeit) und Imagination (Vorstellung über die Konsequenzen der eigenen Handlungen). Diese drei Grundformen können als zentrale Motive betrachtet werden im Komplex »Ereignis-Kontext-Emotion« (event-feature-emotion complex), der die moralische Wahrnehmung und Interpretation bestimmt (Moll et al., 2002; 2005). Jede Grundform repräsentiert eine unterschiedliche Konstellation von aktivierten Emotionen, Hormonen und anderen physiologischen Systemen. Einmal aktiviert, bestimmen sie die Ethik, die die Informationen von Ereignissen verarbeitet und interpretiert und schließlich die daraus folgenden Handlungen bestimmt.

Sicherheit – oder die Moral der Angst

Die Sicherheits-Ethik muss als der ursprünglichste Sinn für Moral verstanden werden, den die Menschen mit Tieren gemeinsam haben. Er ist verknüpft mit den älteren Strukturen des Hirns, insbesondere mit dem R-Komplex (MacLean, 1990) und dem extrapyramidalmotorischen System (EPS) (Panksepp, 1998). Der R-Komplex motiviert die Handlungen, die sich auf Grundinstinkte beziehen: Überleben, Territorialität, Machtkämpfe in der Gemeinschaft, Täuschung, Ausübung von Routinetätigkeiten und die Befolgung von tradierten Gewohnheiten (MacLean, 1990). Der R-Komplex ist dadurch eng verbunden mit emotionalen Systemen, die Furcht, Wut und Anpassung umfassen. Die Sicherheits-Ethik wird immer dann maßgebend, wenn etwas als bedrohend empfunden wird (real oder fiktiv). Ihre Aktivierung bringt einen sympathischen Mechanismus des Selbstschutzes in Gang (Kampf oder Flucht und Versteck), welcher als »Bunker-Sicherheit« bezeichnet werden kann. Oder es bewirkt ein parasympathisches System, welches mit Erstarrung und Rückzug zu tun hat und als »Mauerblümchen-Sicherheit« bezeichnet werden kann.

Die Sicherheits-Ethik kann man aus objektiver Sichtweise kaum als moralische Orientierung bezeichnen. Subjektiv gesehen wird sie jedoch sehr wohl als moralische Grundhaltung gefühlt. Obwohl selbstzentriert und oftmals antisozial, kann das Individuum diese Haltung als moralisch notwendig rechtfertigen, denn es geht um Selbstschutz und gefühlte Gerechtigkeit. Diesbezüglich kann eine Grundhaltung, welche als hart und unnachgiebig bezeichnet werden müsste, zugleich von der betreffenden Person als notwendige Voraussetzung erachtet werden, um ein guter Mensch mit einem gesunden Misstrauen zu sein. Dieses Misstrauen wird dadurch gerechtfertigt, dass sich der Mensch sowieso nicht um die Moral schere (Narvaez, Brooks u. Mattan, 2010). Wenn Menschen sich um ihre eigene Sicherheit oder Selbstgewissheit ängstigen, können ihre Reaktionen auf einem Überlebensinstinkt beruhen, der durch eben diese Sicherheits-Ethik repräsentiert wird. Deswegen zeigt dieser Menschentypus auch oft wenig Bereitschaft, anderen zu helfen und ohne dies mit unmoralischem Verhalten in Verbindung zu bringen (z. B. Mikulincer, Shaver, Gillath u. Nitzberg, 2005).

Eine moralische Persönlichkeit kann aus diesem Grund eine Orientierung nach Sicherheit als ihre moralische Grundeinstellung entwickeln. Sie dominiert die Persönlichkeit auf zwei Arten. »Mauerblümchen-Sicherheit« manifestiert sich in einem Verhalten, das geprägt ist durch ein manisches Kontrollbedürfnis auf der einen Seite und eine zurückgezogene und zur Depression neigenden Lebensweise auf der anderen Seite. Erstarrung bei moralischen Dilemmata oder das Festhalten an unterhinterfragten moralischen Gewohnheiten im Alltag sind die Folge. Symptome dieser Grundeinstellung zeigen sich häufig bei chronisch misshandelten Menschen.

Der zweite Typ der Sicherheits-Ethik, die »Bunker-Sicherheit«, manifestiert sich hingegen in einem Mangel an Selbstkontrolle und einem Verhalten, das sich durch Aggression und Selbstschutz (im physisch und psychischem Sinn, z. B. als Ego) charakterisieren lässt. Beide Ausformungen haben jedoch mit negativen Erfahrungen in der Frühphase der Kindheit zu tun. Die Vernachlässigung oder Misshandlung als Kind schaffen ein Bedürfnis nach Selbstschutz und erzeugen ein generelles Misstrauen gegenüber der sozialen Umwelt (Henry u. Wang, 1998; Siegel, 1999). Es zeigt sich auch, dass dieser Typus bei der experimentellen Messung des moralischen Verhaltens ein niedrigeres Niveau an Aufrichtigkeit und Integrität aufweist und weniger Handlungsbereitschaft für den Schutz von Benachteiligten zeigt, wobei diese Einstellung aus der Sicht des Subjekts als moralisch sehr richtig erscheinen kann (Narvaez, Brooks u. Mattan, 2010).

Engagement-Ethik: Moral als zwischenmenschliche Verantwortung

Die Engagement-Ethik oder Bindungs-Ethik hat ihre Wurzeln in neurobiologischen Systemen und bildet die Voraussetzung für intensive soziale Beziehungen. Sie betreffen das viszeral-emotionale Nervensystem (Panksepp, 1998) und vor allem die Aktivitäten in der rechten Gehirnhälfte (Schore, 1994). Ihre volle Entwicklung wird maßgebend durch die Qualität der frühen Fürsorge bestimmt. Die betreffenden Gehirnstrukturen erlauben ein Hier-und-Jetzt der Aussendung emotionaler Signale (Konner, 2002) und somit die Fähigkeit der vollumfänglichen emotionalen Gegenwärtigkeit in sozialen Handlungen. Eine gute Fürsorge in der Frühphase ermöglicht ein Training für limbische Resonanz (limbic resonance), welche bestimmend ist für den Austausch, das Einfühlungsvermögen und die gegenseitige Anpassung in zwischenmenschlichen Beziehungen (Lewis et al., 2000, S. 63). Limbische Resonanz fördert daher soziale Fähigkeiten wie Empathie und hormonal bedingte Zustände, welche mit einer Offenheit und Verlässlichkeit im sozialen Austausch (prosociality) in Verbindung gebracht werden (z. B. Oxytocin).

Die Engagement-Ethik bezieht sich vor allem auf zwischenmenschliche Gefühle und den emotionalen Austausch mit Fremden. Dabei spielt auch die Fähigkeit des Mitfühlens und Miterlebens eine wichtige Rolle. Diese Engagement-Identitäten zeichnen sich durch ein größeres Maß an Aufrichtigkeit, Integrität und Hilfsbereitschaft aus (Narvaez, Brooks u. Mattan, 2010). Dies ermöglicht zugleich eine innere Ruhe (engagement calm), welche mit der Fähigkeit der Empathie und der Soziozentriertheit zu tun hat.

Fürsorgende Bezugspersonen helfen dem Kind, eine Engagement-Ethik zu entwickeln. Nachlässige Fürsorge hingegen verhindert diese Anpassungsfähigkeit des emotionalen Systems (z. B. hypothalamic-pituitary-adrenal axis; HPA; Gunnar u. Quevedo, 2007) und traumatische Erfahrungen können sogar die kognitive Entwicklung aktiv schädigen (Allen u. Oliver, 1982; Bremner, 2005; Culp, Watkins u. Lawrence, 1991). Dies geschieht insbesondere in Umgebungen, wo sich Kinder unwohl und unsicher fühlen (physisch, emotional und psychisch), nicht zuletzt durch inkonsistente Fürsorge und Kindesmisshandlung, welche dann einen Rückzug in eine Sicherheits-Ethik zur Folge haben.

Imagination: Moral der Abstraktion

In ihrem Idealzustand funktioniert die Imaginations-Ethik im Rahmen eines gut entwickelten somatisch-kognitiven Nervensystems im Bereich der Achse Thalamus–Neokortex (Panksepp, 1998). Dies sind die Gehirnstrukturen, die sich in einer späteren Phase des Menschen herausgebildet haben. Die Imaginations-Ethik setzt gut entwickelte frontale Stirnlappen voraus, insbesondere im präfrontalen Kortex. Diese Gehirnbereiche beeinflussen die ausführenden Funktionen, welche im Zusammenhang stehen mit der menschlichen Fähigkeit, zu planen und die Konsequenzen der eigenen Handlungen auf Um- und Mitwelt abschätzen zu können. Das Beginnen wie auch das Beenden von Handlungen sowie die Fähigkeit, die Perspektive anderer zu übernehmen, sind ebenfalls auf diese Gehirnregion zurückzuführen (Goldberg, 2002). Eine Schädigung dieser Gehirnregion hat daher massive Konsequenzen für die Persönlichkeit, ihre Fähigkeit zur Empathie und individuellen Entscheidungsfindung (Damasio, 1999). Eine gesunde Entwicklung ermöglicht hingegen eine Imaginations-Ethik, welche fähig ist, vom Gegenwärtigen zu abstrahieren, indem die moralischen Gefühle durch logisches Denken im Entscheidungsprozess ergänzt werden.

Es gibt jedoch verschiedene Unterkategorien dieser Imaginations-Ethik. Eine Unterkategorie steht in Bezug zur Sicherheits-Ethik und hat ihre Wurzeln einmal mehr in der unzureichenden Fürsorge während der Kindheit. Die Imagination ist bei diesen Menschen hauptsächlich von primitiven Emotionen wie Angst und Wut bestimmt und fördert eine moralische Grundhaltung, die von geringer Menschenfreundlichkeit geprägt ist (viscious imagination). Sie unterscheidet sich von der »Bunker-Sicherheit« lediglich dadurch, dass sie weniger reflexartig und weniger auf unmittelbare Gratifikation abzielt. Sie fokussiert sich stattdessen auf Täuschung, um langfristige Ziele zu erreichen, welche als moralisch gerechtfertigt betrachtet werden und dadurch die Mittel heiligen.

Wenn die Imagination primär auf Aktivitäten in der linken Gehirnhälfte beruhen (McGilchrist, 2009), also nur in geringem Maße an Emotionen gekoppelt und dadurch im Hier-und-Jetzt wenig präsent sind, dann bildet sich eine losgelöste Imagination heraus (detached imagination). In der Folge werden abstrakte moralische Probleme gelöst, ohne jedoch dem breiteren Kontext und der Konstellation von situationsspezifischen Variablen große Beachtung zu schenken. Diese dekontextualisierte Logik bei sozialen und moralischen Entscheidungen kann auch als »intellektualisierte Moral« bezeichnet werden, bei der sich die moralische Dimension auf eng fokussierte prozedurale Schritte beschränkt (McGilchrist, 2009). Wenn diese Fähigkeit zur Abstraktion schließlich zum persönlichen Vorteil verwendet wird und die Wohlfahrt anderer ausschließt, agiert das Individuum unter Verwendung einer persönlichen Imagination (personal imagination), die sich nicht um die moralischen Interdependenzen bei den Entscheidungen und konkreten Handlungen kümmert. Die Imaginations-Ethik, die wir am ehesten mit einer objektiven Moral in Verbindung bringen, ist die kommunale Imagination (communal imagination). Sie hat die Fähigkeit, sich die gegenseitigen Abhängigkeiten im Leben vorzustellen, und geht somit über das unmittelbar Zwischenmenschliche hinaus. Diese kommunale Imagination zeichnet sich daher aus durch prosoziales Verhalten und die Fähigkeit, die Konsequenzen der eigenen Handlungen nicht nur für die gegenwärtig Anwesenden, sondern auch für die Menschheit als Ganzes und künftige Generationen abzuschätzen. Erfahrung und Expertise helfen dabei, die Komplexität von Situationen besser zu verstehen und sich auch neue Möglichkeiten der Lösung von moralischen Dilemmas auszudenken (Narvaez, 2010).

Moral der Aufmerksamkeit

Die Moral der Aufmerksamkeit (mindful morality) schließt die volle Präsenz im Hier und Jetzt mit ein (Engagement-Ethik). Sie umfasst die Empfindsamkeit für emotionale Signale und soziale Fingerzeige in der sozialen Interaktion. Wenn kommunale Imagination und Engagement-Ethik am selben Strang ziehen, dann ist das Individuum zu höherem abstrakten Denken fähig und zugleich in der Gegenwart verankert sowie emotional offen. Die Moral der Aufmerksamkeit erfordert die Integration der rechten und linken Hemisphäre des Hirns sowie Prozesse, welche verknüpft sind mit Intuition und bewusstem Denken. Dies erlaubt dem Individuum auch, Erfahrungen aus der Vergangenheit zu nutzen, um moralische Probleme in der Gegenwart anzugehen, die ebenfalls prosoziale Fähigkeiten erfordern.

Greg Mortenson, der Autor von »Three Cups of Tea« (Mortenson u. Relin, 2006), besitzt eine solche Moral der Aufmerksamkeit. Nach einem vergeblichen Versuch, den Berg K2 im Himalaya zu besteigen, erreichte er in einem totalen Erschöpfungszustand ein kleines pakistanisches Dorf. Die Dorfbevölkerung nahm ihn auf und pflegte ihn gesund. Nach dieser Erfahrung versprach er den Leuten, dass er zurückkehren werde, um die dringend benötigte Schule für die zahlreichen Kinder zu bauen. Daraus wurde später eine der größten humanitären Bildungskampagnen in Pakistan und Afghanistan, und dies trotz Fatwas von lokalen Mullahs sowie Morddrohungen der Taliban. Insgesamt hat er den Bau von über 100 Schulen in ländlichen Regionen ermöglicht.

Zusammenfassend lässt sich sagen, dass in der Sicherheits-Ethik moralisches Verhalten als dasjenige verstanden wird, was den Selbstschutz und den Schutz der Familie sichert. Dies im Gegensatz zur Engagement-Ethik, welche sich auf positive Beziehungen nach außen fokussiert. Das moralische Verhalten wird bestimmt durch Gefühle der gegenseitigen Sympathie. Die Ethik der Imagination geht über das Zwischenmenschliche hinaus und befähigt uns, moralische Entscheidungen losgelöst von der unmittelbaren Gegenwart zu treffen. Schließlich wird in der Moral der Aufmerksamkeit (mindful morality) ein Ideal erreicht, in welchem schwierige Situationen mit einer ruhigen Entschlossenheit bewältigt werden, wobei die emotionale Präsenz mit der Verwendung von abstrakten und praktischen Fähigkeiten zur Problemlösung kombiniert wird. Welche Ethik tatsächlich ins Spiel kommt, wird durch die jeweilige Kultur und die unmittelbare Situation bestimmt.

Moral in einer Kultur der Angst und in einer Kultur der Liebe

Die Kultur der sozialen Gruppe oder die Stimmung in einer bestimmten Situation beeinflussen die ethische Denkart. Dauerstress kann Menschen in einem Alarmzustand halten, insbesondere wenn die rechte Gehirnhälfte unterentwickelt ist (Schore, 1994). Wann immer ein Individuum eine Bedrohung wahrnimmt oder ein Gefühl der Angst erfährt, wird die Sicherheits-Ethik aktiviert, und das Verhalten wird motiviert durch das, was als vorteilhaft für das Selbst betrachtet wird. In der Angst, im kurzfristigen Wettbewerb zu kurz zu kommen, entsteht eine selbstzentrierte Orientierung, welche eng mit der Ethik der Sicherheit verbunden ist (z. B. Mikulincer u. Shaver, 2001). Unter diesen Umständen werden die meisten Leute Handlungen bevorzugen, welche Selbstschutz und die Sicherheit der eigenen Gruppe dem Wohl-ergehen anderer vorziehen. Sich auf das gemeinsame Gut oder die gemeinsamen Bedürfnisse zu konzentrieren, ist extrem schwierig, wenn jemand ständig im Alarmzustand ist. In Kulturen, welche die Leute davon abbringen, auf emotionale Bedürfnisse einzugehen, und stattdessen soziale sowie emotionale Unabhängigkeit propagieren, kommt es oftmals zu psychischem Stress, der sich in erhöhter Produktion des Hormons Cortisol manifestiert (e.g. fear, rage, dominance/submission; Fry, 2006; Prescott, 1996). Der Fokus auf das eigene Ego und die Unfähigkeit, auf andere einzugehen, schaffen überdies ein Klima des Misstrauens (Magid u. McKelvey, 1987; Twenge u. Campbell, 2009).

In diesem Zusammenhang ist es nicht erstaunlich, dass in den USA in den vergangenen Jahren die soziale Unterstützung aller Altersklassen abgenommen und zugleich die Bedeutung der Sicherheits-Ethik zugenommen hat (Narvaez, Panksepp, Schore u. Gleason, 2010). Als hypersoziales Wesen ist der Mensch von Geburt an auf Fürsorge und soziale Unterstützung angewiesen. Die Art und Weise, wie die Unterstützung erfolgt, kommt zum Ausdruck in Familiennormen, die auf unterschiedlichen Vorstellungen der menschlichen Natur aufbauen. Wenn dem Kind beigebracht wird, dass die Menschen generell schlecht sind, dann ist klar, dass das Kind sich mit der Zeit an eine Sicherheits-Ethik klammert. Ein verzerrtes Bild des Menschen wird als normal empfunden und das Misstrauen gegen Menschen erscheint als moralisch gerechtfertigt.

Auf der anderen Seite zeichnen sich Gesellschaften, bei denen kulturelle Werte und Praktiken der Fürsorge, der Kooperation und der Gemütsruhe im Vordergrund stehen, durch eine Engagement-Ethik aus (Narvaez, 2010). Das stärkere Eingehen auf die Bedürfnisse der einzelnen Mitmenschen und der stete soziale Kontakt schaffen nicht nur soziale Befriedigung, sondern erzeugen auch hormonbedingte Glücksgefühle, die sich zum Beispiel in der Ausschüttung des Hormons Oxytocin manifestieren (Fry, 2006; Prescott, 1996).

Fazit

In diesem Beitrag wurde aufgezeigt, wie Individuen, welche kein unterstützendes, fürsorgliches und liebendes soziales Umfeld in der Kindheit erleben durften, dazu neigen, anderen Menschen zu misstrauen und meistens nur das Schlechte an ihnen zu sehen. Sie entwickeln eine Moral, die auf Angst basiert. Bei denjenigen Individuen hingegen, die eine wohlgesinnte Zuwendung der Bezugspersonen in der Kindheit erleben durften, entwickelt sich eine Moral des gegenseitigen Respekts und der gegenseitigen Unterstützung.

Hieraus kann mit bestimmter Gewissheit die Folgerung gezogen werden, dass individuelle Erfahrung, insbesondere in der frühkindlichen Phase, wie auch die Kultur und allgemeine Grundstimmung in einer Gesellschaft maßgebend deren moralische Grundeinstellung beeinflussen.

Literatur

Allen, R. E., Oliver, J. N. (1982). The effects of child maltreatment on language development. Child Abuse and Neglect, 6, 299–305.

Bowlby, J. (1988). A secure base: Parent-child attachment and healthy human development. New York: Basic Books.

Bremner, J. D. (2005). Effects of traumatic stress on brain structure and function: Relevance to early responses to trauma. Journal of Trauma Dissociation, 6, 51–68.

Culp, R. E., Watkins, R. V., Lawrence, H. (1991). Maltreated children's language and speech development: Abused, neglected, and abused and neglected. First Language, 11, 377–389.

Damasio, A. (1999). The feeling of what happens. London: Heineman.

Damon, W., Lerner, R. (Eds.) (2006). Handbook of child psychology (6th ed.) (Vols. 1–4). New York: John Wiley & Sons.

Eisenberg, N., Fabes, R. A., Spinrad, T. L. (2006). Prosocial development. In W. Damon, R. Lerner (Eds.), Handbook of child psychology. (6th ed.) (pp. 646–718). New York: John Wiley & Sons.

Fry, D. P. (2006). The human potential for peace: An anthropological challenge to assumptions about war and violence. New York: Oxford University Press.

Goldberg, E. (2002). The Executive brain: Frontal lobes and the civilized brain. New York: Oxford University Press.

Gunnar, M., Quevedo, K. M. (2007). Early care experiences and HPA axis regulation in children: A mechanism for later trauma vulnerability. Progress in Brain Research, 167, 137–149.

Hartman, (1939). The ego and the problem of adaptation. New York: International Universities Press.

Heckman, J. (2008). Schools, skills and synapses. IZA DP No. 3515. Bonn: Institute for the Study of Labor.

Henry, J. P., Wang, S. (1998). Effects of early stress on adult affiliative behavior. Psychoneuroendocrinology, 23, 863–875.

Hewlett, B. S., Lamb, M. E. (2005). Hunter gatherer childhoods: Evolutionary, developmental and cultural perspectives. New Brunswick, NJ: Aldine.

Kochanska, G. (2002). Mutually responsive orientation between mothers and their young children: A context for the early development of conscience. Current Directions in Psychological Science, 11, 191–195.

Konner, M. (2002). The Tangled wing. New York: Owl Books.

Kruesi, M. J., Hibbs, E. D., Zahn, T. P., Keysor, C. S., Hamburger, S. D., Bartko, J. J., Rapoport, J. L. (1992). A 2-year prospective follow-up study of children and adolescents with disruptive behavior disorders. Prediction by cerebrospinal fluid 5-hydroxyindoleacetic acid, homovanillic acid, and autonomic measures? Archives of General Psychiatry, 49, 429–435.

Lewis, T., Amini, F., Lannon, R. (2000). A general theory of love. New York: Vintage.

MacLean, P. D. (1990). The triune brain in evolution: Role in paleocerebral functions. New York: Plenum.

Magid, K., McKelvey, C. A. (1987). High risk: Children without a conscience. New York: Bantam Books.

McGilchrist, I. (2009). The master and the emissary: The divided brain and the making of the western world. New Haven, CT: Yale University Press.

Mikulincer, M., Shaver, P. R. (2001). Attachment theory and intergroup bias: Evidence that priming the secure base schema attenuates negative reactions to outgroups. Journal of Personality and Social Psychology, 81, 97–115.

Mikulincer, M., Shaver, P. R., Gillath, O., Nitzberg, R. A. (2005). Attachment, caregiving, and altruism: Boosting attachment security increases compassion and helping. Journal of Personality and Social Psychology, 89, 817–839.

Moll, J., de Oliveira-Souza, R., Eslinger, P. J., Bramati, I. E., Mourao-Miranda, J., Andreiulo, P. A., et al. (2002). The neural correlates of moral sensitivity: A functional magnetic resonance imaging investigation of basic and moral emotions. Journal of Neuroscience, 22, 2730–2736.

Moll, J., Zahn, R., de Olivera-Souza, R., Krueger, F., Grafman, J. (2005). The neural basis of human moral cognition. Nature Reviews: Neuroscience, 6, 799–809.

Narvaez, D. (2008). Triune ethics: The neurobiological roots of our multiple moralities. New Ideas in Psychology, 26, 95–119.

Narvaez, D. (2010). Moral complexity: The fatal attraction of truthiness and the importance of mature moral functioning. Perspectives on Psychological Science, 5, 163–181.

Narvaez, D., Brooks, J., Mattan, B. (2010). Moral mindsets and their relation to personality, Identity, political attitudes and action. Manuscript in preparation.

Narvaez, D., Panksepp, J., Schore, A., Gleason, T. (Eds.) (2010). Human nature, early experience and the environment of evolutionary adaptedness. New York: Oxford University Press. (in press)

Panksepp, J. (1998). Affective neuroscience: The foundations of human and animal emotions. New York: Oxford University Press.

Pollak, S. D., Perry, B. (2005). Early neglect can hinder child's relationships. Proceedings of the National Academy of Sciences, Nov. 21–25.

Prescott, J. W. (1996). The origins of human love and violence. Pre- and Perinatal Psychology Journal, 10, 143–188.

Schore, A. (1994). Affect regulation. Hillsdale, NJ: Erlbaum.

Schore, A. (2003a). Affect regulation and the repair of the self. New York: Norton.

Schore, A. (2003b). Affect dysregulation and disorders of the self. New York: Norton.

Siegel, D. J. (1999). The developing mind: How relationships and the brain interact to shape who we are. New York: Guilford.

Siegel, D. J. (2001). Toward an interpersonal neurobiology of the developing mind: Attachment relationships, »mindsight,« and neural integration. Infant Mental Health Journal, 22, 67–94.

Thompson, R. (1994). Emotion regulation: A theme in search of a definition. Monographs of the Society for Research in Child Development, 59, 25–52.

Thompson, R. (2009). Early foundations: Conscience and the development of moral character. In D. Narvaez, D. K. Lapsley (Eds.), Personality, identity, and character: Explorations in moral psychology (pp. 159–184). New York: Cambridge University Press.

Twenge, J., Campbell, R. (2009). The narcissism epidemic: Living in the age of entitlement. New York: Free Press.

Winnicott, D. W. (1957). Mother and child. A primer of first relationships. New York: Basic Books.

Daniel K. Lapsley und Paul C. Stey

Angst vor der Psychologisierung der Moral[13]

Mit dem bekannten Zitat »die Angst ist [...] die Mutter der Moral« (Nietzsche, 1886, S. 125) wollte Nietzsche das gespannte Verhältnis zwischen Ethik und Psychologie zum Ausdruck bringen. Seine Überzeugung, dass eine von der Psychologie abgetrennte Ethik zu Scheinmoral führt, wird durch die empirische Moralforschung bestätigt. Die Moralisierung der Psychologie, wie sie in den 1970er und 1980er Jahren von Lawrence Kohlberg vorangetrieben wurde, weicht daher heute einer Psychologisierung der Moral, die auf den neueren Erkenntnissen der Moralheuristik und der Neurobiologie aufbaut. Die sich daraus ergebende »naturalisierte« Ethik öffnet neue Perspektiven der fruchtbaren Zusammenarbeit zwischen Ethik und Psychologie. Zugleich weckt sie auch Ängste und Widerstände unter Vertretern der klassischen Ethik, welche deren Anspruch auf wissenschaftliche Eigenständigkeit in Gefahr sehen.

Arbeitsteilung

Die historische Arbeitsteilung zwischen Moralpsychologie und normativer Ethik ist mindestens so alt wie David Hume's Behauptung in seinem »Treatise of Human Nature« (1740), dass präskriptive Urteile nicht aus deskriptiven Aussagen abgeleitet werden können. Die Kluft zwischen dem deskriptiven »Sein« und dem präskriptiven »Sollen« galt schon damals als unüberwindbar. Eine eigenständige, aber verwandte Behauptung wurde von G. E. Moore vorgebracht (1903). Er argumentierte, dass »gut« (good) und »Güte« (goodness) Konzepte sind, welche nicht mittels natürlicher Eigenschaften definiert werden können. Moral kann nicht mit natürlichen Eigenschaften gleichgesetzt werden.

---

13 Aus dem Englischen übersetzt von Melanie Mettler und Philipp Aerni.

Die Frage, ob jemand moralisch ist, ist daher eine offene Frage, denn sie lässt sich nicht in seinen natürlichen Eigenschaften erkennen. Wer versucht, das Sollen vom Sein abzuleiten, würde dem naturalistischen Fehlschluss unterliegen.

»Humes Gesetz« und der mit ihm verwandte naturalistische Fehlschluss werden immer wieder zitiert, um die Eigenständigkeit der Ethik als wissenschaftliche Disziplin, die sich mit dem Sollen beschäftigt und daher nicht von natürlichen und empirischen Tatsachen abhängig sei, zu rechtfertigen.

Grenzüberschreitungen

Lawrence Kohlbergs einflussreiches Stufenmodell sowie seine Forschung im Bereich der moralischen Entwicklung haben im Laufe der 1970er Jahren die Grenzen zwischen Ethik und Psychologic grundlegend verschoben. Kohlberg bediente sich Kant'scher Moralkategorien, um die Grundzüge der Moral als rationales, kognitives Konstrukt zu definieren. Im Wesentlichen moralisierte er die Psychologie, um sie vom Einfluss der Psychoanalyse und des Behaviorismus freizuhalten (Kohlberg, Levine u. Hewer, 1983).

Diese disziplinäre Annäherung der kognitiven Psychologie an die Ethik wurde damals von beiden Seiten mit Skepsis betrachtet. Obwohl die Philosophen mit Genugtuung feststellten, dass sich Kohlberg zuerst über die ethischen Theorien im Klaren sein wollte, bevor er sich der Psychologie widmete, war ihnen dennoch bewusst, dass er dadurch Gefahr läuft, einen naturalistischen Fehlschluss zu begehen. Den Psychologen hingegen machte es Sorgen, dass er sich von vornherein auf eine nicht empirisch begründbare deontologische Ethik festlegte und somit (1) die Forschungsbreite unnötig verengte, (2) philosophische Probleme empirisch zu lösen versuchte und (3) empirische Resultate, die seine Theorie nicht belegen konnten, stattdessen einer philosophischen Kritik unterzog (z. B. Blasi, 1990; Lapsley u. Narvaez, 2005).

Das Kohlberg'sche Paradigma erlag den Versuchungen (1) und (2). Es war tatsächlich der Fall, dass die Forschungsbreite auf die spezifische Frage nach Gerechtigkeit beschränkt wurde. Ebenfalls machte er sich im Kampf gegen den moralischen Relativismus empirische Daten zunutze, um ein philosophisches Problem zu beseitigen, das nicht wirklich empirisch widerlegbar war. Schließlich richtete sich auch die philosophische Kritik gegen seine Theorie (3). Viele Kritiker lehnten Kohlbergs gesamte Entwicklungstheorie ab, weil sie ihre grundlegenden philosophischen Prämissen für falsch hielten. Dies alles war eine unvermeidbare Folge von Kohlbergs Moralisierung der Psychologie, und zwar in einem doppelten Sinn. Zum einen benutzte Kohlberg die formalistische Ethik, um die Forschungsrichtung zu bestimmen, und zum anderen legte er die Forschungsfrage im Voraus fest. Sein Ziel war es, durch das Stufenmodell zu zeigen, wie der moralische Relativismus schrittweise überwunden werden kann. Auf der höchsten Stufe, quasi dem Olymp der moralischen Entwicklung, gelangt man schließlich zu einem universell gültigen moralischen Urteil, abgeleitet von moralischen Prinzipien, die durch den Gebrauch der Vernunft im Voraus als richtig erkannt werden können.

Emotion und Moral

Trotz dieser Widersprüche wurde Kohlbergs Theorie lange Zeit als das gültige Standardmodell der Erforschung der moralischen Entwicklung betrachtet. Angegriffen wurde dieses Modell nicht zuletzt auch von experimentell forschenden Psychologen und Neurobiologen. Sie bemängelten die Abwesenheit von Gefühl und Emotion in Kohlbergs Moralvorstellung und deren Unvereinbarkeit mit der Grunderkenntnis der kognitiven Wissenschaften, dass das Verhalten in vielen Bereichen von kognitiven Prozessen gesteuert wird, welche wenig mit rationalem Denken zu tun haben. Jonathan Haidt (2001) konnte dies empirisch belegen, indem er zeigte, dass moralische Urteile immer zuerst Bauchentscheidungen sind. Der Versuch, diese Urteile rational zu begründen, geschieht dann meist ex post. Mit anderen Worten, es sind primär die Emotionen, welche die Alltagsmoral bestimmen. Wir reagieren mit Ablehnung und Ekel auf bestimmte Geschehnisse und überlegen uns nicht zuerst, ob diese Empfindungen vernünftig begründbar sind und ob wir sie tatsächlich den richtigen Ursachen zuschreiben. Daher sind wir auch häufig nicht in der Lage, plausibel zu erklären, wie wir zu einem gewissen moralischen Urteil gelangten. Die Kohlberg'sche Theorie der moralischen Entwicklung kann diese kognitiven Prozesse nicht erklären.

Die Bedeutung der unbewusst ablaufenden biologischen Automatismen bei der Erklärung menschlichen Verhaltens wurde in den kognitiven Wissenschaften wie auch in der Sozialpsychologie längst erkannt. Die Konsequenzen, welche sich daraus für die Moralpsychologie und das Verständnis der menschlichen Moral ergeben, wurden jedoch lange nicht weiter verfolgt (Lapsley u. Narvaez, 2009; Narvaez u. Lapsley, 2005).

Duale Prozessmodelle in der Moralpsychologie

Dic Forschung in dcr kognitiven Psychologie hat einerseits gezeigt, wie nachhaltig unbewusste Prozesse auf unser tägliches Leben einwirken (Bargh u. Chartrand, 1999), und andererseits, wie konkret rationales Denken von heuristischen Prozessen, die von normativen Standards abweichen, bestimmt wird (Kahneman u. Frederick, 2002). Das Konsenspapier zur »Neuen Wissenschaft der Moral« (2010)[14] hält fest, dass moralische Urteile primär intuitiv und ohne großes Abwägen oder bewusstes Vergleichen von Fakten und Alternativen gefällt werden. Zugleich wird jedoch das abwägende, faktenorientierte und kalkulierende Denken gerade in wichtigen Lebensentscheidungen nicht in Frage gestcllt. Es handelt sich um zwei unterschiedliche Systeme der kognitiven Funktionsfähigkeit, welche unsere Entscheidungen je nach deren Kontext und Tragweite unterschiedlich stark bestimmen.

System 1 basiert auf heuristischen Prozessen, welche in erster Linie unsere Bauchentscheidungen bestimmen. Diese Prozesse sind erfahrungsabhängig und verlaufen assoziativ, implizit, intuitiv, automatisch und stillschweigend. Entscheidungen, die von System 1 bestimmt werden, können daher schnell gefällt werden und beanspruchen wenig Aufmerksamkeitsressourcen. Sie unterstützen die Intelligenz im zwischenmenschlichen Bereich durch »die Fähigkeit, Modelle des Verstandes anderer Personen zu entwerfen, mittels derer Absichten erkannt werden, auf welche dann Reaktionen erfolgen können« (Stanovich u. West, 2000, S. 658). Das System 1 kann aber auch zu einer »fundamentalen Verzerrung« (fundamental computational bias)

---

14 New Science of Morality: http://www.edge.org/3rd_culture/morality10/morality_
   consensus.html

durch automatisch sich kontextualisierende Probleme führen (Stanovich, 1999). Faktoren wie die Biologie, das gesellschaftliche Umfeld sowie persönliche Erfahrung ermöglichen uns dadurch die »Deliberation
ohne konkrete Aufmerksamkeit« (Dijksterhuis et al., 2006). In der Moralpsychologie manifestieren sich die Prozesse in System 1 in Form von
»Intuitionen« (Haidt, 2001), »Heuristik« (Baron, 1993; Gigerenzer,
2008; Sunstein, 2005), chronischer Zugänglichkeit (Lapsley u. Narvaez,
2004) und moralischer Kompetenz (Dreyfus u. Dreyfus, 1991; Narvaez
u. Lapsley, 2005).

Dem entgegengesetzt werden Prozesse, die im System 2 ablaufen,
als regelgesteuert, explizit, analytisch, rational, bewusst und kontrolliert betrachtet. Das daraus resultierende Denken nimmt sich Zeit für
konkrete Überlegungen und wägt die verschiedenen Handlungsoptio-
nen gegeneinander ab. Es ist ein Denken, das höhere Ansprüche stellt
und mehr Aufmerksamkeitsressourcen absorbiert. Es wird durch for-
male Bildung erworben und tendiert zur Dekontextualisierung und
Depersonalisierung von Problemen zugunsten von abstrakten Regeln,
Algorithmen und grundlegenden Prinzipien oder kausalen Strukturen.
System 2 kommt somit dem moralisch-logischen Denken von Kohlbergs Standardmodell sehr nahe und kann in der Moralpsychologie als
Referenzrahmen für System-2-Modelle betrachtet werden.

Es scheint naheliegend, dass ein komplettes Modell der moralischen
Funktionsweise des Menschen sowohl System 1 als auch System 2 mit
einbeziehen muss.

Wie brauchbar sind Bauchentscheidungen?

Cass Sunstein (2005) glaubt, dass die Heuristik – also die Verwendung
von einfachen und effizienten Regeln, die wir im Laufe des Lebens aus
Erfahrung erlernt haben – auch unsere moralischen Entscheidungen
maßgebend beeinflusst. Diese Moralheuristik wird ebenfalls dem System 1 zugeordnet. Sie hilft uns, durch einfache Daumenregeln schnell
zu einem moralischen Urteil zu gelangen, mit dem wir gut leben zu
können glauben. Die Moralheuristik basiert mit anderen Worten auf
generalisierten Erfahrungen, welche üblicherweise in spezifischen
Kontexten brauchbar sind; wobei ihre unreflektierte und dekontextualisierte Anwendung auch zu moralischen Fehltritten führen kann. Wir

alle neigen dazu, unbewusst moralische Fehler zu begehen, weil wir die Alltagsheuristik mit universellen Wahrheiten verwechseln. Die Fehler können jedoch erkannt und korrigiert werden durch die Aktivierung von System 2. Sunsteins zentraler Punkt ist also, dass Daumenregeln oft zu falschen moralischen Schlüssen führen und dies die Folge unserer Tendenz ist, Intuitionen zu generalisieren und in Kontexte zu übertragen, in denen sie versagen müssen.

Gerd Gigerenzer (2008) verfolgt einen anderen Ansatz, um moralische Intuitionen zu erklären. Er verzichtet dabei auf die Unterscheidung zwischen System 1 und System 2. Diese Dichotomie, so kritisiert er, sei eine »post-hoc-Erklärung für alles und nichts« (S. 15). Des Weiteren würden diese »Ersatztheorien« typischerweise keine prüfbaren Modelle kognitiver Prozesse liefern (Gigerenzer, 1998). Seiner Meinung nach sind moralische Intuitionen motiviert von »schneller und schlichter Heuristik« (fast and frugal heuristic). Schnell ist sie, indem intuitive Entscheidungen in Kürze gefällt werden können; schlicht, weil die Information, welche zur Entscheidungsfindung abgerufen wird, beschränkt ist. Weiter ist Heuristik in der menschlichen Biologie verankert. Das Denken ist in dem Maße verkörpert, in dem es sich die Entwicklungsfähigkeit des Gehirns zunutze macht, um die Möglichkeiten, die sich aus der Struktur seiner Umwelt ergeben, optimal auszuschöpfen. Die Dynamik, die sich zwischen dem verkörperten Denken und der Empfindung der Umgebung entwickelt, ist bezeichnend für Gigerenzers Wissenschaft der Heuristik.

Die Wissenschaft der Heuristik nach Gigerenzer befasst sich mit drei Fragen. Sie will erstens wissen, welche Alltagsheuristiken die Menschen in ihrer »adaptiven Werkzeugkiste« (adaptive tool box) entwickelt haben (Gigerenzer u. Selten, 2001). Zweitens untersucht sie, in welcher Umgebung diese Heuristiken gelingen und wo sie versagen; denn Gigerenzer sieht in der Heuristik eine ökologische Rationalität, die fest in der Umwelt verankert und kontextabhängig ist. Schließlich stellt sich drittens die Frage, wie die Menschen durch ihre Heuristik auch ihre soziale Umwelt mitgestalten, indem gemeinsam institutionelle Regeln geschaffen werden, mit denen sich die täglichen Herausforderungen besser bewältigen lassen. All dies unterstreicht die Anpassungsfähigkeit der Heuristik an die jeweilige Umwelt und zeigt, wie moralisches Handeln von der Außenwelt geprägt wird. Gigerenzer (2008) ist optimistisch, was die Gebrauchsfähigkeit von moralischer

Heuristik im Entscheidungsprozess betrifft, und sieht nicht primär eine Quelle für Verzerrungen und Fehler, welche gemäß Sunstein von Prozessen im System 2 korrigiert werden müssen. Umweltbedingte Entscheidungen können im jeweiligen Kontext Gültigkeit beanspruchen und bedürfen aus Gigerenzers Sicht keiner gründlichen Analyse aller kausalen Variablen und Konsequenzen. Die besten Entscheidungen sind nicht immer das Ergebnis aufwändiger, reflexiver Berechnungen, sondern verlassen sich auf »schlichte«, unvollkommene und beschränkte Ausschnitte vorliegender Informationen (Hogarth u. Karelaia, 2006; Klein, 2001).

Situative Zugänglichkeit kognitiver Schemata

Diese verschiedenen Sichtweisen lassen uns erkennen, dass es wichtige Unterscheidungen gibt zwischen gesellschaftlichen Normen, an die wir uns intuitiv halten (Haidt), Moralheuristik, die uns zu einem Fehlurteil führen kann (Sunstein), und einer praxisorientierten Heuristik, die uns hilft, einfach und schnell im Alltag zu entscheiden (Gigerenzer). Sie sind Quellen von Automatismen, die durch moralisch relevante Schemata und Kompetenzen hervorgerufen werden. Man nennt dies auch die situative Zugänglichkeit und Abrufbarkeit verfügbarer kognitiver Schemata und erlernter Kompetenzen. Dieser umfassende kognitive Forschungsansatz ermöglicht ein besseres Verständnis der menschlichen Moralentwicklung, welches insbesondere für das Erziehungswesen von zentraler Bedeutung ist. Obwohl Chronizität und Kompetenzentwicklung unterschiedlichen theoretischen Traditionen verpflichtet sind und sinnvollerweise unterschieden werden, so können sie in der Erforschung der moralischen Entwicklung dennoch nicht getrennt betrachtet werden.

Abrufbare Schemata und Kompetenz

Schemata sind Strukturen von Allgemeinwissen, welche Informationen, Erwartungen und Erfahrungen im Kopf ordnen. Die Abrufbarkeit von verfügbaren Schemata ist ein wichtiger Bestandteil sozial-kognitiver Theorien über die Persönlichkeitsentwicklung. Persönliche Einstellungen sind getragen von kognitiven Strukturen, welche als Selbst-Schemata beschrieben werden. Die Bedeutung bestimmter Schemata für das individuelle Selbstverständnis hängt nicht zuletzt von der Häufigkeit ihrer Anwendung ab. Je häufiger ein Konstrukt abgerufen wird (oder je jünger die letzte Aktivierung ist), desto eher kommt das Schema zur Verarbeitung sozialer Information zur Anwendung (Higgins, 1996, 1999). Häufig aktivierte Konstrukte werden mit der Zeit chronisch abrufbar und bilden prägende Erfahrungen, die auch in die Konstruktion der individuellen Identität einfließen. Folglich werden verfügbare Schemata auch als wichtige Persönlichkeitsvariablen angesehen (Higgins, 1996).

Sobald Schemata chronisch zugänglich sind, ist unsere Aufmerksamkeit auf gewisse Aspekte unserer Erfahrung gerichtet; wir sind veranlasst, schemakompatible Lebensziele, Aufgaben und Umgebungen auszuwählen, welche uns einen »allzeit bereiten, manchmal automatisierten Handlungsplan in solchen Lebenskontexten« bietet (Cantor, 1990, S. 738).

Lapsley und Narvaez (2004) stützen sich auf diesen theoretischen Rahmen in ihrer sozial-kognitiven Erklärung moralischer Persönlichkeit. Die moralische Persönlichkeit wird dabei maßgeblich durch verfügbare moralische Schemata definiert, welche chronisch bestimmend sind für die Beurteilung des sozialen Umfelds. Chronisch verfügbare Schemata werden durch umweltbedingte Impulse rascher ausgelöst, weil sie sich in einer erhöhten Aktivitätsstufe befinden im Vergleich zu weniger zugänglichen Schemata (Bargh u. Pratto, 1986). Sie werden so effizient generiert, dass sie mit einem Automatismus vergleichbar sind (Bargh, 1989). Neuere Forschung hat moralische Chronizität als Variable individueller Differenz dokumentiert, welche die soziale Informationsverarbeitung beeinflusst (Narvaez et al., 2006).

Im Gegensatz zu Haidts sozialem Intuitionsmodell ortet die Zugänglichkeits- und Kompetenzperspektive der Moralpsychologie Automatizität am Ende des Entwicklungsprozesses. Automatismen werden als das Ergebnis von wiederholten Erfahrungen, bewusstem Belehren und der Sozialisierung gesehen. Anders als Sunsteins Moralheuristik betrachtet die Zugänglichkeits- und Kompetenzperspektive die Herausbildung von sozialen Intuitionen als Weiterentwicklung der Grundlegeln menschlicher Interaktion, welche von erfahrungsbasiertem Prozesswissen geleitet wird (Bartsch u. Wright, 2005; Dreyfus u. Dreyfus,

1991). Prozesswissen wird im Verlauf dieser Entwicklung ersetzt durch regelbasierte Anwendungen, doch zugleich bleibt das Prozesswissen ein fundamentaler Bestandteil der persönlichen Kompetenz. Es bringt eine »intutitive Reaktionsfähigkeit« (intuitive responsiveness) mit sich, welche schnelle, schlichte und mühelose Beurteilungen der sozialen Umwelt ermöglicht (Bartsch u. Wright, 2005, S. 247). In Übereinstimmung mit Gigerenzers Lob auf die Heuristik im menschlichen Alltag (und im Gegensatz zu Sunsteins Pessimismus) erachtet die Zugänglichkeits- und Kompetenzperspektive die intuitive Reaktionsfähigkeit als »verlässlich und für den Alltag ausreichend«, sofern sie auf Kompetenzen beruhen, die durch Erfahrung erworben wurden. Dies ist der Wert von Kompetenz und mit ein Grund, weshalb wir uns auf Experten verlassen.

Über den Sinn der Abgrenzung von Moral und Angst

Kohlbergs Moralisierung der Entwicklungspsychologie war so erfolgreich, dass sie zur weit verbreiteten Überzeugung in den Geisteswissenschaften führte, dass die philosophische Analyse der psychologischen Arbeit vorausgehen müsse, da die Ethik eine autonome Wissenschaft sei, während man dies von der Psychologie nicht behaupten könne. Nun zeigt aber die empirische Moralforschung, dass die Ethik sehr wohl auf die Psychologie angewiesen ist, um die menschliche Moral in ihrem Kern zu verstehen und somit »vernünftigere« Aussagen über das richtige moralische Handeln machen zu können.

Wenn nun Kohlbergs Moralisierung der Psychologie zu einer Marginalisierung der Moralpsychologie geführt hat, so beobachten wir heute ihre Neugeburt durch die Psychologisierung der Moral. Sie eröffnet neue Horizonte und vermittelt ein umfassenderes Bild der moralischen Entwicklung. Eine psychologisierte Moral kann mit einer gewissen Zuversicht behaupten, dass es die Psychologie ist, die heute eine relative Autonomie genießt und dabei der Ethik verhilft, wieder »natürlicher« zu werden. Eine naturalisierte Ethik, die sich auch gegenüber den Erkenntnissen von anderen Disziplinen öffnet, ist glaubwürdiger in ihren Aussagen über die Ausrichtung des Selbst im moralischen Raum und seinen Möglichkeiten zur Entfaltung eines tugendhaften Lebens in Anbetracht der menschlichen Bedingtheit.

Eine naturalisierte Ethik rückt die Aussage Humes, dass präskriptive Urteile nicht aus deskriptiven Aussagen abgeleitet werden können, und somit den naturalistischen Fehlschluss in ein neues und ungewohntes Licht (MacIntyre, 1959). Kohlberg lehrte uns vor langer Zeit, diesen zu ignorieren, und dies mit gutem Gewissen, wie sich heute herausstellt. Es gibt daher keinen Grund mehr, vor der Moral Angst zu haben.

Literatur

Baron, J. (1993). Heuristics and biases in equity judgments: A utilitarian approach. In B. Mellers, J. Baron (Eds.), Psychological perspectives on justice. Cambridge: Cambridge University Press.

Bargh, J. A. (1989). Conditional automaticity: Varieties of automatic influence in social perception and cognition. In J. S. Uleman, J. A. Bargh (Eds.), Unintended thought (pp. 3–51). New York: Guilford.

Bargh, J. A., Chartrand, T. L. (1999). The unbearable automaticity of being. American Psychologist, 54, 462–479.

Bargh, J. A., Pratto, F. (1986). Individual construct accessibility and perceptual selection. Journal of Experimental Social Psychology, 22 (4), 293–311.

Bartsch, K., Wright, J. C. (2005). Toward an intuitionist account of moral development. Behavioral and Brain Sciences, 28 (4), 546–547.

Blasi, A. (1990). How should psychologists define morality? Or, the negative side effects of philosophy's influence on psychology. In T. Wren (Ed.), The moral domain: Essays on the ongoing discussion between philosophy and the social sciences (pp. 38–70). Cambridge, MA: MIT Press.

Cantor, N. (1990). From thought to behavior: »having« and »doing« in the study of personality and cognition. American Psychologist, 45 (6) 735–750.

Dijksterhuis, A., Bos, M. W., Nordgren, L. F., van Baaren, R. B. (2006). On making the right choice: The deliberation without attention effect. Science, 311 (5763), 1005–1007.

Dreyfus, H., Dreyfus, S. (1991). Towards a phenomenology of moral expertise. Human Studies, 14 (4), 229–250.

Gigerenzer, G. (1998). Surrogates for theories. Theory and Psychology, 8 (2), 195–204.

Gigerenzer, G. (2008). Moral intuitions = fast and frugal heuristics? In W. Sinnott-Armstrong (Ed.), Moral psychology, Volume 2: The cognitive science of morality: Intuition and diversity (pp. 1–26). Cambridge, MA: MIT Press.

Gigerenzer, G., Selten, R. (Eds.) (2001). Bounded rationality: The adaptive toolbox. Cambridge, MA: MIT Press.

Haidt, J. (2001). The emotional dog and its rational tail: A social intuitionist approach to moral judgment. Psychological Review, 108, 814–834.

Higgins, E. T. (1996). Knowledge activation: Availability, applicability and salience. In E. T. Higgins, A. E. Kruglanski (Eds.), Social psychology: Handbook of basic principles (pp. 133–168). New York: Guilford.

Higgins, E. T. (1999). Persons and situations: Unique explanatory principles or variability in general principles? In D. Cervone, Y. Shoda (Eds.), The coherence of personality: Social-cognitive bases of consistency, variability and organization (pp. 61–93). New York: Guilford Press.

Hogarth, R. M., Karelaia, N. (2006). »Take-the-best« and other simple strategies: Why and when they work »well« with binary cues. Theory and Decision, 61, 205–249.

Kahneman, D., Frederick, S. (2002). Representativeness revisited: Attribute substitution in intuitive judgment. In T. Gilovich, D. Griffin, D. Kahneman (Eds.), Heuristics and biases: The psychology of intuitive judgment. Cambridge: Cambridge University Press.

Klein, G. (2001). The fiction of optimization. In G. Gigerenzer, R. Selten (Eds.), Bounded rationality: The adaptive toolbox (pp. 103–121). Cambridge, MA: MIT Press.

Kohlberg, L. (1971). From is to ought: How to commit the naturalistic fallacy and get away with it in the study of moral development. In T. Mischel (Ed.), Cognitive development and epistemology (pp. 151–284). New York: Academic Press.

Kohlberg, L., Levine, C., Hewer, A. (1983). Moral stages: A current formulation and a response to the critics. Contributions to Human Development, 10.

Lapsley, D. K., Narvaez, D. (2004). A social cognitive account of the moral personality. In D. K. Lapsley, F. C. Power (Eds.), Moral development, self and identity (pp. 189–212). Mahwah, NJ: Lawrence Erlbaum Associates.

Lapsley, D. K., Narvaez, D. (2005). Moral psychology at the crossroads. In D. K. Lapsley, C. Power (Eds.), Character psychology and character education (pp. 18–35). Notre Dame: University of Notre Dame Press.

Lapsley, D. K., Narvaez, D. (2009). »Psychologized morality« and ethical theory, or, do good fences make good neighbors? In F. Oser, W. Veugelers (Eds.), Getting involved: Global citizenship and sources of moral values. Rotterdam: Sense Publishers.

MacIntyre, A. (1959). Hume on »is« and »ought«. Philosophical Review, 68, 451–468.

Moore, G. E. (1903/1993). Principia Ethica. Ed. T. Baldwin. Cambridge, NJ: Cambridge University Press.

Narvaez, D., Lapsley, D. K. (2005). The psychological foundations of everyday morality and moral expertise. In D. K. Lapsley, F. C. Power (Eds.), Character psychology and character education (pp. 140–165). Notre Dame. In University of Notre Dame Press.

Narvaez, D., Lapsley, D. K., Hagele, S., Lasky, B. (2006). Moral chronicity and social information processing. Tests of a social cognitive approach to the moral personality. Journal of Research in Personality, 40, 966–985.

Nietzsche, F. (1886). Jenseits von Gut und Böse: Vorspiel einer Philosophie der Zukunft. Leipzig: C.G. Naumann.

Stanovich, K. E. (1999). Who is rational? Studies of individual differences in reasoning. Mahwah, MJ: Lawrence Erlbaum Associates.
Stanovich, K. E., West, R. F. (2000). Individual differences in reasoning: Implications for the rationality debate? Behavioral and Brain Sciences, 23, (4), 645–726.
Sunstein, C. R. (2005). Moral heuristics. Behavioral and Brain Sciences, 28 (4), 531–573.

Politische Theologie

Konrad Schmid

Monotheismus und politische Ethik

Die politische Determination biblischer Gottesvorstellungen
und ihre ethischen Implikationen

Thematische Vorbemerkungen

Der Zusammenhang von Moral und Angst kann auch im Blick auf dessen Ursprungsbedingungen im Rahmen der Geschichte der politischen Ethik thematisiert werden. Imperiale Ideologien unterschiedlicher historischer Epochen stützen sich auf verschiedene Mittel ab, um ihre politischen Ziele zu verfolgen (Münkler, 2005). Am nächsten liegt die Ebene der Rechtssetzung, ebenso wichtig sind aber auch die atmosphärischen Rahmenbedingungen, die positiv durch die propagierten ethischen Werte und negativ durch soziale und politische Ächtungen geschaffen werden.

Nicht nur im Rahmen antiker, sondern auch der meisten modernen politischen Ethiken spielt der Bereich des Religiösen eine entscheidende Rolle. Er dient der Begründung, Legitimation und Durchsetzung bestimmter Zielsetzungen, wobei in der Geschichte auch auf zahlreiche Missbrauchsbeispiele hingewiesen werden kann.

Der nachfolgende Text möchte einen Beitrag zum historischen Verstehen solcher politischer Ethiken formulieren, der an einem exemplarischen antiken, aber wirkungsgeschichtlich wichtigen Beispiel zeigt (Finkelstein u. Silberman, 2006), wie Ursprungsbedingungen und Wirkungen solcher Konzeptionen näher zu beschreiben sind.

Historische Vorbemerkungen

Die Gottesvorstellungen des antiken Israel sind von den politischen Positionen der damaligen Großmächte beeinflusst worden. Dieser Vorgang ist nachgerade zu erwarten und ergibt sich gewissermaßen von selbst aufgrund des Umstandes, dass die Vorstellungen von Ordnungen und Strukturen der göttlichen Sphäre in allen Kulturen der Menschheit in einer gewissen Korrelation zu den irdischen Gegebenheiten konzipiert worden sind. Das ist die *particula veri* der Religionskritik von Ludwig Feuerbach bis Sigmund Freud: Religionen sind selbstredend historisch gewachsene und kulturell determinierte Systeme und insofern kann es keine Überraschung sein, dass sie in ihren Entstehungszusammenhängen von den entsprechenden zeitgeschichtlichen politischen Gegebenheiten maßgeblich beeinflusst worden sind.

In der Tat ist Gott im antiken Israel im Wesentlichen politikförmig gedacht worden. Es ließe sich nun im Blick auf das Thema dieses Bandes einwenden, dass die historischen Ideen, die ein Kleinstaat in der Levante vor über 2000 Jahren entwickelt hat, für heutige Fragen der Moral und Ethik bestenfalls von peripherem sachlichen Interesse sein können. Allerdings stellt es sich mit dem antiken Israel und seiner literarischen Hinterlassenschaft, der Hebräischen Bibel, so dar, dass deren wirkungsgeschichtliche Bedeutung sich durchaus reziprok zu ihrer historischen Bedeutung zum Zeitpunkt ihrer Entstehung verhält.

Die in sich unterschiedlichen Positionen politischer Ethik der hebräischen Bibel sind durch den Aufschwung der auf sie unmittelbar oder mittelbar gründenden Weltreligionen des Judentums, des Christentums und des Islams zu einem bedeutsamen Faktor der neuzeitlichen Geschichte geworden. Das wird im Folgenden jeweils an bestimmten ausblickenden Stellen deutlich werden.

Es sind allerdings drei historische Vorbemerkungen vorauszuschicken:

Erstens: Um die Positionsbezüge der Hebräischen Bibel in der politischen Ethik zu verstehen, ist es unabdingbar, die grundsätzliche historische Eigenart ihrer Entstehung zu respektieren. Die biblischen Bücher stammen nicht von einem Autor, der sie zu einem bestimmten Zeitpunkt geschrieben hätte. Sie sind – wie dies in der Antike üblicherweise der Fall war – Traditionsliteratur, nicht Autorenliteratur. Sie sind in aller Regel über einen langen Zeitraum hinweg entstanden. Für die Hebräische Bibel muss man insgesamt die Periode von ca. 1000 v. Chr.

bis 150 v. Chr. ins Auge fassen (Schmid, 2008). Biblische Texte sind immer wieder ajouriert und aktualisiert, ausgelegt und fortgeschrieben worden. Seit den Textfunden aus Qumran liegen sogar empirische Belege dafür vor, wie man sich das vorzustellen hat (Stegemann, 1999): In gewissen Handschriften sind Kommentare erkennbar, die zwischen den Zeilen eingefügt worden sind und die bei der nächsten Abschrift dann in den Haupttext übernommen werden können, von verschiedenen Texten sind unterschiedliche Ausgaben belegt, die ihr literarisches Wachstum zeigen. In biblizistischen Kreisen mag man darüber klagen, dass die Bibel nicht nur Text, sondern auch bereits über weite Strecken hinweg ihr Kommentar ist. Diese Klage ist aber weder historisch noch theologisch berechtigt. Ohne das fortwährende Abschreiben wüssten wir einerseits heute nichts von der Bibel, denn Leder- oder Papyrusrollen halten sich nicht länger als 200 bis 300 Jahre, die Originalbücher der Bibel wären also schon längst verrottet. Andererseits ist es gerade die innerbiblische Auslegung und Fortschreibung gewesen, die der Bibel ihre inhaltliche Dichte und Qualität verliehen hat.

Zweitens: Der bibelwissenschaftlichen Forschung ist erst in den letzten drei Jahrzehnten wieder in hinreichendem Maße vor Augen getreten, wie stark das antike Israel in kulturgeschichtlicher Hinsicht mit seiner Umwelt verflochten ist. Aufgrund der geografischen und geschichtlichen Gegebenheiten ist dies an sich eine Selbstverständlichkeit – Israel liegt in der Mitte des sogenannten fruchtbaren Halbmonds und hat ständig mit Ägypten und Mesopotamien interagiert –, doch im Zuge der Kolonialisierung der Bibelwissenschaft durch die sogenannte *dialektische Theologie* anfangs des 20. Jahrhunderts (Körtner, 2001) wurden die Elemente, die eine Sonderstellung Israels im Orient anzeigen, über Gebühr hinaus betont. Wir wissen aber heute, dass zentrale Konzeptionen und Positionen der Hebräischen Bibel kulturgeschichtliche Importe sind. Der Kleinstaat Israel stand im 1. Jahrtausend v. Chr. vor allem unter dem Einfluss der mesopotamischen Hegemonialmächte: zuerst der Assyrer, dann der Babylonier und schließlich der Perser.

Drittens: Dies ist für das hier verhandelte Thema insofern von Belang, als es einen inneren Zusammenhang zwischen dem biblischen Monotheismus und den imperialen Reichsideologien des Alten Orients gibt. Es liegt auf der Hand, dass die Vorstellung des *einen,* weltbeherrschenden Gottes kulturgeschichtlich abhängig ist von der politischen

Erfahrung mit entsprechenden irdischen imperialen Weltmächten, was für Israel seit den Assyrern gegeben ist (Zenger, 2003). Gemäß der biblischen Darstellung selbst ist der Monotheismus allerdings so alt wie die Welt selbst: Es ist ein Gott, der die Erde erschafft, sein Volk Israel aus Ägypten herausführt und es danach auf die Einhaltung seines Gesetzes verpflichtet. In historischer Hinsicht ist allerdings unbestreitbar, dass diese biblische Präsentation nicht den damaligen religionsgeschichtlichen Gegebenheiten entspricht. Der Monotheismus steht historisch nicht am Anfang der Geschichte Israels, sondern ist als geistiges Konzept erst nach und nach errungen worden. Die deutlichsten expliziten Zeugnisse hierfür stammen erst aus dem 6. Jahrhundert v. Chr. Weil aber der Monotheismus sachlich als Grunddatum angesehen wurde, hat man ihn im antiken Israel an den Anfang der eigenen Gründungsgeschichte zurückprojiziert. Deshalb gibt es eine elementare Diskrepanz zwischen der biblischen Präsentation und ihrer historisch-kritischen Rekonstruktion, die es zu beachten gilt (Kratz, 2000).

Die Übertragung des assyrischen Vertragskonzepts auf Gott im Deuteronomium

Mit dem Beginn der assyrischen Vorherrschaft im Vorderen Orient im 9. Jahrhundert v. Chr. kam das antike Israel in den Einflussbereich einer imperialen Großmacht, die einen außerordentlich starken politischen und militärischen, aber mehr und mehr auch religiösen und kulturellen Druck ausübte. Die Assyrer dürfen als eine der ersten Mächte gelten, die dezidiert die politische, wirtschaftliche und militärische Kontrolle über die damals bekannte alte Welt anstrebten – sie waren das erste global orientierte Imperium.

Der Einfluss der Assyrer zeigt sich in Israel vor allem in Gegenkonzeptionen, die sich dort im Gefolge der Abnahme der assyrischen Macht im 7. Jahrhundert v. Chr. etablieren konnten. Der Grundgedanke assyrischer imperialer Ideologie wurde in Israel rezipiert, aber subversiv umgedreht: Das Assyrerreich war auf der politischen Idee aufgebaut, dass unterworfenen Völkern jeweils ein Vasallenvertrag aufgenötigt wurde, der diesen absolute Loyalität gegenüber dem assyrischen Großkönig abforderte. Israel entwickelte den strukturell gleichen, inhaltlich aber umgekehrten Gedanken, dass auch von Israel absolute Loyalität gefordert sei, aber nicht gegenüber dem assyrischen Großkönig, sondern gegenüber dem eigenen Gott. Israel transponierte so das assyrische Vasallenvertragswesen in subversiver Weise auf sein eigenes Gottesverhältnis. Damit war die biblische Bundestheologie geboren: Gott selbst hat mit seinem Volk einen Vertrag, einen Bund geschlossen (Otto, 1996; Weinfeld, 1972).

Diese subversive Rezeption assyrischer Vertragstheologie in Israel lässt sich vor allem im fünften Buch Mose, dem Deuteronomium, erkennen. Allein schon der Aufbau ist assyrisch inspiriert: Das Deuteronomium besteht aus einer historischen Einleitung, einem Gesetzeskorpus und wird beschlossen durch die Ankündigung von Segen und Fluch. Deren Eintreffen hängt davon ab, ob die im Hauptteil genannten Stipulationen eingehalten werden oder nicht. Diese Struktur ist diejenige der assyrischen Vasallenverträge: Unterwarf sich die assyrische Großmacht bestimmte Völker, so wurden sie zu Vasallen erklärt, die im wesentlichen auf bedingungslose Loyalität gegenüber dem assyrischen Großkönig verpflichtet wurden. Loyale Vasallen traf der Segen des Imperiums, illoyale Vasallen fielen der assyrischen Militärmaschinerie zum Opfer.

Vor allem aber ist die inhaltliche Nähe frappant: Wie die assyrischen Vasallenverträge fordert auch das Buch Deuteronomium bedingungslose Loyalität, nicht aber dem assyrischen Großkönig, sondern dem eigenen Gott gegenüber. Am deutlichsten lässt sich dies im sogenannten *Schma Israel* (»Höre, Israel«) erkennen: »Höre, Israel: Jhwh, unser Gott, ist ein Jhwh. Und du sollst Jhwh, deinen Gott, lieben, von ganzem Herzen, von ganzer Seele und mit deiner ganzen Kraft« (Dtn 6,4f.).

Namentlich die Forderung, Gott zu »lieben«, ist in der Welt des alten Orients politisch konnotiert: »Lieben« ist kein emotionaler, sondern ein politischer Terminus, der die treue Gefolgschaft bezeichnet. In den assyrischen Vasallenverträgen erscheint denn auch prominent jeweils die Aufforderung, den assyrischen Großkönig zu »lieben« (Moran, 1963). Das Deuteronomium hält dagegen fest: Diese Form von »Liebe«, von absoluter Loyalität, kommt nur Gott allein zu.

Eine nahezu wörtliche Übernahme aus den assyrischen Verträgen stellt auch das Denunziationsgesetz dar: »Wenn dich dein Bruder [...] heimlich verführen will und sagt: Auf, lass uns anderen Göttern dienen [...] dann musst du ihn umbringen. Du sollst als erster Hand an ihn legen, um ihn zu töten, und danach das ganze Volk. Du sollst ihn zu Tode steinigen« (Dtn 13,10 f.).

Verschwörungen und Palastrevolten waren im Assyrerreich nahezu an der Tagesordnung, es liegt auf der Hand, dass die assyrischen Verträge höchsten Wert darauf legten, auch diesen Tatbestand zu regeln und Verstöße dagegen in drakonischer Weise zu sanktionieren.

Der in diesen Texten deutlich sichtbare Exklusivitätsanspruch findet sich auch im ersten Gebot des Dekalogs (Köckert, 2007), der auch im Deuteronomium steht: »Ich bin Jhwh, dein Gott, der dich herausgeführt hat aus dem Land Ägypten, aus einem Sklavenhaus. Du sollst keine anderen Götter haben neben mir« (Dtn 5,6 f.).

Man erkennt auch hier klar den Grundgedanken exklusiver Loyalität der assyrischen Vasallenverträge wieder. Zusätzlich wird aber auch deutlich, dass sich dieser Text aus dem 7. Jahrhundert v. Chr. zwar auf dem sachlichen Weg zum Monotheismus befindet – nur Jhwh ist Israels Gott –, doch wird auffälligerweise den anderen Göttern nicht deren Existenz bestritten, sondern es wird lediglich verboten, sie zu verehren. Noch schärfer gesagt: Das erste Gebot ist nicht nur noch nicht streng monotheistisch, es setzt im Grunde genommen sogar eine polytheistische Matrix voraus. Die Transposition des Konzepts des absolute Loyalität fordernden Großkönigs in die theologische Sphäre hat im antiken Israel also vorerst nur zu einer Vorstufe des Monotheismus geführt: Auch Gott erhebt bezüglich seiner Verehrung einen Exklusivitätsanspruch. Die für einen strengen Monotheismus notwendige Universalisierung des Gottesgedankens – es gibt überhaupt nur einen Gott – ist geistesgeschichtlich nicht allein mittels der Annahme einer theologischen Extrapolation des Konzepts eines globalen Großkönigs zu erklären, sondern hängt im antiken Israel vielmehr mit der Erfahrung des Verlusts der eigenen Staatlichkeit und des eigenen Kleinkönigtums zusammen: Damit wurde der traditionelle Nexus zwischen Gott und der eigenen nationalstaatlichen Prosperität gelöst und Gott musste neu als allumfassender Souverän gedacht werden, der sich auch gegen den eigenen Verehrerkreis wenden kann. Das aber ist bereits ein anderes Kapitel.

Zusammengefasst lautet dieser Gedankengang wie folgt: Zum einen ist erkennbar, dass das Buch Deuteronomium mit seiner Theologie assyrisch inspiriert ist. Zum anderen lässt sich feststellen, dass diese Beeinflussung gleichzeitig mit einer fundamentalen Uminterpretation einhergeht: Das Vertragsverhältnis wird vom assyrischen Großkönig nun auf Gott selbst übertragen. Loyalität ist ihm allein und nicht mehr dem König gegenüber gefordert. Selbstverständlich spielen Gottheiten auch in den assyrischen Verträgen eine Rolle, dort aber immer als Garanten, nicht aber als Partner des Vertrages. Im Buch Deuteronomium ist dies anders: Das antike Israel hat das Vertragsverhältnis nun auf einen Vertrag – biblisch gesprochen: einen »Bund« – zwischen Gott und seinem Volk umgedeutet (Otto, 1999).

Die Subversivität dieses Vorgangs liegt auf der Hand: Er ist zutiefst kritisch gegenüber dem assyrischen Imperium eingestellt. Entsprechend liegt die Annahme nahe, dass er historisch nur in einer Zeit möglich wurde, als das assyrische Reich selbst bereits im Niedergang begriffen war – also in der zweiten Hälfte des 7. Jahrhundert v. Chr., bevor die Hauptstadt Ninive 612 v. Chr. fiel – und keine Kraft mehr hatte, solch dissidenten Strömungen in der Peripherie des Reiches mit militärischen Mitteln Einhalt zu gebieten. Was die mit dieser Position implizierte politische Ethik des Deuteronomiums betrifft, so dürfte deutlich sein, dass sie ambivalente Züge trägt. Zum einen – *ad optimam partem* verstanden – lässt sie sich interpretieren als Relativierung jeglicher irdischer Macht: Irdische Imperien sind immer nur vorläufig, die letzte Macht kommt nur Gott selbst zu. Zum anderen – *ad malam partem* ausgelegt – ist aber natürlich auch deutlich, dass sich hier eine der elementarsten Wurzeln religiösen Eifers in der späteren Geschichte des Judentums, des Christentums und des Islams findet, die Anhänger dieser Religionen immer wieder dazu verleitet hat, in bedingungsloser Abhängigkeit von ihrem Gott Taten zu vollbringen, die einer kritischen Begutachtung wohl nicht immer standhalten. Die politische Ethik des Deuteronomiums geht einher mit einer Rhetorik der Angst, die es seinerseits aus der politischen Propaganda der Assyrer übernommen hat: Wer den Auflagen und Forderungen des Deuteronomiums nicht Folge leistet, wird dem Verderben anheimfallen. Die Schrift geht sogar soweit, Angst vor der Angst zu machen, um die Einhaltung der voranstehenden Gebote anzumahnen:

»Und Jhwh wird dich unter alle Völker zerstreuen, vom einen Ende der Erde bis zum anderen, und da wirst du anderen Göttern dienen, die du und deine Vorfahren nicht gekannt haben, aus Holz und Stein. Und unter diesen Nationen wirst du keine Ruhe haben, und es wird keine Stätte geben, wo dein Fuß rasten kann. Sondern Jhwh wird dir dort ein banges Herz, erlöschende Augen und eine verzweifelnde Seele geben. Dein Leben wird in Gefahr schweben, und bei Nacht und bei Tag wirst du dich fürchten und dich deines Lebens nicht sicher fühlen. Am Morgen wirst du sagen: Wäre es doch Abend!, und am Abend wirst du sagen: Wäre es doch Morgen!, in der Angst deines Herzens, die dich überfällt, und bei dem, was deine Augen sehen« (Dtn 28,64–67).

So ist an dieser Position zu erkennen, wie das kulturgeschichtliche Setting einer bestimmten biblischen Schrift – in diesem Fall des Deuteronomiums in der Zeit des assyrischen Imperiums – diese Schrift prägt und sich so aus ihr eine bestimmte, historisch determinierte politische Ethik ergibt.

Der perserzeitliche Monotheismus der Priesterschrift und ihre politische Theologie

Das zweite Beispiel, das hier vorgestellt werden soll, ist gut 100 Jahre jünger als das Deuteronomium und stammt aus der frühen Perserzeit, also dem späten 6. Jahrhundert v. Chr. Die Assyrer sind seit dem Fall von Ninive 612 v. Chr. von den Babyloniern verdrängt worden, die ihrerseits im Gefolge der Einnahme Babylons 539 v. Chr. durch die Perser von der Weltenbühne abtreten mussten.

Wie die Vorgängerimperien eroberten auch die Perser nahezu die ganze damals bekannte alte Welt, von Ägypten bis in den heutigen Iran. Ihre Reichsideologie war jedoch ganz anders geartet als diejenige der Assyrer: Während die Assyrer auf das Programm kultureller Vereinheitlichung und militärischer Einschüchterung setzten, implementierten die Perser eine Reichsordnung, die auf kultureller Vielfalt und Lokalautonomie der unterworfenen Völker beruhte – weniger aus humanitären Überlegungen heraus als aus schierer politischer Notwendigkeit, um ein solches Riesenreich – das Perserreich erstreckte sich noch erheblich weiter nach Osten und nach Westen als die Vorgängerreiche – überhaupt beherrschen zu können (Wiesehöfer, 1999).

In der Hebräischen Bibel, die nahezu jedes Nachbarvolk Israels irgendwo mit einem Schmäh- oder Gerichtswort bedenkt, findet sich deshalb wohl kaum zufällig auch nirgends ein gegen die Perser gerichtetes Wort. Im Gegenteil, manche Positionen in der Hebräischen Bibel haben in der Perserherrschaft nachgerade »the end of history« erblickt.

Hier hat sich nun die gottgewollte Theokratie verwirklicht: Gott als der wahre Weltenherrscher regiert die Welt mittels der persischen Großkönige, die jedem Volk auf Erden seine Sprache, seinen Kult und seinen Wohnraum belässt.

Exemplarisch formuliert wird diese Position von einer Schrift in der Hebräischen Bibel, die heute nur noch als rekonstruierbare Quelle innerhalb des Pentateuchs greifbar ist, also mit anderen Texten zusammengearbeitet worden ist, die aus dem ausgehenden 6. Jahrhundert v. Chr. stammt, und der man aufgrund ihres besonderen Interesses an priesterlichen und kultischen Fragen den Kunstnamen »Priesterschrift« gegeben hat (Zenger, 1997). Sie ist eine prominente literarische Schicht, die sich zumindest durch die Bücher Genesis bis Leviticus hindurchzieht. Ihre Theologie trägt mit hinreichender Deutlichkeit die historische Signatur ihrer Abfassungszeit. Man kann das besonders an ihrer Gottesvorstellung erkennen.

Zur Priesterschrift gehört das erste Kapitel der Bibel überhaupt, der Schöpfungsbericht in Genesis. Er setzt in seinem ersten Vers wie folgt ein: »Im Anfang schuf Gott Himmel und Erde« (Gen 1,1). Dass diese Aussage monotheistisch ist, ergibt sich aus zwei Umständen. Zum einen ist »Himmel und Erde« ein sogenannter Merismus, das heißt ein Ganzes wird durch die Aufzählung seiner Teile benannt. »Himmel und Erde« bezeichnet also das All, den Kosmos. Gott erscheint hier als Schöpfer des Universums, Gott scheint nichts Weltliches und die Welt nichts Göttliches an sich zu haben – das ist die Grundentscheidung jedes Monotheismus (Stolz, 1983; 1996).

Der zweite Umstand ergibt sich aus der Bezeichnung Gottes. Der biblische Gott hat einen Namen, er heißt Jhwh, so auch durchgehend im Deuteronomium. Entitäten tragen dann einen Eigennamen, wenn es mehrere Exemplare ihrer Gattung gibt, sie benötigen dann keinen Namen, wenn sie singulär sind.

Wenn nun in Genesis von Gott als »Gott« und nicht als »Jhwh« gesprochen wird, dann steht dahinter offenbar das Bewusstsein, dass es nur einen Gott gibt, der entsprechend dann auch »Gott« heißen kann. Im Hebräischen liegt dasselbe Phänomen vor, das auch das Deutsche kennt, dass nämlich der Klassenbegriff »Gott« zu einem Eigennamen umfunktioniert worden ist (de Pury, 2002). Mit Eigennamen bezeichenbare Größen existieren per definitionem nur in der Quantität eins, also ist Gott hier monotheistisch vorgestellt.

Inklusive und exklusive Konzeptionen des biblischen Monotheismus

Mit der Verwendung des Klassenbegriffs »Gott« in Genesis verbindet sich nun noch eine weitere Pointe. Man unterscheidet bei monotheistischen Konzeptionen inklusive und exklusive Modelle. Beide finden sich in der Bibel. Exklusive Monotheismen statuieren: Es gibt keinen Gott außer dem unseren, alle anderen Götter sind Götzen. Ein klassisches Beispiel dafür findet sich in Jes 45,7: »Ich bin Jhwh, außer mir gibt es keinen Gott«.

Inklusive Monotheismen vertreten dagegen die Auffassung: Hinter allen Gottheiten, die die Völker verehren, steht letztlich ein und derselbe Gott, der sich unter vielen Namen verehren lässt. Das beste Beispiel für diese Vorstellung ist Gen 1,1: Gott wird hier als »Gott« schlechthin eingeführt, von dem auch die Priesterschrift weiß, dass er in Israel auch Jhwh heißt, während er in Persien als Ahura-Mazda oder in Griechenland als Zeus verehrt wird. Aber für ihre Leserschaft führt die Priesterschrift Gott als die eine, alle Subeinheiten letztlich inkludierende Größe ein, um so deutlich zu machen: Gott ist hinter der Vielfalt der Religionsgeschichte letztlich einer. Mit einer Kurzformel ausgedrückt ließe sich auch sagen: ein Gott – viele Namen.

Bedenkt man diese beiden monotheistischen Konzeptionen vor dem Hintergrund der damaligen Weltgeschichte, dann ist unschwer erkennbar, dass hinter der exklusiven Konzeption letztlich das Denkmodell des assyrischen Imperialismus steht: Gott ist als eifersüchtiger, exklusiver Despot gedacht, der unbedingte Loyalität fordert.

Die inklusive Konzeption atmet hingegen den perserzeitlichen Geist: Wie die unterschiedlichen Völker in all ihrer Verschiedenheit letztlich in dem einen großen Perserreich vereint und integriert sind, so sind auch ihre Gottheiten letztlich nichts anderes als unterschiedliche Verehrungsformen ein und desselben Gottes, der hinter ihnen allen steht.

Die Priesterschrift nimmt an diesem Grundkonzept allerdings noch einige weitreichende Differenzierungen vor. Sie spricht von Gott als »Gott«, hebräisch »Elohim« (morphologisch zwar ein pluralischer Begriff, in der Priesterschrift aber immer mit singularischen Verben konstruiert und entsprechend als Singular aufgefasst), nur im Bereich der die ganze Welt betreffenden Urgeschichte, im Bereich der abrahamitischen Völkerwelt, die Israeliten, Edomiter und Araber umfasst, benutzt sie für Gott die Bezeichnung »El Schaddaj« (Gen 17,1), gegenüber Israel allein schließlich offenbart sich Gott als »Jhwh«. Das heißt: Die Priesterschrift vertritt das Konzept einer politischen und religiösen Ökumene, die der Struktur konzentrischer Kreise folgt. Je weiter außen man sich befindet, desto allgemeiner ist Gott gefasst, je weiter innen, desto spezifischer (Schmid, 2009). Strukturell gleicht dieses Modell der römisch-katholischen Verhältnisbestimmung der eigenen Position zu den anderen christlichen Konfessionen und den außerchristlichen Religionen, die in konzentrischen Kreisen um das Zentrum der eigenen Position gruppiert werden.

Der ethische Kontext

Welche politische Ethik ergibt sich aus dieser inklusiven Konzeption? Sie ist pazifistisch, nachgerade apolitisch eingestellt. Es gibt keinen Grund für nationalstaatlichen Aktivismus, keinen Anlass für messianische Erwartungen eines künftigen Königs aus den eigenen Reihen, Gott regiert die Welt vermittelst des persischen Großkönigs, jedes Volk ist an seinem Platz, die politische Weltgeschichte ist zu ihrem Ziel gekommen, Israel kann seinen Kult vollführen und ist gleichsam in religiöser Hinsicht der Nabel der Welt, da der göttliche Weltenherrscher sich ihm in speziellster Weise geoffenbart hat.

Gott ist in dieser Position nicht der bedingungslose Loyalität fordernde Despot, sondern der weise Lenker im Hintergrund, der die Welt in einem stabilen, aber toleranten und diversifizierten politischen System beherrscht.

Die Priesterschrift vertritt gewissermaßen ein System aufgeklärter Theokratie: Letzte machthabende Instanz ist Gott selbst, aber er herrscht nicht unmittelbar über die Welt, sondern er bedient sich menschlicher Werkzeuge, die in einem hierarchischen System geordnet sind. Politisch liegt das Zentrum bei den Persern, in religiöser Hinsicht aber ist Israel das Zentrum, nur Israel hat die volle Gotteserkenntnis, die aber von den Persern respektiert wird. Natürlich hat man auch in Israel davon geträumt, dass auch die Fremdherrscher sich zur Religion Israels bekehren – am deutlichsten kann man das in den Erzählungen des Danielbuches sehen, die allesamt darauf hinauslaufen, dass der babylonische oder persische Großkönig sich zum Gott Israels bekehrt (Kratz, 1991) –, doch in der realistisch ausgerichteten Priesterschrift hat man diese Diskrepanz durchaus ertragen können.

Schlussüberlegungen

Die Beispiele im Beitrag zeigen: Biblische Gottesvorstellungen sind politisch determiniert und umgekehrt selbst auch politisch determinierend.

Beide Seiten dieser Erkenntnis sind zunächst theologisch relevant und als solche in grundsätzlicher Weise anzuerkennen: Die Bibel ist, historisch gesehen, nicht Offenbarungsliteratur, sondern ist im engen Diskurs mit den Wissensbeständen und Orientierungsrahmen der damaligen kulturgeschichtlich relevanten Großmächte entstanden. Ihre Positionen sind historisch und sachlich kontingent, selbst ideologisch geprägt, wie auch ideologisch prägend. Die Theologie der Bibel ist ein Kind der damaligen Politik und hat umgekehrt auch wieder politische Kinder aus sich herausgesetzt.

Es gehört dabei zu den Eigenarten der Bibel, dass ihre verschiedenen Positionen zur Gotteslehre und zur politischen Ethik im Rahmen ihres Kanons nicht vereindeutigt worden sind. Vielmehr hat der Überlieferungsprozess die unterschiedlichen Positionen nebeneinander bewahrt. Allerdings sind, wie eingangs bemerkt wurde, diese Positionen nicht nur gesammelt, sondern in der Bibel durch innerbiblische Auslegungsprozesse vielfach kommentiert worden.

Damit entsteht einerseits die große Schwierigkeit, dass die Bibel in diesen Fragen keine eindeutige Stellung bezieht, die andererseits aber den großen Vorteil mit sich bringt, dass die Bibel eine gewisse positionelle Offenheit besitzt und ihren Rezipientinnen und Rezipienten abfordert, ihre Positionen zum einen zusammenzudenken und zum anderen je auf unterschiedliche geschichtliche Situationen hin auszulegen.

Dass diese Positionen, auch als biblische, per se keine normative Geltung, geschweige denn Absolutheit beanspruchen können, liegt meines Erachtens auf der Hand. Sie sind historisch bedingt, ihre Geltung hängt allein davon ab, ob sie auf der Rezipientenseite in hinreichendem Maße Plausibilität herstellen können. Die Bibelwissenschaften haben dabei den Part der Ideologiekritik wahrzunehmen: Sie zeigen die Entstehungsbedingungen und auch die Wirkungen dieser

Positionen auf, schärfen so deren Profil, relativieren dadurch aber auch deren kanonisches Gewicht, das – recht verstanden – eben nicht größer ist als das Gewicht, das ihnen als Ideen selbst eignet.

Im Blick auf den Zusammenhang von Moral und Angst zeigt sich so ein elementares Aufklärungsmoment historischer Arbeit. »Die wahre Kritik des Dogmas ist seine Geschichte« – so formulierte bereits David Friedrich Strauß 1840 (S. 71). Diese Aussage gilt gleicherweise auch für religiös begründete oder überhöhte Ideologien. Die Funktionalisierung politischer Ethik unter Ingebrauchnahme von Angstmomenten, wie sie namentlich im Bereich neuassyrischer Konzeptionen und derer Rezeptionen zu beobachten ist, findet ihren schärfsten Feind in der Einsicht in ihre Ursprungsbedingungen. Im Blick auf ihre religiöse Begründung und Einbettung konnte festgestellt werden: Auch die den politischen Ethiken zugeordneten Gottesvorstellungen sind natürlich historisch kontingent und entsprechend kritisch aufklärbar. Der Bereich des Göttlichen – des *mysterium tremendum et fascinosum* – hat sich nahezu allen Kulturen auch als Interpretationsvehikel politischer Ziele anerboten – und dabei ist man nicht selten der Versuchung erlegen, auch das Moment der Angst im Rahmen dieses Vehikels zu instrumentalisieren. Bemerkenswerterweise hat bereits die Bibel selbst namentlich im Blick auf die mächtige Götterwelt Mesopotamiens das Argument der Einsicht in die Entstehungsbedingungen von deren Göttergestalten benutzt, um so die Angst vor ihrer Macht zu brechen: »Dort werdet ihr Göttern dienen, die das Werk von Menschenhänden sind, aus Holz und Stein, die nicht sehen und nicht hören, nicht essen und nicht riechen können« (Dtn 4,28). Die von der Bibel selbst formulierten politischen Ethiken sind selbst allerdings auch nicht vor Instrumentalisierungen gefeit, wie ihre Wirkungsgeschichte unmissverständlich zeigt. Doch immerhin eignet ihnen dank ihrer Pluralität ein Moment inhärenter Selbstkritik.

Literatur

Finkelstein, I., Silberman, N. A. (2006). David und Salomo. Archäologen entschlüsseln einen Mythos. München: Beck.
Köckert, M. (2007). Die Zehn Gebote. München: Beck.
Körtner, U. (2001). Theologie des Wortes Gottes. Positionen – Probleme – Perspektiven. Göttingen: Vandenhoeck & Ruprecht.

Kratz, R. G. (1991). Translatio imperii. Untersuchungen zu den aramäischen Danielerzählungen und ihrem theologiegeschichtlichen Umfeld. Neukirchen-Vluyn: Neukirchener Verlag.

Kratz, R. G. (2000). Die Komposition der erzählenden Bücher des Alten Testaments. Göttingen: Vandenhoeck & Ruprecht.

Moran, W. (1963). The ancient near eastern background of the love of god in Deuteronomy. Catholic Biblical Quarterly, 25, 77–87.

Münkler, H. (2005). Imperien. Die Logik der Weltherrschaft – vom Alten Rom bis zu den Vereinigten Staaten. Berlin: Rohwolt Berlin.

Otto, E. (1996). Treueid und Gesetz. Die Ursprünge des Deuteronomiums im Horizont neuassyrischen Vertragsrechts. Zeitschrift für altorientalische und biblische Rechtsgeschichte, 2, 1–52.

Otto, E. (1999). Das Deuteronomium. Politische Theologie und Rechtsreform in Juda und Assyrien. Berlin u. New York: Walter de Gruyter.

Pury, A. de (2002). Gottesname, Gottesbezeichnung und Gottesbegriff. Elohim als Indiz zur Entstehungsgeschichte des Pentateuch. In J. C. Gertz, et al. (Hrsg.), Abschied vom Jahwisten. Die Komposition des Hexateuch in der jüngsten Diskussion (S. 25–47). Berlin u. New York: Walter de Gruyter.

Schmid, K. (2008). Literaturgeschichte des Alten Testaments. Eine Einführung. Darmstadt: Wissenschaftliche Buchgesellschaft.

Schmid, K. (2009). Gibt es eine »abrahamitische Ökumene« im Alten Testament? Überlegungen zur religionspolitischen Theologie der Priesterschrift in Genesis 17. In A. C. Hagedorn, H. Pfeiffer (Hrsg.), Die Erzväter in der biblischen Tradition. Festschrift für Matthias Köckert (S. 67–92). Berlin u. New York: Walter de Gruyter.

Stegemann, H. (1999). Die Essener, Qumran, Johannes der Täufer und Jesus. Ein Sachbuch (9. Aufl.). Freiburg i. B.: Herder.

Stolz, F. (1983). Unterscheidungen in den Religionen. In H. F. Geisser, W. Mostert, (Hrsg.), Wirkungen hermeneutischer Theologie. Eine Zürcher Festgabe zum 70. Geburtstag Gerhard Ebelings (S. 11–24). Zürich: Theologischer Verlag.

Stolz, F. (1996). Einführung in den biblischen Monotheismus. Darmstadt: Wissenschaftliche Buchgesellschaft.

Strauß, D. F. (1840). Die christliche Glaubenslehre in ihrer geschichtlichen Entwicklung und im Kampf mit der modernen Wissenschaft dargestellt. Tübingen: Osiander.

Weinfeld, M. (1972). Deuteronomy and the Deuteronomic School. Oxford: Clarendon Press.

Wiesehöfer, J. (1999). Das frühe Persien. Geschichte eines antiken Weltreichs. München: Beck.

Zenger, E. (1997). Priesterschrift. In G. Müller (Hrsg.), Theologische Realenzyklopädie, Band 27 (S. 435–446). Berlin u. New York: Walter de Gruyter.

Zenger, E. (2003). Der Monotheismus Israels. Entstehung – Profil – Relevanz. In T. Söding (Hrsg.), Ist der Glaube Feind der Freiheit? Die neue Debatte um den Monotheismus (S. 9–52). Freiburg i. Br.: Herder.

Alfred Bodenheimer

Israel als politischer und theologischer Ort
Zur Moral als Überwindung von Ängsten

Im diesem Beitrag soll gezeigt werden, wie unterschiedlich und konfrontativ der Diskurs über die moralische Grundlage der Existenz eines jüdischen Staates innerhalb der israelischen Gesellschaft verläuft. Denn der Anspruch, nach Jahrtausenden des Exils ein »Licht für die Völker zu sein«, wird nicht nur als Verheißung, sondern als existentieller Auftrag verstanden. Es ist offensichtlich, dass ein solcher Diskurs auch Ängste weckt – Ängste, in denen das moralische Versagen zur Beendigung eines Existenzrechts führen könnte. Dies verkompliziert sich noch dadurch, dass die Verständnisse von »Moral« sich in den verschiedenen Gruppierungen der Gesellschaft diametral unterscheiden.

»Die einzigartige Qualität des Landes Israel und die einzigartige Qualität der Nation Israel ergänzen sich. Die Nation Israel hat die einzigartige Fähigkeit, zu göttlicher Erhebung in den Tiefen seiner Lebenskraft zu gelangen. Entsprechend bessert das Land Israel – welches das Land Gottes ist – die jüdische Nation, die darin als ihrem ewigen Erbe wohnt, einem Erbe das mit einem Bund, einem Gelübde und einem Schwur besiegelt ist. [...] Gemeinsam bringen die Seele des Volkes und das Land die Begründung ihres Seins hervor. Sie verlangen nach ihrem Ziel: Ihre heilige Sehnsucht zum Blühen zu bringen« (http://ravkook.net/land-of-Israel.html).

Das ist der Auszug eines Werks von Rav Abraham Isaak Hacohen Kook (1865–1935), dem aus Litauen stammenden ersten Oberrabbiner von Palästina. Rav Kook gilt als eine der einflussreichsten Persönlichkeiten hinsichtlich der Ausbildung des religiösen Zionismus, er war Talmudgelehrter und Mystiker und stellte die metaphysische Qualität des Landes Israel weit vorne in seine Prioritätenliste, womit er sich vor allem von der eher exilorientierten Orthodoxie seiner Zeit abgrenzte. Rav Kooks Ideologie ist nicht kriegerisch veranlagt, sondern messianisch im Sinne einer Verwirklichung prophetischer Visionen bei einer Rückkehr Israels in sein Land. Obschon er dem säkularen Zionismus kritisch gegenüberstand, sah er darin auch ein göttliches Instrument, um auch säkulare Juden mit Liebe, Sehnsucht und dem Wunsch der Rückkehr ins Land aufzuladen und die Rückkehr faktisch zu verwirklichen.

Hat Rav Kooks Sohn Zvi Jehuda zu Zeiten, als der Staat existierte, das Erbe seines Vaters im Sinne einer Pflicht der Besiedlung nach 1967 ausgelegt, die dann zu Bewegungen wie der Siedlerbewegung Gusch Emunim führte, so ist keineswegs klar, dass er damit im Sinne seines Vaters handelte. Dies ungeachtet der Tatsache, dass die Ideologie von Gusch Emunim in hohem Maße auf die Zionsliebe Rav Abraham Isaak Kooks verweist und sich als dessen legitime geistige Erbgemeinschaft ansieht. Israel als Land, das die innere Reinigung der Juden sowohl befördert wie einfordert, somit nach Rav Abraham Isaak Kook primär einen moralischen und religiösen Ort darstellt, ist für Gusch Emunim nicht in eminenter Weise auch ein politischer Ort. Im Sinne der Hebung einer durch Anpassung und die Ferne zu der belebenden Spiritualität und natürlichen Umgebung des von Gott verheißenen Landes verbogenen Moral des Exils ist es ein Ort, an dem die Sinngebung des Judentums sich erst wirklich vollziehen kann. Der Umstand der Eroberungen von 1967, vor allem der Westbank, die im rechtsnationalen Diskurs Israels mit den biblischen Benennungen Judäa und Samaria bezeichnet wird, besitzt nach diesem Denken den Status eines göttlichen Zeichens zur Ankündigung messianischer Zeiten. In diesem Sinne stellt für Gusch Emunim der Besitz des Landes nicht primär einen strategischen oder territorialen Wert dar, sondern die Aufgabe, das Leben des Einzelnen wie des Staates in den Dienst einer jüdischen Besiedlung dieser Gebiete und damit der Vorbereitung auf den Messias und die Sammlung der Juden in dem von Gott verheißenen Land zu stellen. Ideen einer Teilung und freiwilligen Räumung von Land erscheinen unter diesem Aspekt als Verrat am göttlichen Weltenplan. Es ist nicht äußeres Machtstreben, sondern das eigene Gewissen, das in dieser Denkweise jeden territorialen Kompromiss untersagt.

Die Verlegung der äußeren, notwendigerweise politischen Topografie des Landes in die Korrespondenzbereiche der inneren Seelenlage zeigt aber zugleich, dass der religiöse Raum Israel auch mit biblischer Topografie nicht zu fassen ist. Als politischer Ort ist das Land Israel ein Ort, der verschiedenen Ansprüchen untersteht. Diese Ansprüche sind, was die säkularen politischen Positionen des Staates betrifft, fest formuliert, in Wirklichkeit aber variabel. War in den 1980er Jahren das Sprechen von einer Landteilung mit zwei Staaten in Israel wie in den Palästinensergebieten tabu, wird heute verzweifelt darum gekämpft, diese Lösung, die gar keine reelle Alternative mehr zu kennen scheint, umzusetzen. Eine Einstaatenlösung gewinnt wohl auf arabischer Seite an Gewicht, auf jüdischer ist sie eine Idee kleinster Minderheiten.

Muss, soll, kann das Land Israel als religiöser Begriff Pate stehen für die Umsetzung politischer Programme? Shlomo Sand analysiert in seinem Buch »Die Erfindung des jüdischen Volkes« (2010) kritisch die Instrumentalisierung der Bibel, referiert im Sinne einer säkularen historischen Legitimationsquelle der ersten 30 Jahre nach der Staatsgründung. Die politische Heranziehung der Bibel ist, um es pointiert zu sagen, kein authentisch religiöser Ansatz jüdischen Denkens. Die Bibel verleiht, wie viele religiöse Denker inzwischen festgestellt haben, den Forderungen nach Landbesitz keine höhere Moral und auch keine finale Aura religiöser Pflichterfüllung – zumindest nicht, wenn man als Leitlinie jüdischen Religionsdenkens die mündliche Lehre, also das talmudische und mischnaitische Schrifttum nimmt. So sieht zum Beispiel ein religiös-zionistischer Denker wie David Hartman den Besitz des Landes erst als Ausgangslage einer Gott zugewandten jüdischen Lebensform, noch nicht als dessen Verkörperung; »One can religiously embrace modern Israel not through a judgment about God's actions in history but through an understanding of the centrality of Israel for the fullest actualization of the world of mitzvoth [Gebote, A. B.]« (Hartman, 1997, S. 285).

Die religiöse Betrachtung des Landes Israel behandelt das Land unter halachischem Standpunkt, also gemäß den Gesetzen, die in diesem Land gelten, etwa das Siebtjahr, das Weihen des Zehnten der Früchte, auch des Gebotes, das Land zu bewohnen, etc. Der Besitz als solcher ist von einer Selbstverständlichkeit, dass er weltliche Herrschaft im unmittelbaren Kontext nicht verlangt.

Ich möchte hier einen Denker anführen, der zu Lebzeiten als äußerst kontrovers galt, der aber mit seinem Denken Spuren hinterlassen hat, an denen heute in Israel zunehmend nicht mehr vorbeizukommen ist, da sich auch in den religiösen Sektoren abzeichnet, dass einer wie immer geachteten Lösung gleichberechtigter Konvivenz mit den Nachbarn nicht zu entgehen sein wird. Es handelt sich dabei um Jeschajahu Leibowitz (1904–1994), einen der kompromisslosesten israelischen

Denker, der sowohl von denen, die ihn vereinnahmten, wie von denen, die ihn ablehnten, oft in seiner Komplexität verkannt worden ist. Mitte der 1970er Jahre schrieb Leibowitz eine Staatskritik, die sich gegen einen säkularen Protozionismus nicht weniger als gegen einen religiösen Messianismus wandte. Leibowitz stellte (in letzter Konsequenz S. Sand nicht unähnlich) fest, in Israel konstituierten sich die Juden als »neues, synthetisches Volk, ohne spezifisch ursprünglichen Inhalt – ein Volk, dessen nationale Einheit ausschließlich aus seinem staatlichen Rahmen besteht: Nicht das jüdische Volk, das sich einen Staat baut, sondern der Staat, der sich ein Volk schafft« (zitiert nach Goldman, 1996/2000, S. 241). Den Staat als Selbstzweck lehnte Leibowitz ebenso ab wie seine Überhöhung im teleologischen oder gar messianischen Sinne:

»Ich akzeptiere die gängige religiös-zionistische Argumentation nicht, dass es kein vollständig jüdisches Leben außerhalb eines jüdischen Staates im Lande Israel gebe. Das meiste und wichtigste an jüdischem Leben ist im Exil geschehen, und die [geistige] Macht der Juden in ihrem Leben und ihrem Tod für das Judentum wurde in ihrer ganzen Kraft im Exil offenbar. Die ›Vollständigkeit jüdischen Lebens‹ ist jedoch ein ewiges Ziel, sei es im Exil oder im Lande Israel. Ich – und viele ebenso wie ich – sind Zionisten, weil wir der Unterdrückung durch andere Länder überdrüssig sind: Wir wollen nicht, dass das jüdische Volk weiter unter der Herrschaft der Völker lebt. Ich messe dem Staat (Israel) keine religiöse Heiligkeit zu, aber ich stehe mit meiner ganzen Kraft für seinen Bestand und seine Verteidigung ein, weil ich unsere Unabhängigkeit will. Ich sehe darin keine ›religiöse Funktion‹: Der Dienst an Gott ist eine Aufgabe des Volkes Israel« (zitiert nach Goldman, 1996/2000, S. 248).

Leibowitz' bestechend einfache Entgegnung auf den Messianismus leitet sich aus der Differenz des Judentums gegenüber dem Christentum und der Sekte der Sabbatianer im 17. Jahrhundert ab. Insofern relativiert er den unter religiösen Zionisten ebenfalls populären Ansatz, Israel als »Beginn des Wachsens unserer Erlösung« zu begreifen: »Der Sinn des Begriffs ›Erlösung‹, die am ›Ende der Tage‹ steht, bezieht sich auf eine Realität, die hinter allen Tagen steht; das heißt, einer Realität, die immer jenseits des Vorhandenen steht und zu der wir niemals hingelangen, sondern hinter der der Mensch immer herstreben soll. Der Messias ist für immer das, was in Zukunft einmal kommen soll; der Messias, der in der Realität erscheint, er ist der Lügenmessias. Das ist der Sinn des Christentums und des Sabbatianismus in der Geschichte des jüdischen Volkes und des Judentums« (zitiert nach Goldman, 1996/2000, S. 258).

Leibowitz, einer der frühen Befürworter einer Zweistaatenlösung, räumt als orthodoxer Jude sämtliche Überfrachtungen religiöser Ansprüche und Bedeutungen aus dem Weg. Eine Religion, die sich in den Dienst eigener territorialer Vorstellungen stellt, anstatt angesichts einer Konfrontation mit einem anderen Volk die angemessenen Lebensregeln zu vermitteln, steht für ihn im Ruche, Interessen zu vertreten, die geradezu der Göttlichkeit der Tora zuwiderlaufen. Obschon die heutigen Anhänger von Rabbi Kook es ablehnen würden, führt Leibowitz in bestimmter, womöglich nicht intendierter Weise dessen Erbe fort, indem er die messianische Ambition nicht ablehnt, aber in ein nicht final zu erreichendes messianisches Wachstum steuert.

Natürlich ist in einem Zeitalter nationaler Souveränität als Ausmessung politischer Rechte und Handlungsspielräume die politische Komponente eines Anspruchs auf das Land nicht eliminierbar. Politische Ansprüche konstituieren sich aus den »facts on the ground«, und diese haben dazu geführt, dass zwei Völker auf derselben Erde Staatlichkeit beanspruchen. Das Problem ist, dass beide Seiten den Anspruch der anderen Seite mit einer zumindest kalten Delegitimation von dessen Ansprüchen beantworten.

Es ist aber weder die biblische noch die koranische, auch nicht die historische Quellenlage, die Ansprüche festlegt – da die Ansprüche von einer Seite für die andere nichts gelten. Der paradoxe Zugang, Ansprüche auf der Basis von heiligen Schriften zu formulieren, unterschlägt den aller Heiligkeit innewohnenden Charakter, nur für eine ausgesuchte In-Group heilig zu sein. Sie versucht, anderen, deren Nichtanerkennung gerade den religiösen Charakter als anderen ausmacht, auf der Basis von Quellen etwas zu beweisen. Oder es wird als reines Selbstgespräch unter Gleichgesinnten in einer Art kollektivem Autismus geführt, in dem aber die Heiligkeit ebenso ephemer ist, weil ohnehin bestehende Ansichten ausgetauscht und gestärkt werden. Wird die Bibel als rein historische Quelle von säkularer Bedeutung herangezogen, so ist es ebenfalls Sand, der nicht als Erster, aber mit besonderer Ausführlichkeit darauf hinweist, dass eine streng historische Argumentation hinsichtlich der hebräischen Bibel den Erkenntnissen der Archäologie wie der vergleichenden Lektüre zeitgleicher nichtjüdischer

Texte kaum standhält. Dass er die konkurrenzierenden Gegenmythen auf arabischer Seite nicht dechiffriert, hat seine Thesen zum Teil angreifbar gemacht.

Insofern findet der politische Kampf um Israel nicht im Bereich religiöser Topografie statt, auch wenn diese dauernd die Unterlage der Diskussion darzustellen scheint. Der Bau des Tempels ist nur in seiner sehr erzwungenen Theologie das Ergebnis von Sachpolitik, und die Herrschaft einer bestimmten Volksgruppe, zumal unter laizistischen Bedingungen, hat keinerlei religiöse Grundlage.

Worum es bei der politischen Lösung geht, ist meines Erachtens das Feststellen der Rechte zweier Völker, die sich – auf welcher Legitimation auch immer – Souveränität auf diesem Stück Land ausbitten. Die Moral dieser Geschichte ist tatsächlich eine, die jenseits beidseitiger Wunschträume vor allem aus der Berücksichtigung der beidseitigen Ängste heraus formuliert werden muss – Angst vor der Auslöschung, Angst vor der Marginalisierung. Diese Ängste dürfen nicht als reine politische Spielsteine im Schachspiel um (oder gegen) eine Lösung abgetan, sie müssen viel ernster genommen werden. Das Problem der bislang misslungenen Vertrauensbildungen ist im politischen Prozess ein größeres Hindernis als sämtliche religiösen Legitimationen oder Ängste.

Wenn man so will, hat man es mit zwei verspäteten Nationen zu tun, die dessen ungeachtet ihr Recht auf der Landkarte beanspruchen. Diese Nationen konstituieren sich zudem zu einem nicht geringen Teil aus ihren Neurosen und Verfolgungsgeschichten. Diese Stilisierungen umzudrehen in die positive Auffassung einer für den Anderen (der teilweise stellvertretend für die Benennung der eigenen Neurose herhalten muss) günstigen und deswegen nicht a priori unmöglichen Lösung, ist die politische Aufgabe in der Region.

Literatur

Goldman, E. (1996/2000). Expositions and inquiries. Jewish thought in past and present (2nd ed.) Ed. by A. Sagi and D. Statman. Jerusalem: Magnes. [hebräisch; Übersetzungen von A. B.]

Hartman, D. (1997). A living covenant: The innovative spirit in traditional Judaism. Woodstock: Jewish Lights Publishing.

Sand, S. (2010). Die Erfindung des jüdischen Volkes. Israels Gründungsmythos auf dem Prüfstand. Berlin: Propyläen.

Moral und Identität in Geschichte und Religion – Interview mit Shlomo Sand[15]

Geführt von Philipp Aerni

P. A.: Ihr Buch »Die Erfindung des jüdischen Volkes« war in Israel wochenlang auf der Bestsellerliste. Wie erklären Sie sich den Erfolg Ihres Buches im heutigen politischen und kulturellen Kontext?

Sh. S.: Ich habe mich damals entschieden, dieses Buch zu schreiben, weil bereits viele frühere Forschungsarbeiten zum Thema verfasst wurden, die aber kaum Beachtung in der Öffentlichkeit fanden. In den 1950er und 1960er Jahren galt die kritische Erforschung der jüdischen Geschichte noch als vollkommen legitim, doch die Verschärfung des Nahostkonflikts führte dazu, dass solche Forschung zunehmend als unpatriotisch galt und an Universitäten kaum weiterverfolgt wurde. Es war mir ein Anliegen, dieses wenig bekannte Wissen aufzuarbeiten, neu zu organisieren und in einer Weise zu vermitteln, die dem heutigen politischen Kontext angepasst ist. Ich war offensichtlich der Erste, der einen solchen Syntheseversuch unternahm hat und damit Erfolg hatte. Das Buch ist mittlerweile in 19 Sprachen übersetzt worden, und eine Übersetzung auf Arabisch wird demnächst erscheinen. Es gibt Leute, die argumentieren, dass die Araber zuerst selbst ihre Geschichte kritisch analysieren sollten, aber ich finde eine solche Haltung falsch, denn im Nahostkonflikt sind die Israelis in einer stärkeren Position und können es sich dadurch auch eher leisten, einen solchen Schritt zu wagen. Es ist unsere moralische Pflicht, uns selbst zuerst zu kritisieren. Vielleicht führt dies ja auch dazu, dass die Palästinenser eine Anstrengung unternehmen, ihre eigenen geschichtlichen Mythen kritisch zu betrachten.

Wir befinden uns heute im 21. Jahrhundert und es ist Zeit, die nationalen Mythen aus dem 19. Jahrhundert kritisch zu hinterfragen. Damals hatten die Historiker unter anderem die Aufgabe, Nationalge-

---

15 Aus dem Englischen von Philipp Aerni. – Sh. S. = Shlomo Sand; P. A. = Philipp Aerni.

schichten zu konstruieren, welche dem Konzept des souveränen Staates oder Volkes seine Bedeutung und Legitimation verliehen. Sie waren es und weniger die historischen Akteure, die Geschichte machten. Kein Nationalstaat konnte ohne Nationalgeschichte existieren. Heute ist die Situation jedoch anders. Infolge der kulturellen Globalisierung erleben wir einen Rückgang der Bedeutung der Nationalgeschichte und zugleich deren vermehrte Instrumentalisierung für politische Interessen. Im gegenwärtigen gespannten politischen Klima ist es kaum noch möglich, das differenzierte Bild der Nationalstaatenbildung, wie es von der neueren Geschichtsforschung aufgearbeitet wurde, zu vermitteln. Dies macht es auch schwierig, die Geschichte des jüdischen Volkes aus einer neuen Perspektive zu betrachten.

P. A.: Ihr Buch ist ein seltener Versuch, jüdische Religion und Geschichte in einen größeren Kontext zu stellen und sie im Lichte des kulturellen Austausches und des globalen Wandels darzustellen. Dies mag erklären, warum auch Nicht-Juden Ihr Buch als sehr bereichernd empfinden, denn im Geschichtsunterricht an europäischen Schulen tauchen die Juden nach wie vor hauptsächlich im Zusammenhang mit Pogromen im Mittelalter, dem Holocaust und dem Nahostkonflikt auf. Ihre Geschichte wird nach wie vor strikt von »unserer« Geschichte getrennt. Warum ist das so?

Sh. S.: Ich glaube beide Seiten müssen lernen, ihre einseitige Geschichtsdarstellung zu hinterfragen. Sie ignoriert die multiplen Geschichten und ihre Überschneidungen innerhalb derselben Gesellschaft sowie die sozialen und kulturellen Veränderungen, welche die Gesellschaft im Verlauf der Zeit durchläuft.

Das israelische Erziehungssystem als Ganzes basiert auf einer essentialistischen Ansicht der jüdischen Geschichte. Überspitzt gesagt, es wird eine Wesenslehre des jüdischen Volkes unterrichtet, die sich nur dann an die geschichtlichen Fakten hält, wenn sie im Einklang mit der Lehre ist. Israelische Universitäten haben ein Department für Jüdische Geschichte, das komplett getrennt ist vom Department für Allgemeine Geschichte. Ein Student der Jüdischen Geschichte ist dabei nicht verpflichtet, auch nur eine Lektion in Allgemeiner Geschichte zu nehmen. Dies kann dazu führen, dass ein solcher Student alles weiß über die Ereignisse, die in der hebräischen Bibel erwähnt werden, jedoch keine Ahnung hat, wer Napoleon war.

Die Funktion der geschichtlichen Studien (historical studies) im 21. Jahrhundert wird sich jedoch fundamental verändern. Im 19. Jahrhundert mussten Schüler erstmals Geschichte im Schulunterricht lernen. Zugleich verlor die Theologie an den Universitäten nach und nach ihre Bedeutung auf Kosten der Geschichtswissenschaften. Geschichte wurde zur Domäne, zum Hauptgegenstand des Nationalstaates. Sie diente dem Aufbau einer nationalen Identität. Heute ist das alles jedoch ein bisschen anders. Wir befinden uns in einem Prozess der globalen kulturellen Transformation, und diese wird auch die Rolle und den Inhalt des Geschichtsunterrichts an Schulen neu definieren. Die ideologische Funktion der Geschichte wird kontinuierlich an Bedeutung abnehmen und ebenso der Anreiz des Staates, Geschichtsforschung großzügig zu finanzieren. Geschichte wird wahrscheinlich zu einem bloßen Teilaspekt einer breiteren Sozio-Humanwissenschaft werden. Obwohl das Wissen um die Vergangenheit sicherlich wichtig ist, so wird doch meine Funktion als Historiker in der Gesellschaft von morgen an Bedeutung verlieren. Ich frage mich auch, ob meine Berufsgattung innerhalb der nationalen Kultur tatsächlich noch eine moralisch positive Rolle spielen kann. Nationalgeschichte kann heute keine überzeugenden Antworten mehr geben auf die Fragen, woher wir kommen und wohin wir gehen. Außerdem hat der Staat heute kein Monopol mehr bei der Definition von Unterrichtsinhalten. Wir sind heute hochmobil, und Information kann immer weniger kontrolliert werden. In einer Welt, die sich im beschleunigten Wandel befindet, werden nationale Identitäten zunehmend zu Anachronismen. Die Nationalgeschichte hat kein Deutungsmonopol mehr.

P. A.: Können wir wirklich wissen, in welche Richtung der Trend geht? Die Leute fürchten den beschleunigten Wandel und den drohenden Verlust von persönlichen Gewissheiten. Sie sehnen sich gerade deshalb zurück nach einer stabilen und vertrauten Identität, welche eng an den Nationalstaat und seine überlieferte Geschichte geknüpft ist. Der Nationalismus offeriert dem verunsicherten Bürger ein Zugehörigkeitsgefühl, das nicht einfach durch etwas anderes ersetzt werden kann. Nationalistische Politiker könnten die Verlustängste zu ihren Gunsten ausbeuten und Historiker vermehrt zur sanften Selbstzensur zwingen, indem die öffentlichen Gelder für kritische Forschung gestrichen werden.

Sh. S.: Nein, ich glaube nicht, dass es ein Zurück gibt. Die Zukunft und
der damit einhergehende Wandel sind unausweichlich. Selbstzensur
ist sicherlich ein Problem, doch wie gesagt, die Funktion der Geschichte wird in der Zukunft nicht mehr dieselbe sein. Man bedenke
nur, wie sich ihre Funktion bereits in den letzten 60 Jahren verändert
hat – angefangen mit der Annales-Schule in Frankreich in den
1930er Jahren. Damals wurde die traditionelle Form der Historiogra-
fie in Frage gestellt und stattdessen die geschichtliche Bedeutung
des jeweiligen kulturellen, sozialen und wirtschaftlichen Kontexts
hervorgehoben. Ich will damit nicht sagen, dass die Abnahme der
Bedeutung der Nationalgeschichte im Schulunterricht automatisch
zu weniger Nationalismus führt. Ich will auch nicht behaupten, dass
wir in unserem Geschichtsverständnis kontinuierlichen Fortschritt
erzielen. Meine einzige Behauptung ist, dass Geschichte kein Ersatz
mehr für Theologie sein kann.

*P. A.: Wie soll man sich dann die Funktion der Geschichte genau vorstellen?
Wird Geschichtsforschung verstärkt interdisziplinär ausgerichtet sein? Ihr
Buch wäre ein gutes Beispiel für diese neue Art der Geschichtsforschung.*
Sh. S.: Da haben Sie sicher Recht. Es wäre nicht möglich gewesen, mein
Buch vor 50 Jahren in Israel zu schreiben. Der breite Zugang zu
neuem Wissen sowie der kulturelle und technologische Wandel beeinflussen die Arbeitsmethoden in allen Disziplinen und ermöglichen eine fruchtbare interdisziplinäre Zusammenarbeit. Dies wird
auch im Schulunterricht vieles verändern. Der Wandel wird jedoch
nicht nur alte Identitäten in Frage stellen, sondern auch neue Identitäten schaffen. Garibaldis Spruch bei der Ausrufung des italienischen
Staates: »Wir haben Italien geschaffen, jetzt müssen wir Italiener
schaffen«, ist ein gutes Beispiel dafür. Dasselbe gilt heute für die Europäische Union, die immer noch daran arbeitet, eine gemeinsame
europäische Identität zu schaffen. Die europäische Integration hat
jedoch größere Hindernisse zu bewältigen als damals die italienische, denn es gibt keine gemeinsame Sprache, und es ist sehr
schwierig, aus großen Nationalgeschichten eine gemeinsame Vergangenheit zu machen.

*P. A.: Lassen Sie mich auf den Inhalt Ihres Buches zurückkommen. Ich kann
mir gut vorstellen, dass die Reaktion auf die Veröffentlichung in konser-*

vativen Kreisen Israels ziemlich negativ war, da die jüdische Identität in Frage gestellt und somit auch die Darstellung der jüdischen Geschichte, wie sie an Schulen in Israel unterrichtet wird. Die Geschichte zu dekonstruieren und somit die nationale Identität in Frage zu stellen ist sicherlich wertvoll, aber wäre es nicht auch notwendig, eine Gegengeschichte zu offerieren, mit der sich die Leute ebenso gut identifizieren könnten und die besser im Einklang stünde mit den neueren Erkenntnissen der Geschichtsforschung? Ich denke dabei an Philo von Alexandria (13 v. Chr. – 54 n. Chr). Sie erwähnen ihn auch in Ihrem Buch als den großen Schöpfer der Verschmelzung von jüdischer und griechischer Kultur.

Sh. S.: Philo ist eine wichtige und interessante Figur. In der Tat glaube ich, dass der inklusive Judaismus von Alexandria der Wegbereiter des Christentums war, denn er war universal geprägt und richtete sich daher nicht nur an die Juden. Es wäre nicht einmal abwegig zu argumentieren, dass die Achse Jerusalem–Alexandria mitgeholfen hat, das Christentum zu schaffen, während die Achse Jersualem–Babylon den exklusiven jüdischen Glauben, wie wir ihn heute kennen, geprägt hat. Im Alten Testament finden wir sowohl exklusive als auch inklusive Gottesvorstellungen. Aber was ist die Bibel anderes als eine Sammlung von Schriften, welche über verschiedene Zeitperioden hinweg von verschiedenen Autoren verfasst wurden? Zu einem bestimmten Zeitpunkt entschied sich jemand, diese Bibliothek zu organisieren und ihr die Gestalt eines Buches zu geben. Dies geschah wohl nach der Rückkehr der Juden aus Babylon. Das Buch Ruth und die Bücher der sogenannten kleinen Propheten, insbesondere das Buch Jonas, sind Zeugen eines inklusiven Gottesbildes, während in den Büchern Esra und Nehemia eher ein exklusives Gottesbild dominiert. Dies zeigt, dass das Judentum keineswegs als etwas Fixes oder Statisches betrachtet werden kann. Es deutet jedoch vieles darauf hin, dass das jüdische Selbstverständnis wohl im babylonischen Exil und nicht in Jerusalem entstand. Das Buch Esther ist ein Hinweis für die Herausbildung der jüdischen Identität in Babylon.

P. A.: Inwieweit ist die jüdische Identität dann überhaupt an das Land Israel geknüpft?

Sh. S.: Obwohl »das Land Israel« eigentlich kein biblischer Begriff ist, wird es heute trotzdem dauernd mit Jerusalem und dem Berg Zion in Verbindung gebracht. Jerusalem gehörte jedoch zur Zeit der Propheten zu Juda (dem Südreich) und nicht zu Israel (dem Nordreich). Der erste Schriftgelehrte, welcher Jerusalem mit dem Königreich Israel in Verbindung brachte, war meiner Ansicht nach der Autor des Matthäusevangeliums. Er war der Erste, bei dem das Land Israel sowohl Juda als auch Israel umfasste. Das könnte einmal mehr ein Hinweis dafür sein, dass viele Begriffe vom Judentum ins Christentum und dann wieder in veränderter Form ins Judentum zurückgewandert sind. Es wäre auch ein Beweis für die Bedeutung des kulturellen Austausches bei der Herausbildung einer nationalen wie auch religiösen Identität.

Aber um nun zu Philo und seinem Einfluss auf das Christentum zurückzukehren: Seine universalistisch geprägte Weltanschauung veranlasste ihn, das Judentum in einem neuen Licht zu sehen. Obwohl auch er die Tora lehrte, wollte er zugleich über sie hinaus. Der Typ von Monotheismus, den er und die anderen jüdischen Gelehrten in Alexandria schufen, richtete sich an alle Einwohner des Römischen Reiches und nicht nur an die Juden. Sie machten die erste Übersetzung der Bibel vom Hebräischen ins Griechische, auch Septuaginta genannt, erst möglich. Die Übersetzung war wohl ursprünglich als Werkzeug zur Unterstützung der jüdischen Missionierung gedacht, wurde aber schließlich auch zum Wegbereiter des Christentums.

Aus heutiger Sicht ist es schwierig, sich vorzustellen, dass das Judentum einmal eine offene und inklusive Religion war. Viele Jahrhunderte der zum Teil erzwungenen Abschottung haben sowohl Juden wie auch Nicht-Juden davon überzeugt, dass das Judentum eine exklusive Religion ist. Gerade dies macht es so schwierig, das Judentum zu erneuern. Philo wie auch der jüdische Geschichtsschreiber Flavius Josephus galten bis vor kurzem noch nicht als Teil der jüdischen Geschichte. Dies erklärt auch, warum noch die Generation meiner Großeltern kaum etwas wussten von Massada, der Festung, die von Herodes dem Großen am Toten Meer gebaut wurde und von Flavius Josephus im Buch »Der Jüdische Krieg« beschrieben wird. Es waren nämlich die Christen, die für dieses wenig akzeptierte jüdische Erbe Sorge trugen. Philo und Flavius Josephus waren gebildete Juden, welche das damalige jüdische Selbstverständnis repräsentierten, doch keiner der beiden wird in der Synagoge intensiv diskutiert oder gelesen.

P. A.: Es ist interessant, wie das Judentum und insbesondere die jüdische Identität auch durch die universalistischen Werte des Hellenismus, die Zwänge des Römischen Reiches und später durch die Einschränkungen durch das Christentum geprägt wurden. Der interkulturelle Einfluss auf religiöse und nationale Identität ist offensichtlich größer, als es viele wahrhaben wollen.

Sh. S.: Ja, es ist der kulturelle Austausch, der das Judentum geprägt hat. Dies zeigt sich auch in der jüngsten Geschichte Israels. Das Jerusalem meiner Großeltern unterschied sich in vielerlei Hinsicht vom heutigen Jerusalem. Die Klagemauer war zwar schon damals ein heiliger Ort für die Juden, aber sie gehörte ihnen noch nicht. Als die Mauer nach dem Arabisch-Israelischen Krieg 1948 unter jordanische Kontrolle geriet, wurde den Juden während 19 Jahren der Zugang verweigert, bis sie sie schließlich im Sechstagekrieg 1967 eroberten. Aus dieser Zeit gibt es ein berühmtes Foto, das drei jüdische Soldaten vor der Klagemauer zeigt. Zwei der Soldaten tragen ihre Helme auf dem Kopf und der dritte hält ihn in seiner Hand. Den Hut in der Hand zu halten ist jedoch eine typische Haltung für Kirchgänger. Offensichtlich wussten diese Soldaten nicht genau, wie sie sich als Juden vor der Klagemauer verhalten sollten.

P. A.: Solche Pannen passen offensichtlich nicht ins Bild des auserwählten Volkes, das sich abgeschottet hat, um seine eigene Identität und Religion zu bewahren.

Sh. S.: Ja, diese exklusive Vorstellung bestimmt heutzutage aber dennoch die jüdische Religion, und sie ist nicht zuletzt den Christen zu verdanken, die es verstanden haben, das Judentum zuerst zurück und schließlich an den gesellschaftlichen Rand zu drängen.

P. A.: Der interkulturelle Austausch und neue Einsichten, die bestehendes Wissen in Frage stellen, können auch als Bedrohung der akademischen Identität gesehen werden. In ihrem Buch kritisieren Sie die vorherrschende Haltung unter Kulturwissenschaftlern, die argumentieren, dass Identität nicht in Frage gestellt werden sollte, da sie den sinnstiftenden Ursprung einer Kultur darstellt, der als positive historische Tatsache verstanden werden und daher nicht hinterfragt werden sollte. Da es aber ein empirisches Faktum ist, dass Identitäten sich über die Zeit wandeln, kommt diese Gelehrtenhaltung einer Selbstzensur gleich, die entweder aus Angst vor der Überschreitung eines moralischen Gruppentabus geschieht oder aber in der Befürchtung wurzelt, dass man das persönliche Interesse an der Bewahrung der konstruierten Identität hinter vermeintlich moralisch begründeten Vorbehalten erkennen könnte. Glauben Sie, dass dies mit ein Grund ist, warum interdisziplinäre Forschung auf so geringe Akzeptanz unter den etablierten Sozialwissenschaften stößt?

Sh. S.: Identitäten sind in der Tat nichts Stabiles. Sie verändern sich über die Zeit, und das macht Angst. Aber egal, wie viel Energie wir in den Erhalt unserer Identität investieren, sie wird sich mit der Zeit verändern, ohne dass wir es bewusst wahrnehmen. Dies ist auch bei der jüdischen Identität der Fall und lässt daher die Wesenslehre des Judentums, welche dem Fach »Jüdische Geschichte« zugrunde liegt, zunehmend als fragwürdig erscheinen. In meinem Buch dekonstruiere ich diesen jüdischen Essentialismus und zeige seine Widersprüche auf. Es ist verständlich, dass die Leute, die an der liebgewordenen exklusiven jüdischen Identität festhalten wollen, aggressiv auf die Veröffentlichung reagierten. Diese Aggressivität wurzelt teilweise in existentiellen Verlustängsten. Mit dem wachsenden Bewusstsein und der Akzeptanz der Wandelbarkeit von Identitäten nehmen diese jedoch ab und es wird Raum für Neues geschaffen.

P. A.: Sind daher inklusive Identitäten besser geeignet für das persönliche Wohlbefinden und die individuelle Entwicklung?

Sh. S.: Inklusive Identitäten sind Identitäten, die sich verändern und sich an die Umstände anpassen. Offenheit gegenüber Neuem und seine Integration in die eigene Identität sind sicher eine wichtige Voraussetzung für die persönliche Entwicklung. Wenn ich das Neue Testament lese, dann beeindruckt mich vor allem die inklusive Identität, welche von Paulus insbesondere im Galaterbrief vertreten wird: »Es gibt nicht mehr Juden und Griechen, nicht Sklaven und Freie, nicht Mann und Frau; denn ihr alle seid ›einer‹ in Jesus Christus« (Gal 3,28). Diese Botschaft von Paulus ist genauso Teil von mir wie die Weissagungen unseres jüdischen Propheten Jesaja.
In diesem Sinne betrachte ich mich als Post-Christ. Es war Paulus' Auslegung des Christentums, welche die Inklusivität des Christentums ermöglichte – die Möglichkeit, das Andere im Christentum zu akzeptieren. Auch das Judentum enthält sie, insbesondere im Buch Ruth. Sie wird wegweisend für die Entwicklung der westlichen Welt als Ganzes.

P. A.: Die Bedeutung der religiös verstandenen Inklusivität für die moralische Entwicklung der Menschheit als Ganzes wird auch von Robert Wright in seinem Buch »The Evolution of God« hervorgehoben. Darin argumentiert er, dass Paulus eigentlich den Jesus, den wir heute zu kennen glauben, erfunden hat. Gemäß Wright gibt es keinen Beweis dafür, dass der historische Jesus tatsächlich eine neue, inklusivere Religion schaffen wollte, die sich auch an Nicht-Juden richtet.

Sh. S.: Es ist für mich nicht wichtig, wer der historische Jesus war. Was zählt, ist die Botschaft von Paulus. Seine Revolution bestand darin, das jüdische Gesetz hinter sich zu lassen und eine universalistische Religion zu gründen, die allen Menschen offen steht. Natürlich gab es auch eine inklusive Religion vor Paulus. Die christliche Religionsgeschichte beginnt normalerweise mit der Entstehung des Monotheismus und endet schließlich im Wesen des Christentums. Sie zeigt auf, wie spirituelle und auch intellektuelle Erneuerung meistens außerhalb der Zentren stattfindet. Das Judentum, wie es die Welt geprägt hat, ist in Babylon und nicht in Jerusalem entstanden; der Liberalismus hat seine Wurzeln in England, wurde aber letztendlich in den USA realisiert; Marxismus fand in der deutschen Heimat keinen Nährboden und wurde schließlich in Russland realisiert. Darum musste Paulus Jerusalem verlassen, um dem Christentum zum Erfolg zu verhelfen. Er benutzte die Synagoge als Plattform für seine Propaganda in den verschiedenen Städten des Römischen Reiches. Das war nur möglich, weil zu dieser Zeit die Synagoge noch keinen jüdischen Exklusivitätsanspruch hatte. Die Synagoge war nach der Zerstörung des Tempels der Ort, wo die verschiedenen Strömungen des Judentums sich gegenseitig Konkurrenz machten.

P. A.: Heißt das, dass die frühen Christen auf eine bestimmte Art die Traditionen kopierten, die in der Synagoge entwickelt wurden?

Sh. S.: Genau, die Christen kopierten von Philo, und sie kopierten von der Tradition der Synagoge, um die jüdische Religion »benutzerfreundlicher« zu machen. Es wäre in diesem Sinn nicht abwegig, das damalige Verhältnis zwischen dem Judentum und dem Christentum mit dem Verhältnis zwischen dem DOS (Disk Operating System) und dem späteren Windows Operating System im Bereich der Softwareentwicklung zu vergleichen. Im Jahre 60 n. Chr. verstanden die Leute den Unterschied zwischen einem Juden und einem Christen noch nicht richtig. Die christliche Identität befand sich immer noch in einem embryonalen Stadium. Das Christentum wurde noch nicht über bestimmte Institutionen definiert und manifestierte sich in verwirrend vielen Formen, Glaubensbekenntnissen und Praktiken.

P. A.: Beim Aufstieg des Islam im 6. Jahrhundert n. Chr. hat wohl eine ähnliche Entwicklung stattgefunden. Vielen Quellen zu Folge hatte Mohammed gar nie die Absicht, eine neue Religion zu schaffen. Viele christliche Bischöfe der damaligen Zeit sahen in Mohammed einen irregeleiteten Christen und nicht den Schöpfer einer neuen Religion.

Sh. S.: Ja, um den ganzen Prozess verstehen zu können, muss der Monotheismus in seinen Ursprüngen und verschiedenen Stadien studiert werden. Nur so kann der Zusammenhang zwischen Identität und Religion verstanden werden. In allen drei monotheistischen Weltreligionen haben die Leute das Gefühl, dass die Anpassung des Glaubens an die neuen Realitäten einer globalisierten Welt einem Verrat an der eigenen Identität gleichkommt. Dies erklärt, warum so viele Gläubige die alte DOS-Version bevorzugen, obwohl diese immer inkompatibler wird mit einer global vernetzten Welt. Innerhalb derselben Kultur oder Religion existieren heute offene und kosmopolitische Strömungen neben extrem rückwärtsgewandten und in sich geschlossenen Gruppierungen.

P. A.: Heißt das vielleicht, dass eine aktive Teilnahme am wirtschaftlichen Globalisierungsprozess eine inklusive religiöse Identität begünstigt, während eine Abschottung einem exklusiven Gottesbild Vorschub leistet? Dann wäre der Globalisierungsprozess am Ende eine moralisch wünschenswerte Entwicklung.

Sh. S.: Die heutige Globalisierung ist ein Produkt von zwei Dingen: von Kapitalismus und technischem Fortschritt. Die daraus entstehenden Produkte sind weder gut noch schlecht. Ohne den Kapitalismus hätten wir kaum die gegenwärtigen Möglichkeiten der persönlichen Entwicklung. Ob sich diese Möglichkeiten auf aggregierter Ebene positiv oder negativ auswirken, bleibt dahingestellt. Jedenfalls hat bereits Marx den Kapitalismus gepriesen, da er überhaupt erst die Bedingungen für ein universalistisches Denken schafft, das sich schließlich in der Realisierung des Sozialismus manifestieren würde. Sozialismus ohne Kapitalismus ist nicht denkbar. Die offene Marktwirtschaft und der daraus resultierende internationale Handel öffnen jedoch bloß Türen zu anderen Kulturen. Diese Türen können im Geiste der Okkupation oder im Geiste der Befreiung aufgestoßen werden. Im Sechstagekrieg 1967 zum Beispiel wurde arabisches Gebiet besetzt. Dies ermöglichte mehr Begegnung und Austausch zwischen Juden und Palästinensern. Wir lernten viel über ihre Gebräuche und Gewohnheiten, aber letztendlich kam nichts Gutes dabei heraus, weil es eben Okkupation und nicht Befreiung war. Wenn Handel und Austausch zwischen wirtschaftlich und militärisch ungleichen Volksgruppen stattfinden, besteht immer die Gefahr der Diskriminierung, der Ausbeutung und manchmal sogar der Versklavung.

P. A.: Aber trifft dies nicht auch zu, wenn statt Handel und Austausch Hilfsgelder fließen zwischen zwei wirtschaftlich ungleichen Regionen? Entwicklungsgelder für Afrika mögen auf guten Absichten basieren und darauf bedacht sein, Ausbeutung zu vermeiden. Aber die Nebeneffekte davon sind eine wachsende Abhängigkeit von Geldgebern, eine Schrumpfung des Selbstvertrauens der Hilfsempfänger in ihre eigenen Fähigkeiten und Korruption in großem Maßstab. Man will den wirtschaftlichen und technologischen Wandel vermeiden, um die Leute vor möglicher Ausbeutung zu schützen, doch zugleich wird damit den Leuten die Gelegenheit entzogen, am Wandel teilzunehmen und eigene Erfahrungen zu machen.

Sh. S.: Das ist mir sehr wohl bewusst. Wenn ich an die Palästinenser und ihre große Abhängigkeit von europäischen Hilfsgeldern denke, so ist dies tatsächlich ein Problem. Die meisten öffentlichen Institutionen in Palästina werden von außen finanziert, und dies hat eine Zunahme der Korruption, mangelnde Transparenz gegenüber den eigenen Bürgern und eine geringere Kompromissbereitschaft in internen (Hamas/Fatah) und externen (Israel/Palästina) Verhandlungen zur Folge.

P. A.: Sie unterscheiden in Ihrem Buch zwei Formen des Nationalismus, die im 19. Jahrhundert entstanden sind und die Welt auch heute noch prägen: der zivilisatorisch-republikanische Nationalismus und der ethnisch-biologische Nationalismus. Als Beispiel für den ersteren nennen Sie Italien. Der dortige Nationalismus, so Ihre Argumentation, habe keinen

Bezug zu einem bestimmten Volk oder einer Rasse, sondern baue auf der Entstehungsgeschichte einer Willensnation auf. Der ethnisch-biologische Nationalismus hingegen, wie er sich in Deutschland und Osteuropa entwickelte, würde sich über die Zugehörigkeit zu einem bestimmten Volk definieren, sei dies nun das deutsche oder das slawische Volk. Bei der Herausbildung der jüdischen Identität spielte sicherlich auch dieser kulturelle Hintergrund eine wichtige Rolle. Das mag erklären, warum die ethnisch-biologische Identität des Judentums sich gerade in Deutschland und Osteuropa stark herausgebildet hat. Könnte man eine solche Hypothese überprüfen? Wenn sich beispielsweise zeigen würde, dass Juden, die aus Italien nach Israel eingewandert sind, weniger stark vom säkularen Zionismus und seiner ethnisch-biologischen Prägung beeinflusst sind als deutsche oder osteuropäische Juden, so würde dies doch Ihre Vermutung bestätigen?

Sh. S.: Sie sind der Erste, der mir diese Frage stellt. Meine Frau stammt aus einem Kibbuz, der hauptsächlich aus Juden mit italienischen Wurzeln besteht. In meinen Begegnungen mit diesen Juden ist mir aufgefallen, dass sie eine größere Offenheit zeigen gegenüber Argumenten, die ihrer eigenen Meinung widersprechen. Ich glaube in der Tat, dass italienische Juden weniger essentialistisch sind und daher weniger von einem ethnisch-biologischen Nationalismus eingenommen sind als zum Beispiel Juden aus Polen oder der Ukraine. Dies alles wäre ein hochinteressanter Forschungsgegenstand, aber leider habe ich bereits meinen akademischen Zuständigkeitsbereich mit meinem Buch überschritten.

P. A.: Es ist wohl kein Zufall, dass osteuropäische Juden die dominante Gruppe im ultrareligiösen Jersusalemer Bezirk »Meat Shearim« sind. Wenn man durch diesen konservativen und ethnisch homogenen Bezirk spaziert, ist man versucht zu sagen, dass sich die dort lebenden Juden ihr eigenes Ghetto geschaffen haben. Sie praktizieren fast vollständige Autarkie, tolerieren keine Andersartigkeit und setzen einen strikten Verhaltenskodex im Alltag durch, dessen Einhaltung auch von Besuchern erwartet wird.

Sh. S.: Die Erhaltung der Tradition und die Verhinderung des Wandels haben klar Priorität in Meat Shearim. Wie bei den damaligen Ghettos werden Mauern der Abgrenzung errichtet. Es muss jedoch klar festgehalten werden, dass das Ghetto keine Erfindung der Christen ist, um die Juden von sich fernzuhalten. Die Entstehung des Judentums als in sich geschlossene Religion hat seine Wurzeln im 4. und 5. Jahrhundert n. Chr. Damals hat das Christentum seinen Siegeszug angetreten und dies bewirkte, dass das Judentum aufhörte, eine inklusive Religion zu sein, die auch Nicht-Juden offen stand. Die damaligen christlichen römischen Kaiser und später die muslimischen Herrscher verabschiedeten Gesetze, die es den Juden unter Todesstrafe untersagten zu missionieren. Solche Gesetze hätte es niemals gegeben, wenn die Juden nicht tatsächlich missioniert hätten. Das Judentum betrachtete sich von da an als Religion, der es untersagt ist, zu missionieren. Ultraorthodoxe jüdische Bezirke in Städten wie Zürich, New York oder Jerusalem sollten daher auch als Resultat einer Angst vor Bestrafung gesehen werden, die sich bei europäischen Juden über Jahrhunderte aufgebaut hat. Und sogar der säkulare Zionismus, die Ideologie, auf der der israelische Staat aufbaut, hatte diese Kultur der Angst übernommen, was in Anbetracht der jüdischen Katastrophe im Zweiten Weltkrieg nicht erstaunen sollte.

P. A.: Es gibt aber auch noch andere Manifestationen des Judentums, es gibt den weltoffenen und kritisch denkenden Juden – denken wir zum Beispiel an Spinoza. In seinem theologisch-politischen Traktat durchforstet er das Alte Testament nach universalen Tugenden, welche auf die Menschheit als Ganzes angewendet werden können, und unterscheidet diese von den exklusiven moralischen Forderungen, die Gott an das jüdischen Volk stellt. Im Glauben an einen strafenden Gott, der von seinem Volk strikte Loyalität fordert, erkennt Spinoza eine kindliche Gottesvorstellung, die nur schwer mit dem Glauben an den Menschen als Vernunftwesen vereinbar sei. Auch Simone Weil, Frankreichs große jüdische Philosophin und Mystikerin, war nicht glücklich mit dem Judentum, da sie mehr daran interessiert war, was Menschen gemeinsam haben, und weniger, was sie unterscheidet. Weils Argument war, dass wir unsere Aufmerksamkeit auf das Wirkliche, das Reale, richten und es als solches akzeptieren lernen müssen. Obwohl sie ihr Leben bedingungslos den Marginalisierten und Rechtlosen gewidmet hat, konnte sie nichts mit dem Sozialismus anfangen, weil er die reale Menschennatur ignoriert und dadurch zu mehr und nicht zu weniger Ungerechtigkeit führt.

Sh. S.: Simone Weil hat in der Tat erkannt, dass Marxisten, die an die Macht gelangen, oftmals große Bürokratien errichten und dadurch ihre eigenen hochgehaltenen Prinzipien der Gleichheit und Freiheit verraten und zugleich die Leute zur Doppelmoral zwingen. Für sie sind die anonymen Bürokratien das gesellschaftliche Monster, unabhängig, ob diese ihre Wurzeln im öffentlichen oder privaten Sektor haben. Der Arbeiter kann nie mit dem Staat gleichgesetzt werden, das hat sie richtig erkannt. Allerdings war sich Weil über ihre eigene Idee nie richtig im Klaren. Sie schrieb sehr spontan, und viele Juden fühlten sich durch ihre Attacken gegen das Judentum vor den Kopf gestoßen. Dies ist auch ein Grund, warum ihre Arbeiten in Israel nicht die Beachtung finden, die sie verdienten.

P. A.: Kehren wir zurück zum Thema »Moral und Angst«. Benjamin Netanjahu hat in einer Rede im Frühling 2010 in Washington, D.C. vor der AI-PAC, der jüdischen Lobbyorganisation in den USA, behauptet, dass das jüdische Volk die Stadt Jerusalem vor 3000 Jahren aufgebaut habe und dass es auch heute noch die Juden sind, die an dieser Stadt weiterbauen. Jerusalem – und damit meinte er auch das palästinensische Ostjerusalem, sei nicht einfach eine Siedlung, sondern die Hauptstadt des jüdischen Volkes. Diese Aussage scheint mir eine Bestätigung dafür zu sein, dass die Sprache des säkularen Zionismus häufig dazu verwendet wird, fragwürdige, wenn nicht gar illegitime politische Aktionen in moralisch berechtigte Forderungen umzuwandeln. Verbirgt sich hinter diesem Moralanspruch nicht auch die Angst vor dem eigenen Identitätsverlust? Dieselben Argumentationsmuster und moralischen Ansprüche finden sich natürlich auch auf der anderen Seite. Wenn die Hamas Raketen in israelische Gebiete abfeuert, tut sie dies im Namen der Gerechtigkeit. Sie verpackt dadurch eine bloße Vergeltungsaktion in eine objektive moralische Sprache, welche die Aktion als berechtigt erscheinen lässt.

Sh. S.: Beginnen wir mit Netanjahu. Die Tatsache, dass er die Palästinenser auffordert, den jüdischen Staat anzuerkennen, ist erstaunlich, wenn nicht gar absurd. Er braucht offensichtlich die Bestätigung der Palästinenser, um sich als Jude in einem jüdischen Staat zu fühlen. Das wäre, als ob die Schweizer eine Bestätigung von den Juden verlangen würden, dass die Schweiz ein christliches Land sei. Netanjahu machte damit unabsichtlich klar, dass Israel nicht zugleich jüdischer Staat und Demokratie sein kann, denn was wäre, wenn sich die Israelis selbst nicht mehr als jüdischen Staat verstehen? 20 Prozent der Israelis sind bereits Nicht-Juden und der Prozentsatz nimmt stetig zu.

Es ist sicherlich kein Problem, wenn das Bekenntnis zum Judentum und die Solidarität mit den Juden weltweit weiterhin ein Anliegen Israels bleiben, aber Israel muss ein Staat werden, der all seine Bürger gleich behandelt, egal, ob sie nun Juden sind oder nicht.
Bei der Hamas finde ich es schwierig, Gerechtigkeit und Rache klar zu unterscheiden. Rache ist ein menschliches Gefühl, und gemäß dem französischen Philosophen Georges Sorel ist Rache zwar destruktiv, doch zugleich auch der Nährboden für Gerechtigkeit. Wenn die Leute den Sinn für Rache verlieren, verlieren sie auch teilweise den Sinn für Gerechtigkeit. Ich bin mit dieser Argumentation nicht ganz einverstanden, respektiere sie aber dennoch. Rache wird immer existieren als menschliches Grundgefühl. Es kann jedoch in seiner Form vom Erziehungswesen beeinflusst werden. Die Erziehung bestimmt weitgehend, ob sich die Rache in etwas Destruktives oder Konstruktives verwandelt. Sie kann aus Rache etwas Produktives machen. Obwohl Rache nicht Gerechtigkeit ist, ist Rache immer Teil des Kampfes für Gerechtigkeit, sie ist die Grundmotivation. Der irrationale Teil des menschlichen Verhaltens ist notwendig, doch muss er in ein System von Werten eingebettet sein, um sich positiv zu entwickeln. Ein solches System wurde uns vor langer Zeit durch die Religion vermittelt. Heute ist dieses Wertesystem in einer moralischen Krise, und es ist an der Zeit, ein neues Wertesystem zu schaffen, das uns ermöglicht, unsere Rachegefühle im Alltag wie auch im politischen Leben besser zu kontrollieren. Wir müssen diesbezüglich unsere religiösen Traditionen und unser sozialistisches Erbe nicht einfach verbannen, sondern können aus diesen Erfahrungen schöpfen und ihnen einen konstruktiveren Platz zuweisen, insbesondere wenn es um den Kampf für Gerechtigkeit und die Definition der persönlichen Identität geht.
Ich verstehe den palästinensischen Wunsch nach Rache sehr gut, denn wir haben ihnen Land weggenommen. Ich würde die Palästinenser jedoch dazu auffordern, ihr Rachegefühl in etwas Produktives zu kanalisieren, denn sie werden den israelischen Staat nicht einfach eliminieren können.

P. A.: Was ist mit den Israelis? Denkt die heutige Generation anders? Gibt es ein neues israelisches Selbstverständnis, das sich langfristig konstruktiv auf die Friedensverhandlungen auswirken könnte?

Sh. S.: Die heutige Generation hat ein Identitätsproblem. Wir sind heute nicht mehr jüdisch, sondern bloß die Abkömmlinge des Judentums. Das Judentum ist wichtig für unsere Identität, aber wir sind nicht mehr eigentlich jüdisch. Es gibt die unterschiedlichsten sozialen und religiösen Strömungen; das Einzige, was die Leute noch vereint, ist die Angst vor den Arabern. Der Durchschnittsaraber kämpft jedoch gar nicht gegen uns. Der israelische Staat wird von den Arabern offiziell seit 2002 anerkannt.

Heute hat zwar jeder ein Recht, seine Identität selbst zu definieren, und dennoch hätten wir heute Mühe mit einem Deutschen, der sich als Arier bezeichnen würde. Nicht, weil es uns wirklich interessiert, ob er Arier ist oder nicht, sondern weil wir aus der Geschichte des 20. Jahrhunderts gelernt haben, wie zerstörerisch das Potenzial einer ethnisch-biologischen Identität sein kann. Die jüdische Identität, und damit meine ich nicht diejenige in Vancouver oder Bern, sondern diejenige in Tel Aviv und Jerusalem, kann es sich immer weniger leisten, an einer destruktiven ethnisch-biologischen Identität festzuhalten. Das Judentum wird sich einmal mehr neu erfinden müssen.

Literatur

Sand, S. (2009). The invention of the Jewish people. New York: Verso Books.
Wright, R. (2009). The evolution of god. New York: Little, Brown and Company.

Die Autorinnen und Autoren

Dr. Philipp Aerni forscht und lehrt am World Trade Institute und der Universität Bern und am Institut für Umweltentscheidungen der ETH Zürich.

Dr. Alfred Bodenheimer ist Professor für Religionsgeschichte und Literatur des Judentums am Institut für Jüdische Studien und Dekan der Theologischen Fakultät der Universität Basel.

Dr. Ernst Fehr ist Professor am Department of Economics, Universität Zürich.

Dr. Johannes Fischer ist Professor für Theologische Ethik, Leiter des Instituts für Sozialethik und verantwortlicher Leiter des universitären Forschungsschwerpunkts Ethik an der Universität Zürich.

Dr. Klaus-Jürgen Grün ist Privatdozent für Philosophie am Institut für Philosophie der Universität Frankfurt a. M. und Gründer sowie Leiter des Philosophischen Kollegs für Führungskräfte (PhilKoll).

Joseph Henrich (PhD, UCLA) ist Professor für Psychologie und Ökonomie an der Universität von British Columbia in Kanada.

Dan Lapsley (PhD University of Wisconsin) ist Professor für Psychologie und Vorsteher Psychologiedepartements an der Universität Notre Dame in Indiana, USA.

Darcia Narvaez ist außerordentliche Professorin für Psychologie und Leiterin der Arbeitsgruppe für Ethische Erziehung an der Universität Notre Dame in Indiana, USA.

Shlomo Sand ist Professor für zeitgenössische Geschichte an der Universität Tel Aviv.

Dr. Konrad Schmid ist Professor für alttestamentliche Wissenschaft und frühjüdische Religionsgeschichte an der Universität Zürich.

Paul C. Stey ist wissenschaftlicher Mitarbeiter am Psychologiedepartment der Universität Notre Dame in Indiana, USA.

Dr. Carmen Tanner ist Förderungsprofessorin des Schweizerischen Nationalfonds (SNF) für kognitive Sozialpsychologie am Psychologischen Institut der Universität Zürich.

Jenny L. Vaydich ist wissenschaftliche Mitarbeiterin am Psychologiedepartment der Universität Notre Dame in Indiana, USA.

Jean-Claude Wolf ist Professor für Ethik und politische Philosophie. Er lehrt an der Universität Fribourg (Schweiz).

Regelwerk von Gesetzen und moralischen Vorgaben gesteuert, um den
Einzelnen vor »falschen« Entscheidungen zu bewahren. Diese Gefahr wird
offensichtlich als groß eingestuft.

Anders als es eine vernunftgeprägte Ethik nahe legt, fügen sich selbst
ethische Entscheidungen vollständig in ein System der Ökonomie ein.
Ökonomie ist hierbei als die Organisation unserer Lebensbedürfnisse zu
verstehen: Unser Gehirn versucht nach Möglichkeit alles zu vereinfachen
und schonend mit seinen Ressourcen umzugehen. Dadurch ist es einer
Denkökonomie verpflichtet. Die Autoren des Buches erörtern die Frage,
wie sich unser Bild von Ökonomie, Ethik, Moral und Entscheidung verändert, wenn wir die Ergebnisse der neueren Hirnforschung ernst nehmen.

Klaus-Jürgen Grün / Michel Friedman / Gerhard Roth (Hg.)
Entmoralisierung des Rechts
Maßstäbe der Hirnforschung für das Strafrecht

Die Geistesgeschichte der vergangenen zweieinhalb Jahrtausende hat die
Vorstellung eines freien Willens und die Zuschreibung von Schuld und
Verantwortung fest miteinander verknüpft. Noch heute sind viele Psychologen, Philosophen, Theologen und Juristen davon überzeugt, dass ein
Mensch nur dann für seine Taten verantwortlich ist, wenn er aus eige-
nem, freien Willen gehandelt hat. Neurowissenschaftliche Forschung hat
inzwischen unmissverständlich klar gemacht, dass die Vorstellung eines
bewusst erlebten freien Willens als Auslöser einer Handlung und damit als
deren Motiv nicht in Rechnung gestellt werden kann. Wer von dem Dog-
ma ausgeht, dass freier Wille und Verantwortlichkeit des Menschen unlös-
bar aneinander gefesselt seien, befindet sich heute in einer unhaltbaren
widersprüchlichen Situation.

Die Beiträge des Buches legen dar, dass die Befürchtung, wir könnten
Straftäter nicht mehr zur Rechenschaft ziehen, wenn sie keinen freien
Willen haben, unbegründet ist. Diese Befürchtung folgt aus einer falschen
Verknüpfung zwischen Willensfreiheit und Strafe in unserem Strafrecht.
Das Buch antwortet auf die Frage, welche neurobiologischen Vorausset-
zungen den Schwerverbrecher zum Schwerverbrecher machen, welche
Möglichkeiten der Prävention gegeben sind und wie die Zuschreibung von
Schuld und Verantwortung unabhängig von der Illusion des freien Willens
begründet wird.

Wenn Sie weiterlesen möchten ...

Jan Verplaetse
Der moralische Instinkt
Über den natürlichen Ursprung unserer Moral
Aus dem Niederländischen von Christiane Kuby
Erscheint im September 2011

Das Buch versucht eine nuancierte Antwort auf die Frage nach Gut und Böse zu geben. Es ordnet unser moralisches und unmoralisches Verhalten fünf verschiedenen Moralsystemen zu. Vier von ihnen beruhen auf Intuitionen oder Emotionen (die Bindungsmoral, die Moral der Gewalt, die Moral der Reinlichkeit, die Kooperationsmoral) und nur eine ist rational begründet (die Prinzipienethik). Diese Formen von Moral spornen Menschen dazu an, Dinge zu tun oder zu lassen, aus je verschiedenen Gründen und auf unterschiedliche Weise. Was aber allen Moralsystemen eigen ist, ist die Tatsache, dass sie unsere individuelle Freiheit zugunsten eines höheren Zwecks, dem Wohl der Gemeinschaft, einschränken.
Verplaetse führt dem Leser vor Augen, was wir über den Ursprung und die Entwicklung der Moral wissen. Er zeigt anhand von vielen Beispielen, dass Moral häufig auf unreflektierte, spontane, emotionsbetriebene Prozesse zurückzuführen ist. Neurowissenschaftliche Erkenntnisse liefern überzeugende Beweise für die tiefe Verankerung der Moral im menschlichen Körper.
Dieses Buch handelt nicht vom Geist der Ethik, sondern vom Fleisch der Moral. Es zeigt, über welche Fähigkeiten der Mensch – wo auch immer auf der Welt und zu welcher Kultur auch immer gehörend – verfügt, um den Konflikt zwischen Eigeninteresse und übergeordnetem Interesse zu lösen. Es verschiebt das Augenmerk von der kulturellen Diversität auf die biologischen Gegebenheiten.
Verplaetse plädiert letztendlich für eine Ethik, die emotionale und rationale Moral gleich gewichtet.

Gerald Hüther
Biologie der Angst
Wie aus Streß Gefühle werden

Nichts fürchten wir so sehr wie unsere ureigenen Ängste. Und doch sind es gerade unsere Ängste in all ihren Schattierungen, die unsere geistige und emotionale Entwicklung in Bewegung bringen. Angst und immer wieder nur Angst bewirkt im Menschen einen Stress-Reaktions-Prozess, der die Voraussetzungen schafft für die Lebensgestaltung auf geistiger, emotionaler und körperlicher Ebene.

Gerald Hüther führt die neuesten Erkenntnisse über die biologische Funktion der Stressreaktionen im Gehirn zu überraschenden Einsichten über die Herausbildung emotionaler Grundmuster wie Vertrauen, Glaube, Liebe, Abhängigkeit, Hass und Aggression. Die neuronalen Verschaltungsmuster, die der Mensch in der frühkindlichen Entwicklung erlernt und in seinem Hirn gleichsam gebahnt hat, schaffen sein Verlangen, geliebt und anerkannt zu werden, und befähigen ihn erst dazu, etwas anderes als sich selbst lieben zu können.

Die Psychologie und die Tiefenpsychologie haben aus eigenen Beobachtungen Theoriegebäude aufgetürmt und damit diagnostiziert und therapiert. Dieses Buch gibt ihnen eine neurologische Untermauerung. Es ist geschrieben in einer leicht lesbaren Sprache, es erklärt in eingängigen Beispielen, weil es über Fachgrenzen hinweg verstanden werden will. Es gibt jedem, Fachleuten wie Laien, einen neuen Horizont im Verständnis menschlicher Entwicklung. Hochkompliziertes wird sinnfällig, Vages wird konkret und Naturwissenschaft versöhnt sich mit unseren alten Vorstellungen von der Seele.

Luc Ciompi / Elke Endert
Gefühle machen Geschichte
Die Wirkung kollektiver Emotionen – von Hitler bis Obama

Die Menschheitsgeschichte ist eine Geschichte der großen Gefühle – im Positiven wie im Negativen. Luc Ciompi und Elke Endert verschmelzen Erkenntnisse aus Psychologie, Soziologie, Politik und Geschichte zu einem eigenen Erklärungsansatz.

Naturkatastrophen, Krieg und Terror, politische, sportliche und kulturelle Großveranstaltungen: Fernsehen, Radio und Internet übermitteln uns jeden Tag neue Bilder kollektiver Wut, Angst oder Freude. Wie Emotionen Wahrnehmung, Aufmerksamkeit und Gedächtnis und somit Denken und Handeln massiv beeinflussen, erläutern Luc Ciompi und Elke Endert in diesem fachübergreifenden Essay. Unter die Lupe genommen wird unter anderem die Macht der Wir-Gefühle im Nationalsozialismus, im Israel-Palästina-Konflikt und bei der Wahl Barack Obamas zum amerikanischen Präsidenten. Gedanken darüber, welche Konsequenzen sich daraus für unser Menschenbild, für die Krisenintervention, Mediation und die Bewältigung von kollektiven Traumata ergeben, beschließen die scharfsichtige Analyse.